Klaus Doppler
Luyanda Mpahlwa

Übersetzt aus dem Englischen
von Jan W. Haas

DIE LOGIK
DER ANDEREN

Warum wir Andersheiten
akzeptieren und verstehen müssen,
um zukunftsfähig zu sein

Campus Verlag
Frankfurt/New York

ISBN 978-3-593-51273-0 Print
ISBN 978-3-593-44511-3 E-Book (PDF)
ISBN 978-3-593-44518-2 E-Book (EPUB)

Copyright © 2020.
Alle Rechte bei Campus Verlag GmbH, Frankfurt am Main.
Umschlaggestaltung: Guido Klütsch, Köln
Umschlagmotiv: © Shutterstock/Designincolor
Satz: Publikations Atelier, Dreieich
Gesetzt aus der Sabon und der Kelson
Druck und Bindung: Beltz Grafische Betriebe GmbH,
Bad Langensalza
Printed in Germany

www.campus.de

INHALT

VORWORT

*»Bei gleicher Umgebung
lebt doch jeder in einer anderen Welt.«*

ARTHUR SCHOPENHAUER

Die gesellschaftlichen und wirtschaftlichen Entwicklungen der letzten Jahre – politische Spannungen, militärische Auseinandersetzungen, technologische Neuerungen und nicht zuletzt der Klimawandel – haben in vielen Ländern zu teilweise massiven Unruhen und zu einer Welle von Migrationsbewegungen geführt. Es gibt keinerlei Anzeichen, dass diese Entwicklung abflaut. Während wir dieses Buch schreiben, steht die Welt zudem im Zeichen des Kampfs gegen das Coronavirus.

Wir werden nicht umhinkommen, uns mit dieser Situation, den Beteiligten und den von ihr Betroffenen auseinanderzusetzen, denn ob es uns gefällt oder nicht: Alle können sich über alles, was in der Welt geschieht, immer besser informieren – und das in Echtzeit. Alle können sich miteinander vergleichen und eine Einschätzung darüber treffen, wie gut oder wie schlecht es ihnen im Verhältnis zu anderen geht. Und sie tun dies auch. Dadurch wachsen zum einen die Ansprüche an Teilhabe und zum anderen die Angst, Besitztümer zu verlieren oder mit anderen teilen zu müssen. Zwar kann die Klasse der Besitzenden sich verbarrikadieren, wie es zum Beispiel in Brasilien oder in Südafrika geschieht. Aber genau dadurch provoziert sie Aggressionen seitens der Habenichtse, die in Favelas oder in Townships ihr Leben fristen. Themen wie Landflucht, Urbanisierung und Bevölkerungsexplosion sind für die Entwicklungs- und Schwellenländer nach wie vor aktuell und brisant.

Wir werden uns in diesem Buch nicht detailliert mit der aktuellen politischen, wirtschaftlichen, technologischen und gesellschaftlichen Situation in einzelnen Ländern auseinandersetzen. Dazu gibt es zahlreiche Publikationen und laufend aktuelle Berichte und Kommentare. Vielmehr beschränken wir uns auf einen groben Überblick zur aktuellen weltweiten Lage und zu den mutmaßlichen weiteren Entwicklungen. Entscheidend für uns ist die Frage, was zu tun ist, wenn man in diesem Kontext erfolgreich überleben oder – anders formuliert – zukunftsfähig sein will.

Unverkennbar ist: Wir werden zunehmend Menschen, Situationen, Kulturen und Verhaltensmustern begegnen, die uns fremd, die einfach anders sind. Unsere Welt verändert sich so stark und bisweilen so überraschend schnell, dass wir die bisherigen Praktiken und Verhandlungsprozesse in Frage stellen müssen. Es herrscht nicht mehr »Business as usual«, denn die Welt entwickelt sich zum sprichwörtlichen globalen Dorf. Als Folge dieser neuen Realität sind wir gezwungen, Informationen und Erfahrungen aus weit auseinander liegenden Kontinenten und Kulturen auszutauschen.

Niemand verlangt, dass man für alles gleich eine optimale Lösung präsentieren kann. Aber nachdem wir auf längere Sicht ohnehin nicht vermeiden können, Anderen zu begegnen, könnten wir diese Chance ergreifen und lernen, wie wir solche Begegnungen so gestalten können, dass beide Seiten daraus einen Gewinn ziehen.

Wir werden die sozialpsychologischen Prozesse aufzeigen, die beim Aufeinandertreffen von Andersheiten gleichsam automatisch eintreten, wenn wir den Dingen freien Lauf lassen. Wir werden auch beschreiben, warum dies unserer Meinung nach der Fall ist – und wie wir spürbar befriedigendere Entwicklungen herbeiführen oder zumindest wahrscheinlicher machen können, wenn wir mit dem herkömmlichen Ablauf nicht glücklich sind. Entwicklungen, die wir für wünschenswert und für praktikabel halten, die sich aber nicht von allein ergeben.

Mittlerweile ist den meisten Menschen zumindest theoretisch bewusst, dass die Erfolgs- und Überlebenschancen in Zeiten, wo völlig unterschiedliche und zum Teil gegensätzliche Elemente aufeinandertreffen, mit der Fähigkeit korrespondieren, sich einer Situation rechtzeitig zu stellen, ob als Individuum, als Organisation oder in der Politik. Es geht allemal darum, sich mit diesen Veränderungen im Umfeld auseinanderzusetzen – sie entweder zur Kenntnis zu nehmen und Wege zu finden, darauf zu reagieren, oder sie bewusst auszublenden. Die Grundfrage lautet: *Agieren wir füreinander, miteinander, nebeneinander oder gegeneinander?* Wir sind mitten im Geschehen und können einer Entscheidung nicht ausweichen. Ein unbeirrtes »Weiter so!« ist keine Option. Und wenn, dann nur unter hohem Verdrängungsaufwand.

Viele nehmen diese Veränderungen zwar zur Kenntnis, fühlen sich davon aber vor allem bedroht, sind unsicher und verängstigt. Sie schieben die Verantwortung von sich weg und blicken stattdessen auf die Politik, in der Erwartung, dass diese Lösungen anbietet, die ihnen den Erhalt ihrer heilen Welt garantieren.

Daneben gibt es allerdings auch Menschen, die insbesondere in turbulenten Zeiten entschlossen sind, die Verantwortung für ihr Leben und ihre Entwicklung selbst in die Hand zu nehmen. Auch Führungskräfte, Politiker, Lehrer oder Berater sehen gerade in diesen Zeiten ihre Aufgabe darin, andere Menschen und Organisationen auf ihrem Weg zur Zukunftsfähigkeit zu begleiten. Sie alle benötigen ein doppeltes Rüstzeug: Zum einen gilt es, rechtzeitig zu erfassen, was zurzeit überhaupt geschieht und welche Herausforderungen sich daraus ergeben. Zum anderen müssen sie die Kompetenz sowie die erforderliche Energie und den Mut aufbringen, es nicht bei theoretischen Auseinandersetzungen und der Formulierung wünschenswerter Leitbilder zu belassen, sondern tatsächlich zu handeln.

Change-Prozesse sind zwar rational planbar, in der praktischen Umsetzung aber stets emotional überlagert. Diese emotionale Überlagerung rührt nicht zuletzt daher, dass Change immer auch bedeutet, sich intensiv mit anderen Sichtweisen, Interessen, Deutungshoheiten und Logiken auseinandersetzen zu müssen. Entscheidend ist, für Veränderungen offen zu sein und zu akzeptieren, dass unterschiedliche Kulturkreise möglicherweise anders denken und anders handeln, als man es gewohnt ist. Die Fähigkeit und Bereitschaft, die eigene Gedanken- und Erfahrungswelt zu verlassen, sich auf unvertrautes und unsicheres Gelände zu begeben und unterschiedliche Welten miteinander zu verknüpfen, ist daher ein maßgeblicher Erfolgsfaktor für das Gelingen von Veränderung.

12

Deshalb werden wir uns mit folgenden Fragen befassen: Welche Rolle spielen das Andere und die Anderen in diesem Geschehen? Weshalb tun wir uns so schwer damit, Situationen unter verschiedenen Perspektiven, sprich Logiken, unbefangen zu betrachten und unvoreingenommen zu bewerten? Welche Wege gibt es, um diese Hürden zu meistern? Wie eng und komplex ist das eigene Selbstbild beziehungsweise die eigene Identität verknüpft mit den Bildern, die wir von Anderen haben? Wie und warum gehen wir gleichsam unvermeidlich mit Andersheiten um? Und warum passen viele eingespielte Verhaltensmuster nicht mehr zu der neuen Situation?

Wir werden Mittel und Möglichkeiten aufzeigen und neue Wege erschließen für den Umbau der eigenen Identität, für die Entwicklung von Unternehmen und anderen Organisationen sowie für den Ausbau der persönlichen Kompetenz als Politiker, Manager, Berater, Führungskraft oder als jemand, der sich die Freiheit nimmt, sein Leben im Hinblick auf Zukunftsfähigkeit eigenständig zu gestalten. Wir werden anhand verschiedener Projekte auch einige entscheidende Stellhebel skizzieren, die als Navigationshilfe für den Umgang mit Anderen und unterschiedlichen Logiken dienen. Wir wollen damit bessere Voraussetzungen dafür schaffen, dass Organisationen und diejenigen, die sie maßgeblich mitgestalten, tatsächlich das Etikett »zukunftsfähig« für sich beanspruchen können – in Kontexten, die auf Dauer instabil, unwägbar, komplex und mehrdeutig bleiben werden.

Wie verschiedene Länder, Menschen und Interessengruppen aktuell auf die alles überlagernde Bedrohung durch das Coronavirus reagieren, ist in Form einer dauerhaften Live-Show zu beobachten – allerdings mit der Besonderheit, dass niemand die Möglichkeit hat zu wählen, ob er zuschauen oder gar mitspielen will. Alle sind persönlich existenziell betroffen. Alle sind Mitspieler, ob sie wollen oder nicht.

Zu beobachten sind die unterschiedlichen Logiken, die den Umgang mit der Spannung zwischen demokratischen Werten und den notwendigen strengen Maßnahmen zur Bekämpfung des Virus regieren. In der westlichen Welt werden die Maßnahmen, die die Bewegungsfreiheit der Bevölkerung einschränken, von dieser nicht ohne Weiteres akzeptiert. Es bedarf eines großen Aufwands an Kommunikation, um die Menschen davon zu überzeugen, bei der Stange zu bleiben. In afrikanischen und anderen Entwicklungsländern werden ähnliche oder strengere Maßnahmen von den Regierungen konsequent durchgeführt mit dem Argument, die unkontrollierte Ausbreitung des Virus würde die Gesundheitssysteme überstrapazieren, mit katastrophalen Auswirkungen für das jeweilige Land. Die Kernfrage lautet überall: Wird es gelingen, die aktuelle Bedrohungssituation zu bewältigen und von der Art der Bewältigung zu lernen, um in Zukunft für ähnliche Bedrohungen besser gerüstet zu sein?

Wir werden in diesem Buch auch einen persönlichen Einblick geben in unsere sehr verschiedenen Welten und Wege – als kreativer Architekt im Regenbogenland Südafrika oder als erfahrener Wegbereiter von Change Management im deutschsprachigen Raum. Wir werden aufzeigen, wie wir selbst mit dem Thema Identität, Kultur und Andersheiten umgehen. Wir wollen bewusst eine Mischung aus unseren persönlichen Erfahrungen und

14

grundlegenden allgemeinen Erkenntnissen anbieten, mit anderen Worten: eine Mischung aus erlebter, angewandter Praxis und daraus abgeleiteter Theorie. Mit dieser Einsicht wollen wir unsere Leser zu einer persönlichen Bestandsaufnahme ermutigen, um daraus vielleicht neue schöpferische Energie im Hinblick auf »Zukunftsfähigkeit« zu erschließen.

Wir werden zunächst einen Einblick in wesentliche sozialpsychologische Erkenntnisse geben und zeigen, wie jeder sie in persönliches Handeln umsetzen kann. Anhand von konkreten Beispielen beschreiben wir anschließend, wie auch größere Projekte langfristig erfolgreich Wirkung erzielen. Zum Abschluss richten wir unser Augenmerk darauf, welche Veränderungen aktuell anstehen – und wie wir uns verhalten können, wenn wir sie mitgestalten wollen.

WAS UNS BEWEGT (1): KLAUS DOPPLER, ORGANISATIONSBERATER UND VERHALTENSTRAINER

*»Jeder Mensch erfindet sich
früher oder später eine Geschichte,
die er für sein Leben hält,
oder eine ganze Reihe von Geschichten.«*

MAX FRISCH, MEIN NAME SEI GANTENBEIN

Abbildung 1: Klaus Doppler,
geboren 1939 in Zeiskam (Deutschland)

Der erste Schritt: »Klosterlaufbahn«

Ich wurde als viertes Kind einer armen ländlichen Arbeiterfamilie kurz vor Beginn des Zweiten Weltkriegs geboren. So habe ich auch den gesamten Krieg am eigenen Leib erlebt, verbunden mit allen unwägbaren Gefahren, Bedrohungen, Hoffnungen und Ängsten – übrigens ein Grund dafür, dass ich die aktuelle unkalkulierbare und bedrohliche Situation, die das Coronavirus verursacht, mit Gelassenheit zur Kenntnis nehme. Mein Vater nahm als Soldat am Krieg teil und war später in Kriegsgefangenschaft. Meine Mutter musste als Putzfrau und als Landarbeiterin die Familie ernähren. Deshalb kam ich bereits als Säugling in eine Kinderkrippe und später in den Kindergarten, geleitet von katholischen Ordensschwestern, die einen Großteil meiner Erziehung übernahmen.

Ermutigt von den Lehrern in der Volksschule wollte ich mit elf Jahren unbedingt auf ein Gymnasium überwechseln. Ein solches gab es allerdings nur in einer größeren Stadt. So kurz nach Ende des Zweiten Weltkrieges bestanden noch keine regelmäßigen Verkehrsverbindungen zwischen Land und Stadt, und meine Eltern hatten auch nicht das notwendige Geld, um mir den Besuch einer höheren Schule zu ermöglichen.

Meine einzige Chance war daher die Aufnahme in das Internat eines internationalen katholischen Missionsordens, finanziert von frommen Menschen. Voraussetzung war mein Versprechen, später Mitglied dieses Ordens und Priester werden zu wollen. Mit 18 Jahren löste ich dieses Versprechen ein und wurde Mitglied des Ordens, indem ich drei Gelübde ablegte: Armut, Keuschheit und Gehorsam. Später wurde ich dann von den Ordensoberen ausgewählt, in Rom an der päpstlichen Universität Gregoriana eine besondere theologische Ausbildung zu erhalten, die es erlaubte, als Professor für Theologie tätig zu werden. Mit 25 Jahren wurde ich schließlich zum Priester geweiht.

Nicht lange nach diesen grundlegenden Entscheidungen – Gelübde und Priesterweihe – spürte ich zunehmend, dass diese klösterliche Laufbahn nicht meinen eigentlichen Bedürfnissen und Wünschen entsprach. Auf der Suche nach einem neuen Weg habe ich mich in zwei Themen qualifiziert, die mich persönlich sehr beeindruckt haben: Gruppendynamik und Tiefenpsychologie. In der Gruppendynamik lernte ich, mich mit mir selbst auseinanderzusetzen, mich selbst einzuschätzen, mir von anderen Teilnehmern Feedback zu holen und ihnen unverhohlen mein Bild und meinen Eindruck von ihnen zu vermitteln. In der Tiefenpsychologie konnte ich entdecken, wer und was meine bisherige Entwicklung, mein Verhalten und meine innere Einstellung bewirkt oder stark beeinflusst hat. Diese beiden Perspektiven eröffneten mir die Möglichkeit, mich selbst zu analysieren, mein erstes Ich – das ungenierte, neugierige, kontaktfreudige Kind – wieder freizulegen und mich von dem angepassten, einengenden »frommen« Korsett zu befreien. Jetzt traute ich mich auch, mich formell wieder in den Laienstand versetzen zu lassen und den Orden zu verlassen, um sodann ein neues Leben zu beginnen. Das neue Profil habe ich in eigener Verantwortung entwickelt und mich dabei von ausgewählten Freunden ermutigen lassen.

Zweiter Schritt: Der neue selbstständige Beruf »Organisationsberatung und Verhaltenstraining«

Mit dem Austritt aus dem Orden habe ich mich zunächst auf der Basis meiner Fortbildung in Sozialpsychologie und Gruppendynamik selbstständig gemacht, ein damals mutiger Schritt. Themen waren und sind noch heute: Führung, Zusammenarbeit, Konfliktbearbeitung. Dabei gibt es zwei Wege: mehrtägige Verhaltenstrainings und/oder Beratung als Sparringspartner in Unternehmen, Organisationen oder für einzelne Klienten. Nebenher habe ich an einer Universität Psychologie studiert und dort auch promoviert. Sehr zum Missfallen meines Professors stand bei mir von vornherein nicht die Theorie, sondern die konkrete Umsetzung im Vordergrund. Im Laufe der Jahre habe ich auch eine Reihe von Büchern geschrieben, in denen es ebenfalls nicht in erster Linie um Theorie geht, sondern darum, wie diese in die Praxis umgesetzt werden kann.

In den ersten Jahren konzentrierte ich mich in meinen Trainings und Beratungsgesprächen in erster Linie auf das Verhalten und die innere Haltung der Kunden beziehungsweise Teilnehmer. Nach einigen Jahren begann ich mich zusätzlich mit dem Thema Organisationsentwicklung zu befassen, mit der Leitfrage: Wie können sich Organisationen so aufstellen, dass sie erfolgreich sind, gleichzeitig in ihnen aber auch ein gutes Arbeitsklima herrscht, das die Mitarbeiter dazu motiviert, mit innerem Engagement die erwarteten Leistungen zu erbringen?

Die Vernetzung von individuellem Verhalten und der Gestaltung von Organisationen eröffnete mir eine dritte Perspektive – ausgelöst durch die Zukunftsprognose im

Buch *Megatrends*[1] von John Naisbitt. Diese Perspektive bedeutete für mich, Menschen und Organisationen dahingehend herauszufordern und zu beraten, dass sie eine Antwort auf folgende Frage finden: Wie kann ich mich und die Organisation so verändern, dass wir zukunftsfähig sind? Hilfreich dabei waren auch Anregungen in Veröffentlichungen von Karl R. Popper[2] und C.K. Prahalad[3].

Alle drei Perspektiven – Verhalten, Organisationsentwicklung und Zukunftsfähigkeit – sind in meiner Arbeit als Sparringspartner, Verhaltenstrainer und Berater nach wie vor relevant. Das Thema Zukunftsfähigkeit und die dafür notwendige Bereitschaft zu Veränderungen haben in den letzten Jahren allerdings dramatisch an Bedeutung gewonnen, denn die äußeren Rahmenbedingungen haben sich tiefgreifend geändert – und sind weiterhin in Bewegung. Wir leben in einer sogenannten VUKA-Welt, geprägt von Volatilität, Unsicherheit, Komplexität und Ambiguität (Mehrdeutigkeit). Sämtliche Länder, Menschen, Institutionen und Unternehmen sind konfrontiert mit nicht kalkulierbaren Entwicklungen politischer, technologischer, wirtschaftlicher und gesellschaftlicher Art.

Diese Erkenntnis hat mich dazu gebracht, auch selbst eine Wendung zu vollziehen: Unternehmen und Organisationen werden alle ursprünglich in einem bestimmten Kontext gegründet, der entweder bestimmte Chancen bietet, die es zu nutzen galt, oder Bedrohungen aufzeigt, vor denen man sich schützen will. Was aber, wenn der Kontext sich ändert? Je nach Situation passen nun die ursprünglichen Ziele, Prozesse, Strukturen oder die gewachsene Unternehmenskultur aus der Gründerzeit nicht mehr zu den aktuellen Bedrohungen oder Chancen. Deshalb halte ich es für unabdingbar, Unternehmen nicht (nur) aus der Perspektive ihres inneren Gründungskerns zu betrachten, sondern vom aktuellen äußeren Kontext her – also nicht von innen nach außen zu blicken, sondern von außen nach innen. Dieser radikale Perspektivenwechsel ist gegenwärtig eine der größten Herausforderungen.

Der Grund dafür? Die aktuellen Kontexte und Tendenzen sind unsicher und nicht vorhersehbar, wofür das Akronym VUKA steht. Alte Orientierungen aufzugeben, neue Felder zu erkunden, unbekannte Wege tatsächlich auszuprobieren, möglichst schnell neue Erfahrungen zu gewinnen, fällt vielen schwer. Es widerspricht menschlichen Grundbedürfnissen nach Klarheit, Ordnung und Sicherheit. Am Altvertrauten festzuhalten und sich an der Vergangenheit auszurichten, würde aber bedeuten, nach vorn zu fahren, den Blick fest im Rückspiegel verhaftet.

Darüber mit Managern zu diskutieren ist nicht einfach. Denn es geht nicht nur um die sachlogische Dimension auf der Basis von Zahlen, Daten und Fakten, sondern eben auch um die psychologische und gruppendynamische Ebene. Beide Dimensionen sind fest miteinander verwoben. Die meisten Manager neigen dazu, hauptsächlich mit objektiven Fakten, harten Daten und sachlogischen Schlussfolgerungen zu argumentieren: sachlich, cool, unbehelligt von Gefühlsregungen. Angst, Neid, Eifersucht, Rivalität, Rachebedürfnis oder besondere Vorlieben sind Affekte, zu denen man sich lieber nicht offen bekennt. Wer in formellen Managementsituationen emotional agiert, muss mit der Maßregelung »Jetzt bleiben Sie doch sachlich!« rechnen. Um die gewünschte Form zu wahren, wird das Emotionale vorausschauend verschleiert und in sachliche Argumente verpackt.

Wenn Manager Veränderungen vorantreiben, erwarten sie Engagement, Zuversicht, manchmal sogar Begeisterung, also positive Emotionen. Negative Emotionen empfinden sie als Störfaktoren. Gleichzeitig aber ahnen alle, wie viele womöglich stark verschleierte Emotionen – Ärger, Trauer, Angst, Enttäuschung, Wut, Neid, Verzweiflung – bei Menschen, die von Veränderungen betroffen sind, im Spiel sein können.

Auch Manager und Berater sind de facto hochgradig emotional gesteuert. Sie stehen unter Druck, müssen Erfolg vorweisen. Solange aber die emotionalen Themen unter falscher, versachlichter Flagge segeln, sind sie nicht bearbeitbar, dennoch beeinflussen sie auf eine verdeckte Weise die sachliche Arbeit.

Mein einstweiliges Resümee

Ich bin in meinem Leben verschiedene Wege gegangen. Ich habe Ziele radikal gewechselt, habe immer wieder neue Wege erkundet, manche mir auch erschlossen, habe alte verlassen und mich dabei mal mehr, mal weniger gut gefühlt. Ich habe meine Perspektiven mehrfach gewechselt, erweitert, ergänzt oder in ihrer Bedeutung neu bewertet.

Im Kloster habe ich mein Verhalten entgegen meinem inneren Gefühl den Erwartungen angepasst, die Lehrer und Ordensleute an mich stellten. Nachdem ich das Kloster verlassen hatte, war ich entschlossen, konsequent meiner eigenen inneren Stimme zu folgen, mich in Zukunft nicht mehr irgendwelchen Hierarchien anzupassen, sondern nur noch das zu tun, wovon ich selbst überzeugt war. Ich habe mir mein frühes Verhalten als aufgewecktes Kind in Erinnerung gerufen, das wie selbstverständlich unbefangen Grenzen überschritt.

Später als Selbstständiger wurden einige finanziell attraktive Angebote für eine Festanstellung an mich herangetragen. Ich habe sie abgelehnt, weil ich befürchtete, mich eines Tages zu stark den Erwartungen der letztlich verantwortlichen oberen Manager anzupassen, mich wie im Kloster entgegen meiner inneren Überzeugung von anderen steuern zu lassen.

Mit Neugier und viel Halbwissen habe ich mich mit einer Gruppe von Managern, Beratern und Unternehmensleitern unter dem Titel »Zukunft des Managements – Management der Zukunft. Eine interkulturelle Expedition auf der Suche nach einer lernenden Organisation« mehrfach weltweit auf die Suche gemacht nach Unternehmen und Organisationen, die tatsächlich längerfristig erfolgreich waren und es noch sind. Ich wollte das Geheimnis ihres Erfolges erkunden und verstehen. Wir haben uns auf internationale und interkulturelle Felder gewagt, um wenigstens einen groben Eindruck davon zu gewinnen, was anderenorts anders gemacht wird als bei uns – und welche Anregungen und Impulse wir dadurch erhalten könnten. Eine wesentliche Erkenntnis dabei war, wie unterschiedlich diese anderen Welten von jedem einzelnen Teilnehmer wahrgenommen und für die eigene Situation als Lernmöglichkeit ernst genommen wurden.[4]

Andersheiten sind Teil meiner Identität: manchmal bedrohlich, weil sie mich in unbekanntes Gelände führen oder mich dazu verlocken, mich vor den eigentlich notwendigen Auseinandersetzungen zu drücken; manchmal begehrenswert, weil ich sie gut gebrauchen könnte, mir dies aber nicht zutraue oder es mir nicht zumuten will; manchmal bereichernd; manchmal einengend. Ich stecke voller Andersheiten.

Heute, im Alter von 81 Jahren, bin ich immer noch beruflich tätig. Dahinter stehen keine finanziellen Gründe, vielmehr macht es mir einfach Freude und weckt Energie. Um als Sparringspartner Entwicklungs- und Veränderungsprozesse wirksam zu begleiten, haben sich die folgenden fünf Elemente als hilfreich erwiesen, und ich zwinge mich, sie alle ausreichend zu nutzen, statt mich nach dem ersten Schritt vorschnell in dem Glauben zu wiegen, bereits alles zu wissen:

- Neugierig erkunden, welche offenen und verdeckten Interessen bei den Beteiligten und Betroffenen im Spiel sind, vor allem auch Widerstände und Konflikte identifizieren, und mich trauen, Dinge ungeschminkt so zu benennen, wie ich sie sehe, nach dem Vorbild von Hans Christian Andersens Märchen »Des Kaisers neue Kleider«[5]. Das bekannte Märchen handelt von einem Kaiser, der sich von zwei Betrügern für viel Geld neue Gewänder weben lässt. Diese täuschen ihm vor, die Kleider seien nicht gewöhnlich, sondern könnten nur von Personen gesehen werden, die ihres Amts würdig und nicht dumm seien. Tatsächlich geben die Betrüger nur vor, zu weben und dem Kaiser die Kleider zu überreichen. Aus Eitelkeit und innerer Unsicherheit erwähnt er nicht, dass er die Kleider selbst ebenfalls nicht sehen kann, und auch die Menschen, denen er seine neuen Gewänder präsentiert, geben ihre Begeisterung über die scheinbar schönen Stoffe nur vor. Der Schwindel fliegt erst bei einem Festumzug auf, als ein Kind sagt, der Kaiser habe gar keine Kleider an, diese Aussage sich in der Menge verbreitet und dies zuletzt das ganze Volk ruft. Der Kaiser erkennt, dass das Volk Recht zu haben scheint, entscheidet sich aber »auszuhalten«, und er und der Hofstaat setzen die Parade fort.

- Bei allen Betroffenen und Beteiligten die nicht aufhebbare Verquickung von sachlichen Aspekten und emotionalen Befindlichkeiten ermitteln und ansprechbar machen. Manager ermutigen, sich gezielt mit den emotionalen Elementen auseinanderzusetzen – auch mit den eigenen.

- Um die Reaktionen meiner Klienten besser zu verstehen, bei mir selbst reflektieren, inwieweit ich das, was ich für richtig halte und anderen empfehle, auch selbst befolge – oder was mich antreibt, trotz besseren Wissens, dies manchmal zu vermeiden.

- Prinzipiell offen sein für meine bereits verinnerlichten Andersheiten. Offen auch dafür, neue Andersheiten zu erkunden und diese gegebenenfalls in mein Ich und in meine Beratung zu integrieren. Vieles, was ich heute für relevant halte, kann schon morgen durch neue Kontexte obsolet sein – im Sinne einer »schöpferischen Zerstörung«, wie es der österreichische Ökonom Joseph Schumpeter formuliert hat (mehr dazu in Kapitel 9). Deshalb bedeutet für mich die häufig so betonte »Nachhaltigkeit« nicht, das im Change erreichte Neue festzuschreiben, sondern sich auf Dauer agil und flexibel zu organisieren, immer wieder das Umfeld neu zu erkunden und auf Überraschungen gefasst zu bleiben.

- Meine Einschätzung von Situationen und Möglichkeiten ernst nehmen, in dem Bewusstsein, dass es immer auch andere Überzeugungen gibt.

Mein Fazit: Change ist kein Wert an sich. Grundsätzlich geht es darum, durch geeignete Schritte in Kompetenz und Haltung persönliche Zukunftsfähigkeit zu entwickeln und Klienten als Sparringspartner dabei zu begleiten. Ein Leitbild und Konzept für das Vorgehen zu haben ist zwar notwendig, aber nicht hinreichend. Entscheidend ist die tatsächliche Umsetzung. Um diese nachhaltig zu verankern, bedarf es einer (Unternehmens-)Kultur und Haltung, die sich durch möglichst ausgeprägte Selbstverantwortung und die Bereitschaft zu permanentem Change auszeichnen. Beides kann man sich zwar wünschen, aber nicht anordnen. Die einzige Möglichkeit besteht darin, diese Elemente in allen Projekten und Teilschritten der Veränderung zu berücksichtigen und anzupacken. Ich bin gespannt, ob und wie es gelingen wird, die Bedrohung durch das Coronavirus in diesem Sinne zu meistern.

WAS UNS BEWEGT (2): LUYANDA MPAHLWA, DIPL.-ING. ARCHITEKT, TU BERLIN; LEITER/ DIREKTOR: DESIGNSPACEAFRICA GMBH, KAPSTADT

> *»Design für sozialen Wandel*
> *bildet die Grundlage meiner Arbeit als Architekt.«*
>
> LUYANDA MPAHLWA

Abbildung 2: Dipl.-Ing. Luyanda Mpahlwa, geboren 1958 in Mthatha (Provinz Ostkap), der Heimatstadt von Nelson Mandela

Wandel im Kontext einer sich stetig ändernden und dynamischen Welt

Unsere Gesellschaften sind den Herausforderungen einer sich rasch ändernden und dynamischen Welt ausgesetzt. Der Begriff »globales Dorf« mag abgedroschen klingen, doch er trifft zu und besagt, dass die Grenzen zwischen Völkern und Ländern zunehmend irrelevant werden, da Menschen sich auf der Suche nach besseren Lebensbedingungen auf den Weg in fremde Länder und auf fremde Kontinente begeben. Die wachsende Verflechtung und Integration der verschiedenen nationalen Volkswirtschaften treiben die Globalisierung an. Globale Migrationsströme, aber auch solche von ländlichen in städtische Regionen nehmen zu, mit sowohl positiven als auch negativen Auswirkungen. Wir müssen lernen, »Andersheiten« zu akzeptieren und mit ihnen umzugehen. Dabei sollten wir danach streben, die positiven Aspekte, die unsere Kulturen und Volkswirtschaften bereichern können, bestmöglich zu fördern, gleichzeitig aber auch das Identitätsgefühl der Menschen zu stärken, also jene Elemente, auf die sie stolz sind. Diese Herausforderung nimmt stetig weiter zu.

Dies gilt weltweit, sowohl in europäischen wie in afrikanischen Ländern. Die Verbreitung des Coronavirus belegt zudem, dass Grenzen immer mehr an Bedeutung verlieren. In dieser weltumspannenden Krise, die die uns bekannte Welt in ihren Grundfesten bedroht, sind globale Lösungsansätze gefragt.

Alle Länder sind gleichermaßen von Covid-19 bedroht, unabhängig von ihrer Wirtschaftskraft und ihrem Wohlstand. Gleichzeitig beeinflusst das Coronavirus die Bewegungsfreiheit von Menschen zwischen verschiedenen Staaten, sei es als Touristen, als Immigranten oder als Flüchtende. Wir kommen darauf im Verlauf dieses Buches noch zurück.

Ein Blick in die Geschichte zeigt, dass die Vereinigten Staaten von Amerika seit jeher von Migrationsbewegungen geprägt waren, von der Unterwerfung der amerikanischen Ureinwohner durch Einwanderer aus europäischen Ländern bis zur Einfuhr afrikanischer Sklaven – eine Geschichte, die in einem bitteren und tragischen Bürgerkrieg gipfelte. Heute hoffen immer mehr Migranten aus der Karibik sowie aus Mittel- und Südamerika, in den USA ihr Glück zu machen. Es handelt sich um ein weltweites Phänomen, das sich auf das Sozialgefüge der einzelnen Länder, auf Kulturen sowie auf Grundsätze und Praktiken der Unternehmensführung auswirkt. Im Ergebnis müssen alle Gesellschaften auf diese Entwicklung reagieren, indem sie zukunftsfähige Systeme und Strategien entwickeln, um die Zukunft nachhaltig zu gestalten – denn die Entwicklung ist nicht mehr umkehrbar.

Eine ebenso interessante wie beunruhigende Entwicklung in den USA ist, dass die am stärksten von Covid-19 betroffenen Gruppen mit den höchsten Todesraten unter den Afroamerikanern und den Einwanderern aus Lateinamerika zu finden sind. Dies spiegelt ein Wohlstandsgefälle und eine wirtschaftliche Ungleichheit in der US-Gesellschaft wider. Die Realitäten unseres »globalen Dorfes«, der Globalisierung unserer Volkswirtschaften und der Flüchtlings- und Migrationskrise, ausgelöst von Menschen auf der Suche nach einem besseren Leben, fordern Wissenschaftler und Change-Management-Vertreter dazu heraus, Strategien aufzuzeigen, mithilfe derer sich diese Herausforderungen auf sinnvolle Art und Weise bewältigen lassen. Die negativen Aspekte dieser Phänomene dürfen durchaus erwähnt werden, allerdings sollten wir uns auf die Frage konzentrieren, wie die Chancen, die sie eröffnen, maximiert werden können. Mit anderen Worten: Wie kann eine solche Verschmelzung von Kulturen und Ökonomien eine Gesellschaft bereichern und die Menschheit auf eine gemeinsame Zukunft vorbereiten? Dazu müssen wir neue Theorien und ein anderes Verständnis unserer sich verändernden und dynamischen Umwelt entwickeln. Demokratie, Freiheit und Chancengleichheit sollten allen Bürgern gleichermaßen zugänglich sein.

Mein Beitrag zu diesem Buch wird sich auf meine persönlichen Erfahrungen und auf die Lehren, die ich aus diesen gezogen habe, stützen. Aufgrund der Ungerechtigkeiten des Apartheidsystems und infolge politischen Drucks habe ich Südafrika in den 1980er-Jahren mithilfe von Amnesty International verlassen, um mich ins Exil nach Deutschland zu begeben, wo ich insgesamt 15 Jahre verbrachte.

Diese Erfahrung hat mir es ermöglicht, neue Perspektiven zu gewinnen, die mein Leben bereichert haben und meine Sicht auf die Welt bis heute bestimmen. Gleichzeitig ist mein Identitätsgefühl als afrikanischer Architekt, Denker und Stadtplaner gewachsen. Dessen ungeachtet betrachte ich mich noch immer als eine Art »Weltbürger«.

Mein Fazit: Aufgrund meiner persönlichen Erfahrungen und meiner globalen Perspektive glaube ich, dass die Welt ein dynamischer Ort ist, der sich laufend wandelt. Wir sollten Veränderung nicht fürchten, sondern ihr mit offenen Armen begegnen und stets versuchen, ihre positiven Aspekte zu identifizieren. In einem Buch mit dem Titel »Sawubona Africa« – *Embracing four worlds in South African management*[1] argumentieren die Autoren, dass Wirtschaft und Geschäftspraktiken Südafrikas weitgehend von westlichen Vorbildern beeinflusst seien. Um sein heutiges und künftiges wirtschaftlichen Umfeld steuern zu können, müsse Südafrika jedoch »die [ethnische] Vielfalt und die sozial geprägte Geschäftskultur« anerkennen. Das Buch stellt zudem fest, dass dies »entscheidend für effektive Unternehmensführung« sei und dass »Manager den kulturellen und Verhaltenskontext begreifen müssen, innerhalb dessen sie ihr Geschäftsmodell entwickeln«. Theoretisches Rahmenwerk des Buches ist das sogenannte Vier-Welten-Modell, das die in unterschiedlichen Weltgegenden herrschenden Geschäftskonzepte beschreibt. Dieser Theorie zufolge kann die Kultur der Unternehmensführung in die vier Quadranten Nord, Ost, Süd und West unterteilt werden. Der Norden ist hierbei von »Rationalismus« geprägt, der Osten durch »Holismus«, der Süden durch »Humanismus« und der Westen durch »Pragmatismus. Die Frage lautet: Wie können wir die Möglichkeiten, die eine solche Analyse eröffnet, bestmöglich nutzen, um die Weltordnung zu verbessern?

Die sozialen und humanistischen Herangehensweisen des Südens beginnen allmählich eine zunehmende Rolle im politischen Diskurs Südafrikas und in den dort anzutreffenden Geschäftspraktiken zu spielen, aber auch in anderen Teilen der Welt. Das *Ubuntu* genannte Konzept, wonach ein Mensch nur durch andere Menschen zum Menschen wird (auf isiXhosa »Umntu ngumntu ngabantu«) und das die Führungsstile von Nelson Mandela und Bischoff Desmond Tutu prägte, gilt als entscheidend für den Erfolg des »südafrikanischen Demokratieprojekts«, aber auch als prägend für die sich herausbildende Unternehmenskultur im Land.

In diesem Buch versuchen wir zu beleuchten, wie dieser Ansatz dazu beitragen kann, Veränderungsprozesse zu gestalten und eine Unternehmens- und Verhandlungskultur für die Zukunft zu entwickeln. Wir möchten damit einen Pfad aufzeigen, auf dem unsere Gesellschaft durch die komplexe und dynamische Welt, in der wir heute leben, navigieren kann. Nur wenige Länder weltweit weisen so tiefgreifende ethnische, wirtschaftliche und Wohlstandsunterschiede auf wie Südafrika, obgleich mittlerweile 25 Jahre seit der Einführung der neuen demokratischen Ordnung im Jahr 1994 verstrichen sind.

Meine persönliche Reise

Als Heranwachsender wusste ich nichts über Architektur oder Design. Meine Heimatstadt Mthatha, der Geburtsort Nelson Mandelas, liegt im früheren Homeland Transkei, einer ländlichen Gegend Südafrikas. Meine Sprache isiXhosa kennt kein eigenes Wort für Architektur, denn das Bauen obliegt traditionell nicht Fachleuten, sondern den Gemeinschaften selbst.

Damals ahnte ich nicht, dass dieser ländliche Hintergrund meinen Beruf als Architekt entscheidend beeinflussen würde. Heute jedoch muss ich feststellen, dass meine Erziehung, meine Kultur und meine Sozialisierung sich stark auf meine Praxis und mein Verständnis von Architektur auswirken. Im Südafrika der Apartheidzeit waren alle Schulen und Universitäten gemäß dem Bantu Education Act[2] nach Volksgruppen getrennt. Ich besuchte daher eine Schule nur für Schwarze. In solchen Schulen wurden Fächer mit technischem oder kreativem Inhalt nicht gefördert, und so lernte ich nie zu zeichnen oder Kunstwerke anzufertigen. Nach Abschluss meiner Schullaufbahn im Jahre 1976 – es war die Zeit des Schüleraufstands in Soweto – ermunterte mich mein Vater zu einem technischen Studium, denn er war davon überzeugt, dass dem Ingenieurswesen die Zukunft gehörte. Meine Mutter schlug vor, dass ich Architektur studieren sollte, denn sie erinnerte sich daran, dass ich als Kind gerne Häuser malte und ihr die Bilder zeigte.

Als ich zwei Jahre später mit dem Architekturstudium begann, gehörte ich zu den ersten schwarzen Studenten, denen das überhaupt gestattet wurde. In meiner Kindheit gab es in Südafrika keinen einzigen schwarzen Architekten. Erst nach den Aufständen von Soweto wurden an den weißen Universitäten die Tore für schwarze Studenten geöffnet. Aber auch dann konnte ich mich nicht einfach an einer Universität meiner Wahl einschreiben, sondern musste erst im Ministerium eine Erlaubnis beantragen, die es mir ermöglichte, an einer weißen Universität zu studieren – denn an den Hochschulen der schwarzen Bevölkerung gab es das Fach Architektur nicht. Man war der Ansicht, dass Schwarze nicht dreidimensional denken könnten und es folglich keinen Sinn ergäbe, ihnen das Entwerfen und Gestalten beizubringen.

Meine Entscheidung, Architektur zu studieren, war auch meine Art, gegen das System der Rassentrennung zu protestieren. Ich erhielt die Genehmigung des Ministers und konnte mich 1978 an der University of Natal in Durban einschreiben. Ich wollte studieren, was ich eigentlich nicht studieren durfte, und konnte dies nur an einer weißen Universität – auch wenn das bedeutete, dass ich täglich vier Stunden für den Hin- und Rückweg brauchte. Zwar durfte ich an einer weißen Hochschule studieren, doch es war mir nicht erlaubt, dort zu wohnen, da die Universität in einem Wohngebiet lag, das durch die Trennungspolitik (gesetzlich geregelt im sogenannten Group Areas Act) allein »weißen« Menschen vorbehalten war.

Alle schwarzen Studenten durften nur in einem Township außerhalb Durbans wohnen. Alles war ein Kampf, der nur durch meine Überzeugungen, meinen Glauben an mich selbst und meinen festen Willen, meine Träume zu verwirklichen, zu gewinnen war. Das hat mein Denken geformt. Trotz der Öffnung der Hochschulen nahmen die politischen Spannungen im Lande und die staatliche Brutalität in den 1980er-Jahren zu. Da ich wie die meisten schwarzen jungen Menschen zu dieser Zeit politisch aktiv war, wurde ich eines Tages – es war im Jahre 1981 – aus einem Prüfungsraum heraus als Antiapartheid-Aktivist identifiziert und verhaftet. Nach einem Jahr in Untersuchungshaft stand ich in einem Hochverratsprozess als Kronzeuge vor Gericht und wurde aufgrund einer »Aussageverweigerung« verurteilt. Die Strafe bestand in einem fünfjährigen Aufenthalt im Gefängnis Robben Island.

Dort, auf Robben Island, konnte ich meinen politischen Horizont und mein Wissen erweitern; dort habe ich von der Weisheit von Nelson Mandela und seiner Kampfkameraden Govan Mbeki, Walter Sisulu und anderen profitiert.

Auf Robben Island wurde mein Engagement für Freiheit, Demokratie und Menschenrechte weiter gestärkt. Das Solidaritätsgefühl mit meinen Mitkämpfern und Kameraden trug stark dazu bei, diese Situation zu bewältigen. Nach meiner Entlassung konnte ich mithilfe von Amnesty International nach Deutschland ins Exil fliehen, wo ich 15 Jahre gelebt habe und 1997 auch mein Architekturstudium an der Technischen Universität Berlin abschließen konnte.

Mein Denken wurde an der TU Berlin weiter geformt und entwickelt. Die Aussagen meiner ehemaligen Dozenten in Südafrika, dass schwarze Menschen nicht in der Lage seien, dreidimensional zu denken, wurde während meines Studiums nicht nur in Frage gestellt, sondern haben sich als Unsinn erwiesen. Ich habe mein Architekturstudium sehr erfolgreich abgeschlossen und konnte im Jahr 2000 als Diplom-Ingenieur nach Südafrika zurückkehren. Zuvor war es mir vergönnt, zuerst als junger Architekt am Bau der nordischen Botschaften mitzuwirken und später die südafrikanische Botschaft an der Tiergartenstraße zu bauen.

Die globale Dimension

Die internationale Solidarität hat im Kampf gegen die Apartheid eine große Rolle gespielt. Abgesehen von den großen internationalen Aktionen und Initiativen der Antiapartheidbewegungen gab es auch Unterstützung auf einer sehr persönlichen Ebene. In meinem Fall betraf das meine Flucht aus Südafrika über Botswana. Mit Unterstützung von Amnesty International erhielt ich ein Flugticket nach Deutschland. Ich fuhr mit meinem jüngeren, leider mittlerweile verstorbenen Bruder in der Nacht von Umtata nach Gaborone, der Hauptstadt Botswanas, was eine sehr gefährliche Angelegenheit war. In Deutschland wurde ich von einem Jugendfreund, Mavik Matutu, der schon im Exil war und in Darmstadt studierte, empfangen, gemeinsam mit einer Arbeitsgruppe von Amnesty International, die mit dem südafrikanischen Pfarrer Ben Khumalo im Ruhrgebiet zusammenarbeitete. Für meinen Sprachkurs in Bochum und das Studienkolleg in Berlin wurde ich in das Flüchtlingsprogramm des Diakonischen Werkes aufgenommen. Mein Studium wurde später von der Friedrich-Ebert-Stiftung mitfinanziert. Aber wie so viele Studenten habe ich mich durch Studentenjobs bei der studentischen Arbeitsvermittlung der TU Berlin (TUSMA) selbst unterstützt. Dadurch habe ich schnell eine neue Selbstständigkeit erlernen müssen.

Ich kam nach Deutschland als Freiheitskämpfer aus Südafrika, musste mir dort aber schnell neue Methoden der Auseinandersetzung und des Handelns aneignen. Es war eine große Herausforderung, einerseits diese persönliche Veränderung vorzunehmen, mir andererseits aber meine Kultur und Identität zu erhalten. An der Universität musste ich gemeinsam mit Studierenden aus aller Welt neue pädagogische Methoden erlernen, um im Studium und der Gesellschaft zurechtzukommen. Ich habe mich in meiner Zeit in Deutschland auch der Antiapartheidbewegung in Bochum, Köln, Bonn und Berlin angeschlossen, wo ich mich mit Gleichgesinnten austauschen konnte. Dies war eine Bereicherung meiner Erfahrungen, die sowohl für meine Integration in Deutschland wichtig war als auch meine Weltanschauung erweitert hat. Diese Erfah-

36

rungen, die Zusammenarbeit und die Begegnungen mit Menschen aus aller Welt, die meine persönliche Entwicklung geprägt haben, schätze ich sehr. Sie sind Gegenstand meiner Reflexionen zu emotions- und verhaltensbezogenen Change-Management-Strategien in Unternehmensführung, Gemeinwesenarbeit sowie weiteren Feldern, die in diesem Buch besprochen werden.

Studien- und Lebenserfahrungen in Berlin

Für mein Studienkolleg (eine Bildungseinrichtung für ausländische Studenten) bin ich Ende 1988 von Bochum nach Berlin umgezogen. Obwohl ich an der TU Berlin zum Architekturstudium angenommen wurde, hatte ich noch keine Studienberechtigung und musste mein Abitur aus Südafrika im Studienkolleg im Hinblick auf die Fächer Mathematik, Physik und Chemie auf das deutsche Niveau bringen. Zum Nachweis deutscher Sprachkenntnisse hatte ich bereits in Bochum den notwendigen Sprachkurs absolviert.

Als ich in West-Berlin ankam war die Stadt noch geteilt und die Reise nach Berlin durch die DDR hatte mir die Komplexität dieser Teilung offenbart. Das »Inselgefühl« der Stadt West-Berlin war spürbar. Mein größtes Problem aber war mein südafrikanischer Reisepass, der den DDR-Grenzern suspekt war. Obwohl ich mich im Exil befand und mich dem ANC und der Antiapartheidbewegung angeschlossen hatte, hatte ich mich geweigert, meinen südafrikanischen Reisepass abzugeben. Dadurch hatte ich große Probleme, nach Ost-Berlin zu reisen und meine Landsleute und Kameraden zu besuchen.

Die krassen Unterschiede zwischen dem Leben der Menschen im Westen und im Osten waren offensichtlich. Es hatte mich ein wenig an die gesellschaftlichen Unterschiede in Südafrika erinnert (ich werde später auf die Parallelen zwischen Südafrika und Deutschland zurückkommen). Auf der anderen Seite war West-Berlin eine multikulturelle und sehr lebendige Stadt. Ich lernte hier die andere Seite von Deutschland kennen und nahm schnell die Vielfalt und das Zusammenleben verschiedener Nationalitäten und Bevölkerungsschichten wahr.

Meine erste Wohnung befand sich im Wedding, eine Gegend mit hohem türkischen Bevölkerungsanteil. Die Straßen waren voller türkischer Jugendlicher und Familien, darunter auch ältere Menschen. Dieser Stadtteil hatte eine andere Lebensqualität und Kultur als im übrigen Deutschland; er war geprägt von Märkten, Eckläden und Dönerbuden an jeder Ecke, in denen auch nachts Betrieb herrschte. Für mich war dies sehr überraschend und sehr interessant zu beobachten. Die U-Bahn U8 vom Wedding nach Kreuzberg und Neukölln fuhr unter Ost-Berlin hindurch, vorbei an geschlossenen Bahnhöfen.

Mein Architekturstudium begann im Oktober 1989, kurz vor der Maueröffnung. Die Orientierungswoche an der TU Berlin hatte mir einen ersten Einblick in das komplizierte Universitätssystem vermittelt. Auch die Begegnung mit Studenten aus aller Welt war sehr interessant. Mein Hauptproblem bestand zunächst darin, die universitären Angebote zu überblicken und herauszufinden, wo sich alles befindet. Der Campus war überall verstreut, ganz anders als in Südafrika. Es verwirrte mich sehr und faszinierte mich gleichzeitig, wie an der Architekturfakultät die Professoren sich bei den Studenten vorstellten und jeder sich aussuchen konnte, bei welchem Professor er oder sie studieren wollte. In Südafrika waren die Professoren so etwas wie Götter.

Andererseits sorgte die anfängliche Orientierungslosigkeit unter den Erstsemestern dafür, dass sich schnell gemischte Freundschaften bildeten. Deutsche und ausländische Studenten taten sich zusammen, und aus diesen Bekanntschaften bildeten sich später Arbeitsgruppen. Für mich stellten diese Erfahrungen einen Kulturschock dar – ich erlebte es als großen Kontrast im Vergleich zu südafrikanischen Universitäten, wo ich als schwarzer Student in einer weißen Universität völlig allein gelassen war. Es war eine aufbauende Erfahrung. Ich habe fast mein ganzes Studium bis zum Diplom mit meiner Arbeitsgruppe bewältigt. Daraus erwuchsen tiefe Freundschaften zu Kommilitonen unter anderem aus Deutschland, den USA und dem Sudan, die bis heute bestehen.

Es war Ende der 1980er-Jahre und die Zeichen standen auf Veränderung. Wohnraum war knapp, und Studenten und junge Menschen in West-Berlin gingen auf die Straße, um gegen krassen Kapitalismus und Faschismus oder für die Öffnung der Grenzen zu demonstrieren. Auch die Multikulti-Bewegung blühte in dieser Zeit auf. Durch meine Kontakte zur Antiapartheidbewegung in Berlin zog ich in eine Wohngemeinschaft in Moabit, die sich in einem ehemaligen besetzten Haus in der Jagowstraße eingerichtet hatte. Das Haus war Jahre zuvor von deutschen Studenten und links orientierten Menschen und Aktivisten besetzt worden. Danach wurde das Haus legalisiert und in eine Hausgemeinschaft umgewandelt, die sich als Kommune organisierte.

Es war für mich eine neue Erfahrung, in ein selbstverwaltetes Haus einzuziehen, wo ich die Lebensbedingungen einer offenen Wohngemeinschaft wie »gemeinsam kochen, leben und sogar duschen« erlernen musste. An jedem ersten Sonntag im Monat fand eine Hausversammlung statt, bei der Selbsthilfe und Hausverwaltung, ausstehende Mieten und vieles mehr diskutiert wurden. Ich lebte im Herzen der alternativen Szene West-Berlins und war mit Themen wie antiautoritärer Erziehung konfrontiert. Die Hausgemeinschaft hatte schon in den 1980er-Jahren eine innovative Energieversorgung eingeführt, mit Heizwasser aus Solarenergie, und diese wurde später erweitert. Aus heutiger Sicht war das sehr fortschrittlich. Auf der anderen Seite mussten meine WG-Mitglieder mit meiner Kultur und meinen Handlungsweisen zurechtkommen, inklusive meiner unzähligen afrikanischen Besucher, die ich unterbringen musste. Es war eine erfahrungsreiche und bewegende Zeit für uns alle, aber wir kamen sehr gut miteinander aus. Ich lebte zwölf Jahre in dieser Hausgemeinschaft, bis zur Rückkehr nach Südafrika im Jahr 2000. Bis heute habe ich guten Kontakt zu meinen ehemaligen WG-Mitbewohnern, und gelegentlich besuchen wir uns gegenseitig.

In dieser Zeit in Berlin, in der sich die weltpolitische Lage zuspitzte und tiefgreifend veränderte, hat mein politisches Engagement und mein Bewusstsein eine globale Dimension entwickelt. Ich habe die Veränderungen der 1990er-Jahre sowohl in Südafrika als auch in Deutschland mit Interesse verfolgt – die Vereinigungspolitik in Deutschland, der Fall der Mauer, parallel dazu die Freilassung Nelson Mandelas und nachfolgend das Ende der Apartheid in Südafrika. Gleichzeitig hat mir das Ende des Ost-West-Konflikts Aspekte der Veränderung verdeutlicht, die mein Denken bis heute prägen. Meine heutige Sicht auf Veränderung und »Zukunftsfähigkeit« ist unter anderem darauf zurückzuführen oder ist zumindest stark von meiner Zeit in Berlin beeinflusst. Zur Konkretisierung möchte ich einige Aspekte meiner Erfahrungen detaillierter darstellen.

Berufliche Perspektiven

Nach Abschluss meines Studiums in Berlin trat ich 1997 in das Architekturbüro Pysall & Ruge ein, der ersten Station meiner beruflichen Laufbahn als Architekt. Die Firma war mit der Neuerrichtung der nordischen Botschaften in Berlin beauftragt, und ich wurde der Bauleitung zugeordnet. Die Zusammenarbeit mit Architekten aus den nordischen Staaten war eine großartige Erfahrung für mich. Ich sah, wie sie durch ihre Botschaftsgebäude die Kulturen, die Architektur sowie die Baumaterialien und -systeme ihrer Länder zum Ausdruck brachten. Diese Beobachtung half mir sehr dabei, eine positive Sichtweise auf die Bedeutung von »Nationalstolz« zu gewinnen, denn gleichzeitig herrschte eine große Weltoffenheit. Die nordischen Architekten schlugen vor, die Fassaden ihrer Botschaften mit Holz zu verkleiden, eine Bauweise, die weder typisch für Berlin war noch für Gebäude dieser Größe und dieses Prestigewerts als angemessen galt. Erstmalig genehmigten die Berliner Behörden unter bestimmten Auflagen den Bau von »Bürogebäuden aus Holz« – ein Kurswechsel, der der Einsicht geschuldet war, dass sich Berlin nun der Welt öffnete. In meinen Augen war es ein Ausdruck der Anpassung an die neue »diplomatische Ordnung« und der Bereitschaft, andere Nationen am deutschen Vereinigungsprozess teilhaben zu lassen. Für mich als junger Architekt war dies eine interessante Beobachtung und Erfahrung.

Meine berufliche Laufbahn stand vor einer erneuten Wende, als ich gleich nach meinem Abschluss an der TU Berlin im Jahr 1997 die Gründung eines gemeinschaftlichen Architekturbüros mit anderen Architekten aus Südafrika, die in Dresden und Weimar studiert hatten, vorantrieb. Anlass hierzu war meine Vermutung, dass die südafrikanische Botschaft von Bonn nach Berlin umziehen würde. Als Studenten in Ost- und Westdeutschland hatten wir unterschiedliche architektonische Ausbildungen durchlaufen, doch als Südafrikaner wollten Gandhi Maseko, Alan Samuels und ich zusammenarbeiten. Angemerkt sei, dass Alan Samuels ein weißer Südafrikaner ist, der als junger Mann beschlossen hatte, sich dem Freiheitskampf anzuschließen. Er war ins Exil gegangen und in Tansania dem ANC beigetreten. Wir begründeten dann eine Partnerschaft mit Mphethi Morojele, einem Architekten, der in Kapstadt studiert hatte und damals bereits in Johannesburg tätig war.

Als gleichberechtigte Partner traten wir in das Büro MMA Architects ein, das Mphethi bereits in Südafrika registriert hatte. Unsere Firma war schließlich erfolgreich, und wir wurden 1998 mit der Gestaltung der südafrikanischen Botschaft in Berlin beauftragt.

Wir hatten das große Glück, als erste schwarze Architekten in der Geschichte Südafrikas mit dem Bau einer südafrikanischen Botschaft beauftragt zu werden. Ermöglicht wurde dies durch die neuen Richtlinien des Bauministeriums zur Beauftragung von Fachkräften unter dem damaligen Minister Jeff Radebe.

Das Grundstück, das sich im Bezirk Tiergarten befindet, gehörte der südafrikanischen Regierung. Das früher dort befindliche Gebäude des südafrikanischen Hochkommissariats war während des Zweiten Weltkriegs zerstört worden. Nach der deutschen Wiedervereinigung im Jahr 1990 wurde das Botschaftsviertel in der prestigeträchtigen Tiergartenstraße neu belebt. Südafrika erhob Anspruch auf sein altes Grundstück, und als ortsansässige Architekten unterstützten wir die Regierung in allen Verständnisfragen rund um das deutsche Baurecht und die städtischen Planungsrichtlinien. Meine berufliche Laufbahn als Architekt sollte mit der Möglichkeit beginnen, ein physisches Monument in meiner Studienstadt Berlin zu hinterlassen.

Der Bau des Gebäudes begann im Jahr 2001. Es handelte sich um die erste Botschaft, die von der neuen Regierung unter Präsident Thabo Mbeki, dem Nachfolger Nelson Mandelas, gebaut wurde. Wir mussten dazu unsere Planungserfahrungen, die wir an vier verschiedenen Universitäten in West- und Ostdeutschland sowie in Südafrika gewonnen hatten, unter einen Hut bringen. Der Entwurf für dieses Gebäude beinhaltete architektonische Aspekte, die unserer Ausbildung in Deutschland geschuldet waren, aber auch solche, die eine Kultur, Bauweisen und eine Ästhetik zum Ausdruck brachten, die von afrikanischen Stilrichtungen inspiriert war. Ein solcher Gestaltungsansatz für eine südafrikanische Botschaft war etwas völlig Neues und für uns, als junge Architekten, die an unserem ersten Gebäude arbeiteten, ein stolzer Moment. Das Gebäude der südafrikanischen Botschaft in Berlin wurde 2003 vollendet, und in Anerkennung dafür erhielten wir 2006 den »Award of Excellence« des südafrikanischen Institute of Architecture. Dieses Projekt, das meine berufliche Laufbahn begründete, bleibt einer meiner größten Erfolge als Architekt.

Inwiefern ist all dies für das Thema dieses Buches relevant? Nun, meine Erfahrungen aus Berlin – sowohl die persönlichen als auch die beruflichen – beleuchten einige interessante Aspekte:

Jede Gesellschaft birgt ihre spezifischen Herausforderungen, die wir als Individuen und Fachkräfte bewältigen müssen. Dieser Prozess findet nicht auf einer theoretischen, sondern auf einer sehr praktischen Ebene statt. Ich habe neue Fertigkeiten erlernt, aber auch neue Möglichkeiten, mich zu engagieren und mit veränderlichen äußeren Bedingungen umzugehen. Die negativen Erfahrungen, die ich in Südafrika machen musste und die mich ins Exil trieben, eröffneten mir neue Denk- und Handlungsweisen. Dies ermöglichte es mir wiederum, neue Perspektiven und eine breitere Weltsicht zu gewinnen, ohne jedoch meine Identität aufgeben zu müssen. Als Neuankömmling in Deutschland erschien mir die dortige Kultur und Gesellschaft recht starr, jedenfalls im Vergleich zur entspannten afrikanischen Lebensart. Durch Gespräche und Anpassung an die neue Umgebung lernte ich jedoch, die positiven Aspekte wertzuschätzen und gleichzeitig meine Identität zu bewahren. Als Architekt, der mittlerweile wieder in seinem eigenen Land arbeitet, wird mir umgekehrt bisweilen unterstellt, ich würde »nach deutscher Art« arbeiten. Das trifft aber nicht wirklich zu.

Mein Fazit lautet, dass unsere heutige dynamische Welt stark von den unterschiedlichen Erfahrungen der Men-

44

schen profitieren kann. Mein Verständnis von »Zukunftsfähigkeit«, einem Kernthema dieses Buches, lässt sich wie folgt beschreiben: Wer Strategien für eine nachhaltige und gemeinsame Zukunft entwickeln will, muss begreifen, dass die Welt ein dynamischer Ort ist, in der unterschiedliche Sichtweisen nebeneinander bestehen.

Wir müssen die Tatsache anerkennen, dass die Logik des Einen den Anderen befruchten kann. Als Gesellschaft sollten und müssen wir den notwendigen Raum für Dialog schaffen und sicherstellen, dass jeder gemäß seinen jeweiligen Möglichkeiten zu einer gemeinsamen Zukunft beitragen kann. Die Welt braucht mehr Dialog, Toleranz und Solidarität – Prädikate, die ich während meiner fünf Gefängnisjahre auf Robben Island erlernte. Für unsere heutigen Probleme gibt es nicht die eine »richtige« Sichtweise und Lösung, daher verbieten sich einseitige Top-down-Ansätze. Die Volkswirtschaften dieser Welt sind miteinander verflochten und komplex, denn die Ungleichgewichte zwischen reichen und armen Nationen bleiben groß. Um diese zu bekämpfen und eine gerechtere und nachhaltigere Weltordnung zu schaffen, ist es hilfreich, wenn Menschen und Nationen voneinander lernen.

Rückkehr: Arbeiten in Südafrika

In Berlin sind noch andere wichtige Dinge in meinem Leben geschehen. Ich habe während des Studiums meine Frau, Ulrike aus Sigmaringen, kennen gelernt. Sie hat Architektur an der Hochschule der Künste in Berlin studiert und zog nach Abschluss ihres Studiums im Jahr 1997 nach

45

Südafrika. Ich bin erst im Jahr 2000 zu ihr nach Südafrika zurückgekehrt, wo ich ein Architekturbüro in Kapstadt gründete. Es war eine spannende Erfahrung, unsere Beziehung aus Studentenzeiten in Berlin nun in Kapstadt weiterzuführen. Wir haben mittlerweile zwei Söhne, die in Kapstadt geboren wurden.

Beruflich war ich zwölf Jahre lang Partner von MMA Architects und habe das Cape Town Studio geleitet. Seit 2009 bin ich selbstständig und arbeite jetzt zusammen mit meiner Frau in meinem Büro DesignSpaceAfrica[3] in Kapstadt. Wir engagieren uns für eine sozial gerechte Architektur und arbeiten hart daran, unser Wissen und Können so einzusetzen, dass wir zur Veränderung der hiesigen Lebenswelten, insbesondere der benachteiligten Gemeinschaften in den Townships Südafrikas, einen Beitrag leisten können. Es ist eine große Herausforderung, Architektur dort einzusetzen, wo die wirtschaftlichen Unterschiede zwischen reichen und armen Menschen so krass sind. Um die Wirtschaftlichkeit unseres Unternehmens zu gewährleisten, bemühen wir uns um eine Mischung von Aufträgen, die soziales Engagement mit wirtschaftlich sinnvollen Projekten verbinden. Eine schwierige Gratwanderung, da die wirtschaftliche Lage zurzeit nicht günstig ist.

Ich habe nach meiner Rückkehr sehr schnell lernen müssen, mich angesichts der sehr unterschiedlichen Arbeitsbedingungen in Südafrika umzustellen und neu anzupassen. Ich musste auch feststellen, wie sehr sich die Arbeitswelten in der Architektur unterscheiden und wie komplex im Vergleich zu Deutschland die Entwicklung von Projekten in Südafrika abläuft. Obwohl ich hier in Südafrika groß geworden bin, musste ich mich neu in die

Gesellschaft einfinden – eine Umwandlung »zurück in die Zukunft« sozusagen. Als Menschen sind wir immer wieder gezwungen, uns neuen Herausforderungen zu stellen, was nicht immer einfach ist.

Wie Nelson Mandela zu sagen pflegte: »It always seems impossible until it's done!«

Wiedereingliederung in Südafrika – Reflexionen und Erfahrungen

Wandel ist keine theoretische Übung, sondern ein Prozess, der sich in Handlungen ausdrückt. Sofern wir Veränderungskonzepte nicht mit konkretem Handeln verknüpfen, bleiben sie bedeutungslos. In Südafrika hat uns Nelson Mandela gezeigt, wie sich auf Wandel gerichtete Ideen in Handeln umsetzen lassen, und dass dies auch notwendig ist – in einer Zeit, als die größte Herausforderung darin bestand, nach Jahrhunderten bitterer Auseinandersetzungen die Vision eines vereinten demokratischen Südafrika mit Leben zu erfüllen. Dank seiner Führung und seines Einsatzes für einen friedlichen Übergang in Südafrika lernten die Südafrikaner, diese Aufgabe auf ganz eigene Weise zu lösen. Sein Vorbild und jenes seiner Mitarbeiter im ANC und in der Regierung zeigen, welche Bedeutung visionärer Führung in Veränderungsprozessen zukommt.

Manche mögen heute bezweifeln, ob alle von Nelson Mandela getroffenen Entscheidungen dem Land wirklich gedient haben. Sicher ist jedoch, dass er das Fundament für ein neues Südafrika gelegt hat – ein demokratisches Südafrika, das den Millionen von Bürgern, die jahrhundertelang unter der Apartheid und unter Rassenkonflikten gelitten hatten, neue Hoffnung gab.

Wandel ist aber kein statisches Phänomen. Entsprechende Handlungen müssen laufend überprüft und den aktuellen Herausforderungen angepasst werden. Den Generationen nach Mandela obliegt es, die sich verändernde Gesellschaft und die neuen politischen Dynamiken in Südafrika und der Außenwelt zu interpretieren und Lösungen zu finden, die den neuen Herausforderungen angemessen sind.

Das Demokratieprojekt in Südafrika

Bei meiner Rückkehr nach Südafrika war ich voller Hoffnung und freute mich sehr darauf, mich wieder in das Land meiner Geburt einzugliedern. Ich war hochmotiviert, an dem von Nelson Mandela angeführten »Demokratieprojekt« teilzunehmen. Für mich war es der richtige Zeitpunkt für die Rückkehr, denn ich hatte Berufserfahrungen in Deutschland gesammelt und wusste, dass ich einen wesentlichen Beitrag im Rahmen des Wiederaufbaus meines Landes leisten konnte. Wie sich rasch herausstellte, unterschied sich die Arbeit als Architekt in Südafrika stark von jener in Berlin, und sie war auch schwierig. Zwar hatten die politische Lösung und die Aussöhnungsbemühungen zur Einigung der Gesellschaft beigetragen, doch die Spaltung des Landes in verschiedene ethnische, soziale und wirtschaftliche Klassen blieb offensichtlich.

Ich werde mich im Folgenden auf Fragen der Architektur, der Stadtplanung und der räumlichen Integration beschränken. Bei meiner Rückkehr gab es weiterhin nur wenige schwarze Architekten und ich weigerte mich, allein als »schwarzer Architekt« betrachtet zu werden, denn in Berlin war das nicht der Fall gewesen. Es fiel mir sehr schwer, mich an diese neue Realität in meinem Heimatland zu gewöhnen. Ich erkannte, wie groß die Unterschiede zwischen Reich und Arm waren, und so begann ich, mich verstärkt in öffentlichen Projekten zu engagieren. Mein Bedürfnis, marginalisierte Gemeinschaften zu stärken, führte mich zur Gemeinwesenarbeit, in die ich mein architektonisches Wissen und meine Erfahrungen einbringen konnte.

Der Wechsel vom Bau von Botschaften und anderen Gebäuden mit hohem Prestigewert in Berlin zur Arbeit in den Townships war eine große Veränderung, bot mir aber auch die Chance, durch Architektur und Stadtplanung zum sozialen Fortschritt beizutragen.

Der Architekt als Protagonist des Wandels

Zu meinem Leidwesen musste ich jedoch feststellen, dass die Architektur in Südafrika einen wesentlich geringeren Status genießt als in Deutschland oder anderen Teilen Europas. In unserem Land gelten Architekten weder als Protagonisten des Wandels noch als Vordenker, die einen positiven Beitrag zum gesellschaftlichen Wandel sowie insbesondere zur Stadtentwicklung leisten können. Als derzeitiger Präsident des South African Institute of Architects erkenne ich, wie schwer es für Architekten ist, ernst genommen zu werden. Ich bemühe mich nach Kräften darum, dies zu ändern, und bin fest davon überzeugt, dass Architekten Fürsprecher gesellschaftlicher Veränderungsprozesse sein sollten und ebenso wie andere Fachkräfte als integraler Bestandteil der Politikgestaltung anerkannt werden sollten. Südafrika hat spezifische räumliche Herausforderungen geerbt, die während der Apartheidzeit angelegt wurden. Architekten und Stadtplanern kommt daher bei der räumlichen Integration eine wichtige Rolle zu. Ihre Aufgabe besteht unter anderem darin, die Städte und Lebensräume, die entlang ethnischer Zuordnungen getrennt waren, neu zu denken.

Südafrika hat keinen »Potsdamer-Platz-Moment« erlebt, als Teile Berlins völlig neu konzipiert wurden, um die Wiedervereinigung zu symbolisieren. Ein derartiger Umbau hat noch in keiner südafrikanischen Stadt stattgefunden. Dies bereitet mir weiterhin Sorge, denn wie sollen wir die Menschen integrieren, wenn die Stadtlandschaften und -räume in unserem Land unverändert bleiben? Überall auf der Welt erkennen Städte heute die Bedeutung von inklusiver Entwicklung und den Bedarf für inklusive Stadtplanungsstrategien, um diese zu erreichen. Das wird nicht von allein geschehen. Bedauerlicherweise hat man bereits viel Zeit verloren, und sollte sich nichts ändern, so steht Südafrika womöglich vor großen sozialen und wirtschaftlichen Herausforderungen.

Ich habe mittlerweile ein Alter von 60 Jahren erreicht und weiß nicht, wie viel Zeit mir noch bleibt. Doch ich bin fester denn je davon überzeugt, dass sämtliche soziale Gruppen, politische Formationen, Fachdisziplinen sowie der Privatsektor und öffentliche Institutionen zusammenarbeiten müssen, um tragfähige Lösungen zu entwickeln. Vordenker aus allen Sektoren sollten eine Zukunftsvision artikulieren, die Menschen und gesellschaftliche Schichten auf einer inklusiven Grundlage zusammenführt.

Um uns auf eine gemeinsame Zukunft im Kontext von Zukunftsfähigkeit vorzubereiten, müssen wir zwingend Räume und Lebensumgebungen schaffen, die soziale Integration fördern. Nur so kann es gelingen, den wechselnden gesellschaftlichen Anforderungen Herr zu werden. Wenn wir uns hier in Südafrika eine nachhaltige, friedliche und gemeinsame Zukunft aufbauen wollen, müssen wir uns auch mit Klimawandel, gerechtem Zugang zu Ressourcen, Bildung, Gesundheit, Armut, Arbeitslosigkeit, Hunger und Wiedergutmachung von ehemaligen Ungerechtigkeiten auseinandersetzen. Um ein zukunftsfähiges Südafrika zu errichten, benötigen wir keine Top-down-Strategien, sondern solche, die inklusiv und im Dialog mit den Bürgern entwickelt werden.

Südafrika im afrikanischen Kontext

Wie bereits erwähnt, hat sich die Welt in ein »globales Dorf« verwandelt, und das gilt auch innerhalb von Afrika. Migrationsbewegungen vollziehen sich nicht mehr nur von den südlichen Entwicklungsländern ausgehend in Richtung Norden, also beispielsweise nach Europa, sondern auch in andere wohlhabendere Länder mit besseren wirtschaftlichen Chancen. Seit dem Siegeszug der Demokratie in Südafrika haben sich die Beziehungen zu anderen afrikanischen Staaten verändert: Bürger dieser Länder haben nun die Möglichkeit, sich auf den Weg nach Südafrika zu machen, um dort ihr Leben zu verbessern. Südafrika, das während der Apartheid vom Rest des Kontinents abgeschnitten war, ist so zum Zielland von Wirtschaftsmigranten geworden, aber auch seine Universitäten werden zunehmend von Studierenden aus anderen afrikanischen Ländern besucht. Auf den meisten informellen Märkten in Südafrika macht sich die Anwesenheit von Händlern aus anderen Staaten des Kontinents bemerkbar. Südafrika ist zur Heimat von Menschen aus zahlreichen afrikanischen Ländern geworden, und seine Bevölkerung hat sich an die Vielzahl von Kulturen und Erfahrungen, die diese Menschen mitbringen, anpassen müssen.

Innerafrikanische Migration ist jedoch kein neues Phänomen. Südafrika und seine Nachbarstaaten im südlichen Afrika haben sich 1992 zu einem Wirtschaftsbündnis zusammengeschlossen, dem SADC[4], und sind durch verschiedene Abkommen und Verträge miteinander verbunden. Eine Arbeitsmigration zwischen diesen Ländern besteht seit Langem, wobei die Migranten überwiegend im Bergbau und im Tourismus beschäftigt sind, aber auch im informellen Sektor sowie im Kulturbereich. Die Öffnung der Grenzen zum Rest des Kontinents hat die Dynamik der Migrationsbewegungen jedoch verstärkt.

Wie jedes andere Land in gleicher Situation hat Südafrika keine andere Wahl, als sich für die Zukunft zu rüsten. Seine Bürger müssen sich auf die neue Realität einstellen, das Zusammenleben mit unterschiedlichen Kulturen akzeptieren und Neuankömmlinge mit offenen Armen empfangen. Dabei werden verständlicherweise auch Spannungen auftreten, denn die Südafrikaner müssen sich immer noch mit dem Erbe des Apartheidsystems auseinandersetzen, und die Gesellschaft als Ganze befindet sich immer noch auf der Suche nach einer neuen Identität, die das Demokratieprojekt in Aussicht stellt. Gleichzeitig herrscht in Afrika weiterhin die postkoloniale Ordnung, und einige

Staaten unterhalten enge Beziehungen zu ihrer ehemaligen Kolonialmacht. Über Jahrhunderte hinweg haben sich Europäer in Afrika, und vor allem in Südafrika, niedergelassen. Heute, da auch Bürger anderer afrikanischer Staaten nach Südafrika auswandern, entwickeln diese komplexen Beziehungen eine neue Dynamik. Diese Entwicklungen lassen sich nur mit viel Zeit und Geduld bewältigen – eine Herausforderung für alle betroffenen Länder.

Angesichts dieser »neuen Weltordnung« müssen afrikanische Staaten neue Formen des Umgangs miteinander entwickeln. Dazu gehören neue Logiken, Solidarität und gegenseitige Toleranz. Das wird umso dringlicher, je mehr die innerafrikanischen Grenzen an Bedeutung verlieren.

Neben dem großen wirtschaftlichen und Wohlstandsgefälle gibt es einen weiteren interessanten Unterschied zwischen Afrika und Europa: Afrika hat eine sehr junge Bevölkerung, ein sowohl vorteilhaftes wie auch nachteiliges Merkmal. Einerseits gelingt es den afrikanischen Staaten nicht, ihrem Nachwuchs eine angemessene Ausbildung anzubieten, und wenn doch, dann schaffen es die Volkswirtschaften nicht, die jungen Absolventen zu integrieren, sodass diese gezwungen sind, ihr Land zu verlassen und ihr Glück anderswo zu suchen. Andererseits ist die heutige afrikanische Jugend sehr innovativ und technologisch versiert, was zur Geburt einer neuen Generation von Unternehmern und Innovatoren geführt hat. In meinen Augen ist das eine sehr positive Entwicklung, die für Afrika hoffen lässt, das als neues Epizentrum wirtschaftlichen Wachstums betrachtet wird. Möge es die afrikanischen Staaten und ihre Führungen dazu anstacheln, eine nachhaltige Zukunftswelt zu errichten.

WAS UNS VERBINDET –
EIN DIALOG

Luyanda Mpahlwa: Jede Gesellschaft ist in ständigem Wandel begriffen, und wir sollten uns bereitwillig der Notwendigkeit öffnen, uns an unsere sich stetig ändernde Umwelt anzupassen. Mithilfe eines Dialogs können wir lernen, auf unterschiedliche Situationen zu reagieren.

Wir müssen uns damit abfinden, dass Wandel in jeder gegebenen Situation ein dynamischer Prozess ist und dass die Suche nach angemessenen Lösungen genügend Zeit erfordert. Es reicht nicht, wenn in einer Gesellschaft über Wandel nur geredet wird und es heißt, wir alle müssten unsere Denkweisen verändern. Um uns für die Zukunft zu rüsten, müssen wir vielmehr Handlungsweisen entwickeln, die Veränderungsprozesse antreiben. In diesem Buch möchte ich die verschiedenartigen Herausforderungen beleuchten, denen unsere Gesellschaften ausgesetzt sind. Gleichzeitig möchte ich zeigen, dass unabhängig von unserem heimischen Kontext – ob europäisch oder afrikanisch – die Welt miteinander verflochten ist und wir gemeinsam auch Lösungen entwickeln können, die beiden Seiten zum Vorteil gereichen. Eine der wichtigsten Herausforderungen besteht darin, Lösungen zu finden, die nachhaltig und »zukunftssicher« sind.

In meinen Gesprächen mit Klaus Doppler habe ich erkannt, dass seine Erfahrungen als Unternehmensberater sehr relevant für meine Arbeit als Architekt sind und dass wir zusammen eine Theorie der Steuerung von Veränderungsprozessen entwickeln können, die von einem tiefen Verständnis für neue Formen inklusiven Engagements und Dialogs beseelt ist. Eine solche Theorie greift »neue Formen von Logik« auf, die anzuwenden sind. Ich hoffe, dass sich diese Theorie in einen sinnvollen Aktionsplan übersetzen lässt, der uns dabei hilft, unsere Gesellschaft auf eine nachhaltige, gemeinsame Zukunft vorzubereiten.

Unsere Verbindung rührt von den gemeindebasierten Projekten her, die ich für Ithemba Labantu im Township Philippi in Kapstadt durchführe. Interessanterweise sind er und Margarete Doppler die Gründer dieser Projekte und somit meine Kunden. Unsere Zusammenarbeit ist ein Quell der Freude. Durch unsere Gespräche und unser persönliches Engagement entstand die Idee, unsere Erfahrungen in diesem Buch zusammenzuführen. Ich hoffe sehr, dass unsere gemeinsamen Erfahrungen einen neuen Dialog anstoßen können. Persönlich habe ich viel von Klaus und Margarete gelernt und festgestellt, dass wir – obwohl auf unterschiedlichen Kontinenten aufgewachsen – unsere Energien zugunsten des öffentlichen Wohls verschmelzen konnten, zum großen Nutzen der Menschen in Philippi.

Klaus Doppler: Ich habe durch persönliche Kontakte vor Ort in Südafrika erlebt, wie stark Armut, Gewalt, Hunger, Drogenkonsum, Mangel an schulischer und beruflicher Bildung und generelle Aussichtslosigkeit das Leben in den Townships prägen. Dadurch berührt, habe ich gemeinsam mit meiner Frau Margarete einen gemeinnützigen Verein gegründet, »Themba Labantu – Hoffnung für die Menschen e. V.«. Dieser Verein möchte mit konkreten Angeboten gesundheitliche Hilfe für Aidskranke bereitstellen sowie durch schulische und berufliche (Aus-)Bildung, Erziehung, Sport, Musik, Theater und gesunde Ernährung einen Beitrag dazu leisten, dass Kinder und Jugendliche die notwendigen persönlichen und fachlichen Kompetenzen entwickeln können, um in diesem Umfeld zu überleben und der Aussichtslosigkeit entgegenzuwirken.

Kennen gelernt habe ich Dich, als es darum ging, einen geeigneten Architekten für den Bau eines Hospizes für Aidskranke zu finden. Ich war beeindruckt von Deinen architektonischen Grundsätzen: viel Licht und bunte Farben, alles großzügig, damit die Sterbenskranken nicht nur ein verlässliches soziales, sondern auch noch ein schönes Umfeld erhalten.

Mittlerweile hast Du für uns weitere Bauwerke erstellt:

• Eine Küche mit Platz zum Essen und für zusätzliche Unterrichtsräume. Du hast dieses Gebäude mit Sandsäcken gebaut, wobei alle – Kinder, Jugendliche und Erwachsene – mithelfen konnten, Sandsäcke zu füllen, und damit einen wertvollen persönlichen Beitrag leisteten.
• Ein Gebäude für weitere Unterrichtsräume zum Ausbau unserer Schule.
• Ein wunderschönes Sportgelände auf einem Wasserrückhaltebecken, das prinzipiell dafür eigentlich völlig ungeeignet schien.

Wir haben uns neben Deiner Rolle als Architekt für unser Projekt häufig auch privat getroffen, unsere Meinungen zur politischen und gesellschaftlichen Entwicklung ausgetauscht und dabei immer wieder diskutiert, welche Rolle Architektur in der Gestaltung von Lebenswelten spielt beziehungsweise spielen sollte.

Was mich bei Deiner Arbeit als Architekt immer wieder beeindruckt:

- Erstens: Deine Kompromisslosigkeit: Immer beachtest Du das gesellschaftliche Umfeld und beziehst es mit ein, lässt Dir kreative, günstige Lösungen einfallen, ohne jegliche Abstriche bei der Qualität, und bewahrst Dir bei allem persönlichen Engagement stets Gelassenheit und Humor – auch wenn es noch so schwierig scheint.
- Zweitens: Deine Haltung im Hinblick auf Konflikte: Du nimmst diese wahr, nimmst sie ernst und suchst unermüdlich nach Möglichkeiten, Spannungen zu beheben.
- Drittens: Dein gesellschaftliches Rahmenkonzept: Du möchtest Lebenswelten gestalten, nicht nur Häuser bauen. So gestaltest Du beispielsweise Bahnhöfe als Marktplätze, weil die Menschen in Südafrika gerne handeln. Dir ist es wichtig, Stadtplanung in neue Bahnen zu lenken, damit Integration überhaupt erst möglich wird; die immer noch vorhandene De-facto-Apartheid aufzulösen durch Vermischung der Wohnbereiche von schwarzer, farbiger und weißer Bevölkerung.
- Und viertens: Dein Führungsstil: Du beziehst Deine Mitarbeiter voll ein, beteiligst sie an allen Abläufen, trittst aber dennoch für Deine eigene Meinung ein.

Was verbindet uns heute noch?

Klaus Doppler: Uns treibt beide der Wunsch an, unsere Ideen anzuwenden und umzusetzen. Wir schätzen uns gegenseitig und diskutieren viel darüber, was sich im Rahmen unserer Möglichkeiten verändern ließe. Zugute kommt uns dabei, dass wir beide neugierig darauf sind, neue Wege zu erkunden und zu beschreiten. Wir setzen uns mit den Menschen auseinander, die mit den zu bearbeitenden Themen vernetzt sind, zum Beispiel in unserer Arbeit mit Ithemba Labantu. Wir wollen keine Kompromisse, zu denen wir innerlich nicht stehen, wohl aber Lösungen finden, die die Interessen der Betroffenen miteinbeziehen. Dabei folgen wir dem Leitspruch »Never give up!«

Wir denken und arbeiten parallel auf folgenden Ebenen:

- Wem sollen/können wir helfen: Wie geht es den Betroffenen?
- In welchem Kontext (zum Beispiel Stammesregeln oder Gemeinschaft) bewegt sich die Anfrage?
- Wie wirkt sich Hilfe längerfristig aus?
- Wie kann Nachhaltigkeit durch Selbstverantwortung der Betroffenen sichergestellt werden?

Und schließlich: Wir sind nicht nachtragend (trotz unserer Gefängnis- beziehungsweise Klostererfahrungen), sondern wählen aus einem Strauß von Möglichkeiten das aus, was uns für die Zukunft hilft.

Dieses Bild von Dir und die Erfahrungen, die ich in diesen Jahren mit Dir gemacht habe, haben mich auch dazu animiert, gemeinsam mit Dir dieses Buch zu schreiben. Ich erlebe das Thema »Logik der Anderen« beziehungsweise »Andersheiten« bei Dir zum einen in der Art, wie Du Architektur nicht nur als Bau von Häusern, sondern als Gestaltung des sozialen Umfelds verstehst, und zum anderen dadurch, mit welcher Geduld und Achtsamkeit Du die Betroffenen und Beteiligten mit ihren zum Teil völlig unterschiedlichen und konträren Interessen einbeziehst. Insgesamt ein Umgang mit Andersheit, der mir geradezu exemplarisch erscheint.

Luyanda Mpahlwa: Es war eine große Ehre für mich, Dich und Margarete kennen zu lernen, und ich bin dankbar für die langjährige Unterstützung, die Ihr Ithemba Labantu und Pastor Otto Kohlstock, dem Leiter dieses unglaublichen Gemeindezentrums, habt angedeihen lassen. Euer Beitrag zur Verbesserung des Lebens junger Menschen und der Bewohner von Philippi ist ein großartiger Beleg für die Bedeutung internationaler Netzwerke und von Solidarität und Anteilnahme. Wir sind beeindruckt von Eurer Fähigkeit, Gelder von verschiedenen Organisationen, Stiftungen, der deutschen Regierung und Menschen auf der ganzen Welt einzuwerben.

Wie bereits erwähnt, sind die Townships und informellen Siedlungen überbevölkert. Es gibt dort weder Einrichtungen noch Dienstleistungen, die den Menschen ein würdiges Leben ermöglichen, das gilt insbesondere für junge Leute. Die Lebensbedingungen sind schlichtweg katastrophal. Bedauerlicherweise kann unsere Regierung die Bedürfnisse der Menschen nicht befriedigen, es gibt einfach noch zu viel zu tun. Mit Eurer Unterstützung hat sich Ithemba Labantu zu einem Symbol der Hoffnung für die Menschen entwickelt. Es ist uns eine große Freude, mit unserer Architektur und unseren Planungskompetenzen dazu beizutragen.

Die meisten lokal organisierten Projekte sind nicht mit dem Luxus großer Budgets gesegnet, und so müssen wir kreative Wege finden, unsere Architektur zu realisieren. Intelligente Gestaltungsprinzipien sind daher in unserer Arbeit sehr wichtig. Wir verwenden einfache Gestaltungsansätze mit natürlichem Licht und Farben, um angenehme Innenräume und großzügige Flächen zu schaffen. Dadurch sind unsere Gebäude leicht zu unterhalten und kosteneffizient; teures mechanisches Gerät wird nicht benötigt. Wir leben in einem heißen Klima, sodass eine natürliche Luftzirkulation und Beschattung in Gebäuden sehr wichtig sind.

Wie Du bereits festgestellt hast, erschaffen wir nicht nur Gebäude, sondern versuchen, Umgebungen auf einfühlsame, sozial angepasste Weise zu errichten. Die für die Projekte von Ithemba Labantu zur Verfügung stehenden Mittel sind bekanntlich begrenzt, und so müssen wir sie auf bestmögliche Weise einsetzen. Ithemba Labantu ist jedoch ein sehr erfolgreiches und gut geführtes Gemeindezentrum, das hoffentlich an vielen anderen Orten innerhalb unserer Townships kopiert wird. Ohne gutes Management könnten all diese Projekte, die wir später noch genauer vorstellen werden (siehe Kapitel 16), nicht existieren.

Mein Ansatz für eine gemeindebasierte Architektur besteht darin, die verschiedenen Interessengruppen – Spender, Kunden, die Gemeinde, staatliche Funktionsträger sowie Fachkräfte, darunter meine Angestellten – zu einer

Einheit zu schmieden, die eng zusammenarbeitet. Obwohl es kompliziert und oft schwierig zu steuern ist, waren wir hinsichtlich der Projekte von Ithemba Labantu dabei erfolgreich. Unser kollektiver Ansatz war entscheidend dafür verantwortlich, dass alle Beteiligten, einschließlich der Bauausführenden, die den Projekten zugrunde liegende Vision teilten und an deren Verwirklichung mitarbeiteten.

Unsere professionelle Beziehung, die wir im Laufe der Zeit entwickelt haben, sowie unsere privaten Gespräche, die in diesem Buch mündeten, haben für mich ebenfalls einen hohen Stellenwert. Obwohl sich unser beruflicher Werdegang stark unterscheidet, verbindet uns doch auch vieles, und ich freue mich, dass Du mich dazu gebracht hast, über meine Arbeit nach meiner Rückkehr nach Südafrika zu berichten. Der Zeitpunkt dafür erscheint mir heute, 20 Jahre nach Beginn meiner Tätigkeit als Architekt, genau richtig zu sein. Danke dafür.

Was ich aus unseren Gesprächen mitgenommen habe

Unsere Diskussionen erinnerten mich an einige Vorlesungen zur Architektursoziologie an der TU Berlin. Dort begriff ich, welche Bedeutung das Umfeld hat, in dem Architektur stattfindet. Der wichtige Gedanke, dass Architektur viele andere Disziplinen berührt, hat auch meine Herangehensweise als Architekt beeinflusst. Andererseits wuchs ich in Südafrika während einer Zeit auf, in der das Unrechtsregime der Apartheid herrschte. Mein Verlangen nach Gerechtigkeit ist auf Robben Island nur gewachsen, und wer die von sozialer Benachteiligung und Ungerechtigkeit geprägten Bedingungen sieht, unter denen meine Landsleute heute leben, versteht, wie wichtig die soziale Dimension von Architektur ist und aus welchem Kontext sie erwächst.

Leider kommen einige der staatlichen Sozialprogramme nicht bei den marginalisierten Bevölkerungsgruppen an, und hier spielen nicht staatliche Organisationen und deren finanzielle Beiträge, die sich aus zahlreichen Einzelspenden zusammensetzen, eine wichtige Rolle. Gleichzeitig glaube ich, dass all dieses Wohlwollen nicht ausreicht – es muss in diesen Gemeinschaften auch eine Art »gemeinschaftliches Engagement« geben, ein Gefühl, dass niemand zurückgelassen werden darf. Die Empfänger müssen also in den Prozess eingebunden werden. Wenn wir die Gemeinschaften mit Gebäuden und Dienstleistungen versorgen, die sie benötigen, dann müssen wir sie gleichzeitig stärken und befähigen.

Ich beschreibe dies gelegentlich als »Architektur von unten«, als einen Prozess also, bei dem der Austausch mit der Gemeinschaft dazu führt, dass die Architektur in den Hintergrund rückt. Ziel ist es, die Bedürfnisse der Gemeinschaft zu erkennen und sie in Entscheidungsprozesse einzubinden. Diese architektonische Praxis ist allerdings ein schwieriger und nicht sehr profitabler Pfad. Partizipative Planungsprozesse weisen Merkmale eines Ehrenamtes auf.

Langfristig jedoch kann marginalisierten Gemeinschaften meiner Meinung nach am besten geholfen werden, wenn man Fähigkeiten entwickelt und weitere gut geführte Projekte wie Ithema Labantu aufbaut. Ein wichtiger Ansatz besteht darin, sich auf die Jugend in Afrika zu konzentrieren, denn dieser gehört die Zukunft. Ithemba Labantu ist diesbezüglich ein gutes Vorbild, wenn es auch einen Einzelfall darstellt. Dank eines guten Managements und der vielen Spenden, für die Du und Margarete gesorgt haben, ist es sehr erfolgreich.

In den letzten Jahren haben unsere Arbeit und die Art und Weise, wie wir uns bei den von uns vorangetriebenen Projekten einbringen, meiner Arbeit als Architekt eine neue Dimension hinzugefügt. Es war eine große Ehre, an dieser Erfahrung teilzuhaben, und unser gemeinsames Interesse an der Entwicklung dieser Projekte, ebenso wie unser Beitrag zum Aufbau einer nachhaltigen Stadtlandschaft in Philippi, haben meine berufliche Entwicklung zweifellos beflügelt. Unsere Zusammenarbeit bei diesem Buch bietet mir zudem eine großartige Gelegenheit, über diese Arbeit nachzudenken. Sie ist eine geeignete Plattform, um unser gemeinsames Wirken zu bewerten, und ich hoffe, dass die Lektionen, die sich aus der »Architektur von unten« ableiten lassen, auch andere dazu motivieren, darüber nachzudenken, wie man Gemeinschaften allerorten mithilfe von Architektur unterstützen kann.

Der Architekt als Protagonist des Wandels ist kein neues Konzept, auf das ich ein Urheberrecht beanspruche. Es rückt nur bestimmte Aspekte der Architektur ins Scheinwerferlicht, die nach meinem Verständnis stets zum Rollenbild des Architekten gehörten. Es bedeutet, gebäudetechnische, räumliche, umweltpolitische, klimatische und soziale Herausforderungen anzugehen, die eine gesellschaftliche Entwicklung mit sich bringt. Meines Erachtens hat sich die äußere Sicht auf Architektur im Zeitverlauf auf deren Aufgabe verengt, Gebäude zu errichten, während der soziale Aspekt verloren ging. Leider hat sich auch die universitäre Lehre im Fachbereich Architektur und Städtebau in den letzten 20 Jahren von den Menschen entfernt. Graduierte Architekten verlassen daher die Universität mit einer Fokussierung auf die »Kunst des Gebäudebaus«; sie denken nicht an die Menschen, für die sie bauen. Dies ist höchst bedauerlich und muss korrigiert werden, wenn Architekten zukunftsfähige Städte und Räume gestalten wollen. Das Konzept der Zukunftsfähigkeit muss künftigen Städteplanungen zugrunde liegen. Ich hoffe, dass wir durch unsere Arbeit einen positiven Beitrag zu dieser neuen Realität leisten können und dass dieses Buch eine nützliche Plattform zur Verbreitung dieses Auftrags bietet.

Das von Dir vorgeschlagene Thema dieses Buches, »Die Logik der Anderen verstehen« und »Unterschiede mit offenen Armen annehmen«, ist ein Konzept, das ich ohne Dich nicht hätte ausdrücken können. Ich danke Dir für die Motivation, meine Gedanken zu meiner Arbeit zusammenzufassen, die aus unseren Gesprächen erwuchs und in diesem Buch mündeten. Architekten werden üblicherweise durch ihre praktische Arbeit stark beansprucht und haben wenig Zeit, ihre Ideen außerhalb von architektonischen Veröffentlichungen vorzustellen. Für mich war das eine neue Erfahrung, die eine neue Logik unterstreicht. Unser Dialog hat meine eigene Entwicklung befruchtet.

Teil 1

VERÄNDERUNGEN UND ANDERSHEITEN: EIN LEITFADEN

Kapitel 1

NEUE WELT, NEUER KONTEXT, NEUE HERAUSFORDERUNGEN

»Man muss versuchen,
der andere zu werden.«

JEAN GUITTON[1]

**Menschen schätzen in aller Regel Sicherheit, Vorherseh-
barkeit und Planbarkeit. Genau dieses Fundament wird
immer brüchiger. Unsere aktuelle Lebenswelt ist nicht
immer leicht zu verstehen, ihre Entwicklung ist nicht
verlässlich vorhersehbar, und sie bleibt aller Voraussicht
nach weiterhin instabil und turbulent. Wir müssen jederzeit auf Überraschungen gefasst sein und lernen, mit
Unsicherheit umzugehen. Immer weniger sind wir in
der Lage, Entwicklungen zu verstehen und ihre Folgen
auch nur halbwegs verlässlich einzuschätzen. Wir benötigen andere Strategien als zuvor, um diese neue Situation zu meistern.**

Das Fundament unserer Gesellschaft wird zunehmend
brüchig. Die aktuellen Entwicklungen sind unübersichtlich, unberechenbar und zunehmend Auslöser von wirtschaftlichen, politischen, gesellschaftlichen und privaten
Krisen. Mangels Sicherheit, Vorhersehbarkeit und Plan-

barkeit flüchten sich viele Menschen in individuelle und gesellschaftliche Egoismen, die gegenseitige Intoleranz nimmt zu. Wie können wir entgegensteuern und Wege finden, mit der neuen Welt produktiv umzugehen?

Was ist denn wirklich anders als früher?

Alle sind weltweit vernetzt – und daher voneinander abhängig

Grenzüberschreitende Informationstechnologien ermöglichen es jedem, sich über nahezu alle Themen – Unternehmen, Organisationen, Kunden, Wettbewerber, Technologien, gesellschaftliche und politische Entwicklungen, Initiativen aller Art und vieles andere mehr – zu informieren. Dadurch erschließen sich einerseits nahezu grenzenlose Möglichkeiten für Kooperationen und Abstimmungen im Hinblick auf Initiativen, Strategien, Produkte, Prozesse, Strukturen und Kulturen sowie für persönliche Profilierungen und Abgrenzungen. Andererseits ist die Tür offen für nahezu jede denkbare Form von Beeinflussung und Manipulation.

Was sich geändert hat: Es liegt nicht mehr (nur) im eigenen Ermessen, ob man mitspielen will oder nicht. Andere mischen sich ungefragt in das Spiel ein, spielen mit, behindern das Spiel oder drängen uns ihre eigenen Spielregeln auf.

Weltweiter hierarchiefreier Zugang zu allen Informationen und Daten – überwiegend in Echtzeit

Vor dem Siegeszug der aktuellen Informationstechnologien waren Informationen stets ein zentrales Machtinstrument der Mächtigen in Politik, Wirtschaft, Wissenschaft und Gesellschaft. Die entsprechende Kompetenz im Umgang mit diesen Technologien vorausgesetzt, stehen mittlerweile nahezu alle Informationen allen zu Verfügung – zumindest potenziell. Der freie Informationsfluss und die dadurch geschaffene Transparenz garantieren allerdings keineswegs, dass basisdemokratische Ansätze zunehmend an Bedeutung gewinnen. Informationen können auch von verdeckt agierenden Interessengruppen und für intransparente Zwecke gezielt gesammelt, manipuliert und eingesetzt werden. So werden zum Beispiel immer häufiger Falschmeldungen (sogenannte Fake News) in sozialen Netzwerken und anderen sozialen Medien im Internet in manipulativer Absicht verbreitet.

Online-Medien dienen nicht nur dazu, alle zu informieren. Sie interpretieren und machen Stimmung. Die eigentliche Dramatik entsteht nicht durch die Information an sich, sondern durch die Emotionen, die sie auslöst, seien es Hoffnungen, Ängste, Verzweiflung oder Hass.

Was sich geändert hat: Informationen und vor allem deren Hintergründe und Deutungen erreichten uns früher meist mit Verzögerung. Die Zeit, die zwischen Ereignis, Information, Interpretation und erwarteter Reaktion verstrich, erlaubte es den Menschen, sich auf neue Situationen einzustellen, sich in aller Ruhe eigene Optionen für ihre Interpretation und Reaktion auszudenken und diese dann Schritt für Schritt zu verwirklichen. Das jetzt vorherrschende nahezu gleichzeitige Auftreten von Ereignis, Information, Deutung und erwarteter Reaktion erfordert ein deutlich schnelleres Reagieren.

Die sogenannten Mächtigen müssen mit einem zweifachen Verlust zurechtkommen: Zum einen sind sie eines ihrer bislang wirkungsvollsten Machtmittel beraubt, nämlich Knotenpunkt für alle Informationen zu sein und über die damit verbundene Deutungshoheit zu verfügen. Darüber hinaus ist die Steuerung von Informationen vergesellschaftet. Dadurch sind die Mächtigen jeglicher Manipulation genauso ausgeliefert wie alle anderen. Allerdings können sie selbst auch versuchen, andere zu manipulieren.

Zunehmende Auseinandersetzungen im Kampf um Ressourcen und Deutungen

Die prinzipielle Transparenz bleibt nicht ohne Folgen: Es ist nicht (mehr) zu verhindern, dass Menschen, Unternehmen, Institutionen, politische Systeme, Initiativen und Lebenswelten sich mit anderen vergleichen oder verglichen werden. Das geschieht auch unternehmensintern im Verhältnis zwischen Mitarbeitern und Managern wie auch zwischen den einzelnen Mitarbeitern. Konfrontationen im Kampf um Ressourcen, um Verteilung von Eigentum oder Einkommen stehen ganz oben auf der Tagesordnung.

Wenn wir neue Wege gehen wollen, benötigen wir eine neue Landkarte mit neuen Ankerpunkten. Die wesentlichen Orientierungspunkte dieser neuen Landkarte sind: Neugierde auf das, was von verschiedenen Seiten auf uns einwirkt, und auf das, was man alles selbst zu Wege bringen will, gekoppelt mit einem Gefühl der inneren Stärke, mit Grundvertrauen und Zuversicht.

Was sich geändert hat: In früheren Zeiten mussten wir uns Informationen gezielt beschaffen. Unter diesen Umständen war es nicht nur möglich, sondern gang und gäbe, das unbekannte Andere wie eine Dunkelkammer zu betrachten, nach dem Motto: Was ich nicht weiß, macht mich nicht heiß. Anders ausgedrückt: Solange ich über etwas nicht Bescheid weiß, trage ich dafür auch keine Verantwortung und brauche kein schlechtes Gewissen zu haben, wenn ich mich nicht einmische. Diese Art von Unschuld kann man mittlerweile als überschätzte Tugend einstufen. Denn wir können prinzipiell auf nahezu alle Informationen zugreifen, sofern wir das nur wollen. Das Konstrukt der Dunkelkammer ist jetzt, wenn überhaupt, nur mit viel Verdrängungskunst aufrechtzuerhalten.

Darüber hinaus gilt: Sich bei der überbordenden Fülle von Informationen, Deutungen und Reaktionserwartungen noch eine eigene Meinung zu bilden und ein eigenes Gewissen zu erlauben, anstatt einfach dem Mainstream zu folgen, kann nur derjenige, der bewusst Zeit und Energie aufwendet, die auf ihn eindringenden Informationen genauer unter die Lupe zu nehmen.

Digitalisierung in allen Bereichen

Die Digitalisierung wird auch künftig alle Bereiche unserer beruflichen, gesellschaftlichen, sozialen und privaten Informationsaufnahme, Kommunikation, Kooperation und Lebensgestaltung drastisch beeinflussen. Der dramatische Anstieg der Datenverarbeitungskapazitäten durch Supercomputer oder die weltweite Vernetzung von kleineren Computern, die Entwicklung von Robotern aller Art, die zahlreichen Formen sozialer Medien, die Entwicklung komplexer Algorithmen zur Nutzung der gigantischen Datenmengen: All dies wird dazu führen, dass sich Geschäftsmodelle, Geschäftsprozesse und Strukturen in Verwaltung, politischer Steuerung, Produktion, Forschung und Entwicklung, Logistik, Marketing und Vertrieb wie auch die Umgangsformen im persönlichen Miteinander radikal verändern. Einige einschlägige Stichworte: »Industrie 4.0«, »Produktion 4.0«, »Internet der Dinge«, VR (virtual reality), AR (augmented reality, eine computergestützte Erweiterung der menschlichen Wahrnehmung), KI (künstliche Intelligenz), Robotik, MSP (mehrseitige Plattform) sowie 5G (fünfte Generation Mobilfunknetz, das eine Datenübertragung in Echtzeit verspricht, um das 100-Fache schneller als aktuell). Hinzu kommen die überwältigende Präsenz der Internetkonzerne Apple, Facebook, Microsoft, Google und Amazon (in den USA) sowie Alibaba, Tencent und Baidu (in China) mit ihren Plattformen und Apps sowie die darüber verfügbaren digitalen Angebote. Auf weitere digitale Entwicklungen sollten wir gefasst sein.

Beispiel Banking: 1994 äußerte Bill Gates im Hinblick auf den künftigen Bedarf an Bankfilialen: »Banking is necessary, banks are not.« Eine steigende Anzahl von jungen FinTech-Unternehmen, zum Teil mit Banklizenz, setzt das herkömmliche Bankgeschäft zunehmend unter Druck. Hinzu kommen radikale neue Ansätze dank der Blockchain-Technologie, mit eigenen Kryptowährungen. Neben dem Internetbanking hat sich eine neue Art von Banking per Handy entwickelt, unter anderem in afrikanischen Ländern. Es gibt zwar immer noch Bankfilialen, aber deutlich weniger als früher und anders gestaltet. Es wird spannend sein zu beobachten, wer das Rennen gewinnt.

Beispiel Automobilproduktion: Die Identität der Automobilfirmen war früher auf die Entwicklung von leistungsfähigen und gleichzeitig möglichst sparsamen und saubereren Motoren gerichtet. Die neuen Entwicklungen beim Thema Mobilität, die darauf hinauslaufen, dass nicht jeder Kunde persönlich ein Auto besitzen muss, ihm aber bei Bedarf immer ein Fahrzeug zur Verfügung stehen sollte, stellte die Automobilindustrie zwar vor einige Probleme, aber der Kern ihrer Identität war dadurch nicht berührt. Obwohl eigentlich vorhersehbar, entstand wie aus heiterem Himmel eine identitätsbedrohende Konkurrenz seitens einiger Unternehmen wie zum Beispiel Google, die die Steuerung von Daten beherrschen und nun ebenfalls Fahrzeuge anbieten, mit elektrischem Antrieb oder mit Wasserstoff gesteuert.

Alles wird anders – neue virtuelle Räume

Die klassischen Massenmedien – Zeitungen, Zeitschriften, Bücher und Fernsehen – haben ihre führende Rolle bei dem Bestreben, Ideen zu verbreiten und Raum für Auseinandersetzungen zu bieten, verloren. Eine zunehmende Fülle von Online-Foren, Chat-Gruppen, WhatsApp-Gruppen und Plattformen (beispielsweise YouTube, Twitter, Facebook, Google, LinkedIn, Xing, Instagram, die Computerspielplattform Twitch beziehungsweise Twitch.tv, ein zu Amazon gehörendes Live-Streaming-Videoportal) sowie

Nachbarschaftsnetzwerke und dezentrale Facebook-Alternativen wie Diaspora und Friendica, die auf der Basis von Open-Source-Software operieren, schaffen eine Vielfalt von neuen virtuellen Räumen. Dazu kommen andere Foren wie das amerikanische Internetforum Kiwi-Farms, das sich der fortwährenden Belästigung und Verfolgung von Online-Figuren und -Gemeinschaften widmet, die es als »lolcows« bezeichnet (exzentrisch, künstlerisch oder psychisch krank), sowie das englischsprachige Imageboard 4chan, eine der meistbesuchten Internetseiten, die immer wieder durch provokante Netzaktionen auf sich aufmerksam macht, und das radikalere 8chan, nicht zu vergessen das stark umstrittene sogenannte Darknet.

Die digitale Welt hat durch Blogs, Foren, Chatrooms, Telefon- und Videokonferenzen neue soziale Räume geschaffen und damit auch neue Möglichkeiten zu informieren, zu kommunizieren, sich zu organisieren sowie unmittelbar zu handeln. Doch unter dem Deckmantel, dass das World Wide Web allen ungefiltert zur Verfügung stehen soll, wird diese Welt auch genutzt, um persönliche Ideen und Ideologien, Pamphlete und Manifeste ohne Rücksicht auf bestehende gesellschaftlich anerkannte Normen, Werte und Gesetze unmittelbar in das weltweite Netz zu senden. Die sozialen Medien fördern dadurch auch unsoziales Verhalten.

Politik und Justiz sind sich noch nicht einig, inwieweit diese virtuelle Welt nachhaltiger überwacht werden muss. Die einen kämpfen für das Recht auf »anonyme Kommunikation«, andere betrachten die Anonymität als Ursache zunehmender Kriminalität. Die Auseinandersetzung darüber, inwieweit es sinnvoll oder sogar notwendig ist, Internetchats und Nachrichten aus sozialen Medien zu prüfen und zu kontrollieren, mit dem Ziel, eventuell einzugreifen, bestimmte Inhalte zu löschen und darüber hinaus auch gerichtliche Schritte zu unternehmen, ist in vollem Gang. Die Löschpflichten des Netzwerkdurchsetzungsgesetzes waren ein erster Schritt in diese Richtung. Mittlerweile wird unter dem Stichwort »Cybercrime« intensiv darüber diskutiert, die Staatsanwaltschaften personell so auszustatten, dass verdächtige Beobachtungen schnell und konsequent verfolgt werden können. Daraus ergibt sich, dass die Betreiber viel mehr Zeit und Geld darin investieren müssen, die Inhalte der Kommunikation auf ihren Plattformen zu verfolgen und zu analysieren. Das immer wieder vorgebrachte Gegenargument, der Zugang zum World Wide Web müsse »unbegrenzt, vollständig und frei« bleiben, ist naiv oder nur vorgetäuscht; es dient dazu, Verantwortung von sich fernzuhalten.

Mit der Forderung nach mehr Kontrolle sind allerdings viele Herausforderungen für alle Beteiligten – Behörden, Politiker und natürlich auch die Betreiber – verbunden. Genügt es, die Verbreitung von rassistischen, diskriminierenden oder beleidigenden Inhalten zu verbieten und Personen oder Gruppen, die sich nicht daran halten, von der Nutzung sozialer Netzwerke, Online-Dienstleister oder Provider auszuschließen (sogenanntes Deplatforming)? Wie lässt sich überhaupt rechtzeitig erfassen, was sich im Internet und vor allem im Darknet abspielt? Wer ist ausreichend fachkundig, um die notwendigen Prozesse zu gestalten? Wer ist dafür verantwortlich, sie konsequent zu verfolgen? Wie gut sind die politischen Behörden und die Justiz auch international miteinander vernetzt, um den sozialen

Netzwerken Paroli bieten zu können? Wird überhaupt erkannt und ernst genommen, wie notwendig es ist, die sogenannte Meinungsfreiheit zu hinterfragen und die bislang de facto geübte Toleranz als Nachlässigkeit zu entlarven?

Mit der Digitalisierung erhält auch der Faktor Zeit einen anderen Stellenwert: Wer im Spiel bleiben, ins Spiel kommen oder auch sich rechtzeitig daraus verabschieden will, muss auf der Basis der schnell eintreffenden Informationen auch ebenso schnell entsprechende Entscheidungen treffen.

Das ist allerdings leichter gesagt als getan. Elitäres Expertenwissen im Bereich der Digitalisierung ermöglicht es, sich gezielte Informationen mit maßgeschneiderten Algorithmen zu verschaffen und sie zur ausgeklügelten Steuerung von Verhalten zu nutzen, überwiegend ohne Wissen und Zustimmung der Betroffenen.

Was sich geändert hat: Ganze Arbeitsfelder in Wissenschaft, Gesundheit, Biotechnologie, Produktion, Vertrieb, Marketing, Kundengewinnung, Kundenbetreuung, Verwaltung und Dienstleistungen aller Art, die bislang von Menschen gestaltet und gesteuert wurden, können heute dank künstlicher Intelligenz von Computern übernommen werden, die mithilfe entsprechender Sensoren, Software und Netzwerktechnik in die Produkt- und Dienstleistungsketten integriert sind. Das betrifft nicht nur die Ausführung von Tätigkeiten, sondern auch die bereichsübergreifende Vernetzung der verschiedenen beteiligten Akteure.

Das World Wide Web ist im beruflichen und privaten Alltag angekommen und verlinkt uns mit allen möglichen instrumentellen und sozialen Feldern, die wir bislang eigenständig auswählen oder von denen wir uns auch bewusst fernhalten konnten. Wir werden die gewohnte Autonomie nicht aufrechterhalten und uns dem Sog dieses Mainstreams nicht entziehen können. Viele schwanken, ob sie diese Entwicklung insgesamt als Chance oder eher als Bedrohung betrachten sollen.

Die neuen Herausforderungen

Die aktuellen Ordnungen, Spielregeln und Kulturen sind überwiegend an der Vergangenheit ausgerichtet. Sie werden den geschilderten Entwicklungen in unserer Lebenswelt nicht mehr gerecht. Die derzeitigen Diskussionen zum Thema Klima und die vor allem von Jugendlichen angetriebenen Aktionen der »Fridays-for-Future«-Bewegung verdeutlichen, wie wir uns mit Blick auf die Zukunft ausrichten müssen. Um in diesem Umfeld zu bestehen, müssen wir die bereits wahrnehmbaren und die sich andeutenden Entwicklungen in ihrer ganzen Unbeständigkeit und in ihrer Widersprüchlichkeit nicht als vorübergehende Störungen, sondern als dauerhafte Megatrends verstehen. Das bedeutet: Wir benötigen einen neuen, passenden Handlungsrahmen. Die Kunst wird darin bestehen, uns dabei an Kriterien auszurichten, die auf der Basis einer genauen Beobachtung des Umfeldes und einer daraus resultierenden Reflexion folgende Aspekte miteinander vereinen: hohe Flexibilität, schnelles Handeln, Balance halten zwischen Bewahren, Stabilität und Zerstörung, permanente Anpassung, Wandel und Innovation. Nach der Devise: »Simultan und experimentell handeln im JETZT.«
Das gängige Modell in der Unternehmenswelt, eine neue Idee planmäßig Schritt für Schritt zur Reife zu brin-

gen, ist immer noch weit verbreitet: Idee beschreiben, Konzept(e) entwickeln, intensive Diskussion mit den (hierarchisch) Verantwortlichen führen, gefolgt von einem harten Kampf zwischen der neuen Idee und dem bestehenden Modell oder Prozess um die Rechtfertigung – mit automatischer Vorfahrt des Status quo – und schließlich gegebenenfalls Zustimmung, das Neue zu testen. Bei bestimmten Infrastrukturprojekten kommen wir womöglich nicht umhin, nach wie vor die gewohnten einzelnen Planungs- und Genehmigungsstufen zu durchlaufen. In vielen Situationen halten wir ein solches schrittweises Vorgehen allerdings für überholt. Das neue Modell beinhaltet, mit einer gewissen Leichtigkeit im Experimentalmodus – und simultan zum Bestehenden – Neues auszuprobieren. Das bedeutet: eine Idee möglichst schnell in Form eines Prototyps greifbar machen; bei potenziellen Kunden testen, wie der Nutzer darauf reagiert; alle Beobachtungen, die Abweichungen aufzeigen, umgehend in einem neuen Prototyp umsetzen – und das so lange, bis das Produkt wahrnehmbar dem Kunden gefällt.

Ein grundlegendes Prinzip besteht darin, nicht von den eigenen Vorstellungen auszugehen und zu versuchen, diese dem Nutzer einzutrichtern, sondern von (möglichen) Bedürfnissen des potenziellen Nutzers. Das können auch Aspekte sein, die ihm selbst noch gar nicht bewusst sind.

Es geht zudem darum, Ideen möglichst schnell auszuprobieren. Wer in seinem Unternehmen Innovation erzeugen will, kann mit dieser Art des Vorgehens mehrere Themen parallel testen, ohne damit gleich den aktuellen Betrieb lahmzulegen. Er kann im Jetzt mehrere Aktionen gleichzeitig ausführen (lassen), um frühzeitig Erkenntnisse aus direkten Beobachtungen zu gewinnen – einerseits im Hinblick auf die sachlichen Aspekte und die damit verbundene Sachlogik der jeweiligen Ideen, Projekte und Umsetzungsschritte, das heißt in Bezug auf die Frage, ob und wie die Dinge überhaupt funktionieren, andererseits aber auch auf der emotionalen Ebene und hinsichtlich der zugrunde liegenden Psycho-Logik: Wie reagieren die Kunden auf die Vorschläge, neuerdings Prototypen? Wie gehen sie damit um? Wo, warum und in welcher Form treten eventuell Blockaden auf? Die Beobachtung dieser beiden Ebenen und ihrer Verschränkung ergibt den eigentlichen Erkenntniswert (siehe Abbildung 3).

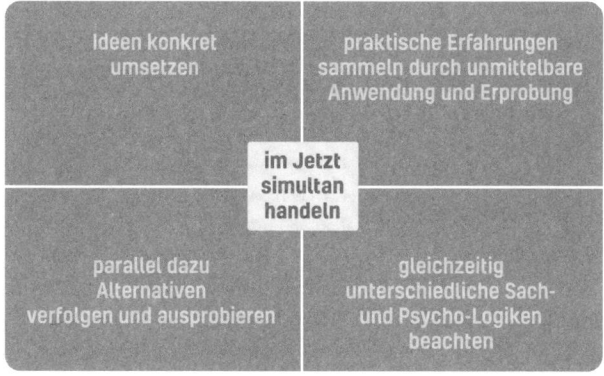

Abbildung 3: Im Jetzt simultan handeln

Fehler als (ungeplante) Investition nutzen

Im alten Modus werden Fehler häufig als Vergehen betrachtet, die es unbedingt zu vermeiden gilt. Die Sünder werden nicht selten an den Pranger gestellt. Im neuen Modus flexiblen experimentellen Handelns sind »Fehler« prinzipiell Teil des Prozesses. Sie sind als Ergebnis (un-)geplanter Investitionen zu bewerten und entsprechend sorgfältig auszuwerten getreu dem Motto: Jede Investition muss sich rechnen. Wenn dieselben Fehler immer wieder gemacht werden, muss analysiert werden, wie es dazu kommt, obwohl das notwendige Wissen vorhanden ist – und wie dies abgestellt werden kann. Es geht weder um Schuldzuweisung noch um entspannte Fehlertoleranz (»alles halb so schlimm«), sondern um ungeschminkte Analyse und konsequente Umsetzung der Erkenntnisse.

Vertrautes Gelände verlassen

Jede Veränderung bedeutet, vertrautes Gelände zu verlassen. Es geht immer auch darum, wie wir mit neuen Situationen umgehen, die anders sind als das, was wir kennen. Wir hängen am Vertrauten. Wir suchen zwar nach neuen Mitteln und Wegen – hoffen aber Vertrautes zu finden. Unsere normale Haltung besteht darin, Fremdes abzuwehren. In Anlehnung an Nietzsche könnte man formulieren: Wir fahren in die Fremde, um dort vor allem das Vertraute zu suchen. Wenn wir es gefunden haben, dann nennen wir das »Verstehen«. Im Grunde suchen wir nur nach Bestätigung für das, was wir bereits kennen.

Der französische Philosoph Jean Guitton formulierte bei einem Vortrag, an dem ich während meines Theologiestudiums in Rom persönlich teilnahm: »Die Unterschiede sehen, die bei Übereinstimmungen bestehen, ist intelligenter, als die Gleichheit unter Verschiedenheiten sehen …

Man muss versuchen, der andere zu werden … statt den Gegner in seinem Irrtum zu bekämpfen oder in die Enge zu treiben, mit ihm gemeinsam zu einer höheren Wahrheit gelangen … peut-être il n'a pas raison, mais il a des raisons« (er hat vielleicht nicht recht, aber er hat Gründe …).

Erfahrungen sind immer ein Blick zurück – und oft wenig hilfreich bei der Reise in die Zukunft

Im Vergleich von Gegenwärtigem, Vergangenem und Zukünftigem spielt uns die spontane Bewertung einen Streich: Alles, was wir früher erlebt haben, wird im Verhältnis zum später Erlebten als »das Normale« eingeordnet. Der Soziologe und Philosoph Karl Mannheim spricht vom Phänomen der Erfahrungsschichtung. Das geschieht unabhängig davon, ob der frühere Zustand von uns als angenehm oder als unangenehm erlebt wurde. Wenn wir unreflektiert unserer spontanen Einschätzung folgen, dann ist das Frühere quasi automatisch das Normale, das zunächst einmal Natürliche. Man hat ja damals ausschließlich dieses erfahren. Dadurch hat die Zukunft gegenüber der Vergangenheit immer die schlechteren Karten. Was war und was ist, genießt erst einmal einen Geltungsvorsprung. Wir überlegen genau, ob etwas geändert werden sollte, ab wann, in welchem Ausmaß und so weiter. Solange wir uns nicht für die Änderung entscheiden, bleibt das, was gegenwärtig ist, ganz selbstverständlich weiter bestehen. Warum setzen wir bei neuen Erkenntnissen nicht unmittelbar und grundsätzlich das, was aktuell gilt, fürs Erste provisorisch außer Kraft – und geben damit dem Neuen wie dem Alten die grundsätzlich gleiche Chance, sich durchzusetzen?

In ruhigen, stabilen Zeiten kann die Vergangenheit einen reichen Schatz an Erfahrungen bieten. In diesem vertrauten, stabilen Kontext können Erfahrungen als Haltegriffe und Anker fungieren, die es ermöglichen, ähnliche zukünftige Ereignisse routiniert zu bewältigen. Müssen wir aber mit Zukünften rechnen, die nicht vorhersehbar, die instabil und turbulent sind und einen völlig neuen Kontext darstellen, können Vergangenheiten und daraus resultierende Verhaltensmuster nicht nur wenig hilfreich, sondern geradezu schädlich sein. Das bedeutet: Alte Ordnungen sind in neuen Kontexten eventuell völlig unpassend. Um eine Zukunft in einem neuen Kontext mit neuen Herausforderungen bewältigen zu können, werden wir daher nicht umhinkommen, die früher gemachten guten Erfahrungen im Hinblick auf ihren zukünftigen Nutzen zu entwerten.

Fazit: Wer Bestehendes nicht regelmäßig auf seine Funktionalität hinterfragt, nicht beleuchtet, ob es mit Recht noch weiter bestehen darf, kann sich in gleicher Weise schuldig machen wie jemand, der leichtfertig Neues ausprobiert, ohne die weiteren Folgen abschätzen zu können – und dem man deshalb den Vorwurf der Fahrlässigkeit nicht ersparen sollte. Der Begründungsdruck liegt in gleichem Ausmaß auf beiden Seiten – sowohl hinsichtlich der Frage, warum Altes beibehalten werden soll, nur weil es sich bislang bewährt hat, als auch in Bezug darauf, warum Neues eingeführt werden sollte, ohne zu wissen, wie das geschehen soll und mit welchen Folgen.

Eine fundamentale Herausforderung unserer Zeit wird sein, die Erfahrungen aus der Bedrohung durch das Coronavirus nutzbar zu machen, mit anderen Worten: die Krise als Chance zu begreifen, die Zukunft kreativ zu gestalten.

Die Wirkung von Emotionen: Blockade oder Antrieb?

Ambiguitätstoleranz, das heißt die Fähigkeit, mehrdeutige Situationen und widersprüchliche Handlungsweisen zu ertragen, und prinzipielle Offenheit sind notwendige Voraussetzungen für die Zukunftsfähigkeit von Menschen und Organisationen – aus der sach-logischen Perspektive ist das unstrittig. Betrachtet man allerdings diese Anforderung aus der psycho-logischen Perspektive, dann wird ebenso verständlich, weshalb solche Aufforderungen oft kaum über den Status des »man sollte … man müsste« hinauskommen.

Menschen fühlen sich innerlich umso wohler, je klarer, ordentlicher und eindeutiger die Dinge sind. Eindeutigkeit, Klarheit und Ordnung erleichtern ganz erheblich die Orientierung. Menschen brauchen Sicherheit, Geborgenheit und Anerkennung, um sich psychisch wohlzufühlen. Permanenter Zweifel, andauerndes Infragestellen, immer auf der Suche nach neuen Lösungen zu sein, der Druck, eigene Sichtweisen so zu relativieren, dass unverkennbar andere Perspektiven gleichzeitig Platz haben, ist eine der größten Zumutungen für jeden durchschnittlichen Menschen.

Zum Nulltarif wird dieser Zumutung, die gewohnte Komfortzone zu verlassen, kein Erfolg beschieden sein. Es erfordert viel Aufklärungs- und Überzeugungsarbeit, damit der Verzicht auf Klarheit und Eindeutigkeit nicht als Verlust erlebt wird, sondern als Befreiung aus der Abhängigkeit von falschen Autoritäten und naiven Sicherheiten. Dies gelingt nur mithilfe einer Kombination von zwei Ansätzen: erstens einer permanenten Arbeit an sich selbst, um den immer vorhandenen, Komplexität reduzierenden

Verführungsangeboten nicht zu erliegen. Und zweitens dem Aufbau und der Pflege von neuen Netzwerken mit Menschen, die sich regelmäßig in diesem Bemühen gegenseitig austauschen und unterstützen.

Der österreichisch-britische Philosoph Karl R. Popper beschreibt in seinem Buch *Die offene Gesellschaft und ihre Feinde*,[2] wie sehr sich viele Menschen danach sehnen, einer in sich geschlossenen Gruppe anzugehören, in der eindeutige Regeln gelten, in der man sich daheim und sicher fühlt und nicht mit Unwägbarkeiten zu kämpfen hat. Eben Klarheit, Ordnung, Sicherheit, Zugehörigkeit und Handlungsfähigkeit. Je härter und unsicherer die Zeiten, umso stärker bei vielen die Sehnsucht, sich in geschlossene Systeme zu flüchten. Unsichere Zeiten sind auch die Stunde der Propheten und Scharlatane, die das »einzig wahre Heil« verkünden, sich als Anführer im Kampf gegen alle anderen, »feindlichen« Umwelten anpreisen und um Anhänger werben, die bereit sind, sich ihnen bedingungslos zu unterwerfen.

Eine geschlossene Welt schützt vor offenen, vielgestaltigen Systemen, die sich je nach Situation, Anforderungen und Möglichkeiten weiterentwickeln. Sie schützt vor einer bedrohlichen Welt, in der unterschiedliche Werte gleichzeitig gelten – einer Welt, in der sich Werte verändern, entwertet werden oder durch neue ersetzt werden können. Einer Welt, in der man sich gegenseitig in dieser Vielfalt akzeptiert, in der man verhandelt und miteinander immer wieder neu taugliche Modelle des Zusammenlebens erprobt. Eine Welt, wie sie unter anderem der indische Managementberater C.K. Prahalad bereits in den 1980er-Jahren in einem Artikel skizziert hat.[3]

Jedes Vorgehen, das unterstellt, Menschen wären grundsätzlich offen für Neues, auf Überraschungen gefasst und freudig bereit, neue Erkenntnisse zu gewinnen, ist wirklichkeitsfremd. Menschen müssen zunächst genau in der beschriebenen, auf Abwehr und Absicherung gerichteten Welt abgeholt und ernst genommen werden. Kurt Lewin, einer der einflussreichsten Pioniere der Psychologie und einer der Begründer der modernen experimentellen Sozialpsychologie, hat dies als »Lebensraum« bezeichnet.[4] Wenn wir diese individuellen Lebensräume nicht berücksichtigen und erkunden, können wir nicht verstehen, warum die von Veränderungen Betroffenen sich so verhalten, wie sie es tun – und werden in der Folge ihr Verhalten auch nicht beeinflussen können, weil wir nicht wissen, wo wir ansetzen können.

Manche fordern eine neue Streitkultur, um uns zu einigen, nach welchen Kriterien wir das zukünftige Miteinander gestalten können. Das Fundament dafür wäre allerdings, dass die Beteiligten ihren eigenen Lebensraum und den der Anderen kennen, um zu wissen, wo sie anknüpfen können.

Die selbsternannten großen Philosophen, ob im 18. Jahrhundert Immanuel Kant oder im 20. Jahrhundert zum Beispiel Horkheimer, Adorno und Habermas, erheben in ihrer elitär klingenden Sprache den Anspruch, das gemeine Volk zu belehren, nicht zuletzt – ähnlich wie Religionen – in der Absicht, sich als Welterlöser zu profilieren. So wie die philosophische Aufklärung eine elitäre Überheblichkeit gegenüber dem »einfachen Volk« darstellt, hält auch der Populismus das normale Volk für einfältig und deshalb für leicht beeinflussbar. In beiden Fällen geht es um

Bevormundung, Macht und Einfluss. Menschen schaffen sich ihre jeweils eigene individuelle Welt und Wahrheit. Wer Menschen beeinflussen will, tut gut daran, mit ihnen Kontakt aufzunehmen, zu versuchen, ihre persönliche Logik zu verstehen, und ihnen in einem echten Dialog die Möglichkeit zu verschaffen, auf der Basis ihrer eigenen Weisheit die verdeckten Absichten der angeblichen Heilsbringer zu durchschauen und sich dadurch selbst gegen unerwünschte Einflussnahmen zu immunisieren.

Mit diesem Vorgehen hätte auch die sogenannte Wiedervereinigung von Ost- und Westdeutschland einen besseren Verlauf nehmen können. Statt einseitiger besserwisserischer Vereinnahmung durch den Westen hätte eine echte partnerschaftliche Vereinigung stattfinden können. Aber es ist nie zu spät, diesen Prozess – wenn auch mit erhöhtem Aufwand – nachzuholen.

Kapitel 2

ZUNEHMENDE VIELFALT VON ANDERSHEITEN – EINE BEDROHLICHE BEREICHERUNG

An der Tatsache, dass wir in turbulenten Zeiten mit zunehmender Vielfalt leben, können wir nichts ändern. Wir wollen aber verstehen, was mit uns und den anderen Beteiligten inmitten dieser Vielfalt geschieht, und Wege finden, in dieser neuen Welt handlungsfähig zu werden – eigenständig und eigenverantwortlich.

Eine vielfältige Vielfalt

Vielfalt gestalten, auf Englisch *managing diversity*, ist seit geraumer Zeit ein gängiges Schlagwort und Deckel auf einem Topf, in dem sich eine bunte Mischung sehr unterschiedlicher Inhalte befindet. Das können etwa unterschiedliche Geschlechter sein – Männer, Frauen, Bi- oder Transsexuelle –, unterschiedliche Altersstufen – Junge, Ältere und wirklich Alte –, unterschiedliche körperliche und seelische Befindlichkeiten – Gesunde, Kranke und auf Dauer Behinderte – oder unterschiedliche Formen der Lebensgestaltung – Verheiratete mit und ohne Kinder, auf Zeit Verpartnerte, gewollt oder ungewollt Alleinlebende. Aber auch unterschiedliche Nationalitäten, Veranlagungen, Bildungsstände und Qualifikationen, unterschiedlich Erfolgreiche, unterschiedliche religiöse Bindungen und unterschiedliche staatliche Strategien, mit diesen Unterschieden umzugehen.

Die Frage, wie wir auf die vorhandene Vielfalt reagieren können, ist in Politik, Wirtschaft und Gesellschaft von großer Bedeutung. In der Politik geht es unter anderem um soziale Gerechtigkeit und den Ausgleich von Nachteilen. In der Schulentwicklung werden harte Auseinandersetzungen darüber geführt, inwieweit die bisher übliche klare Trennung von Schülern im Hinblick auf Begabung, Neigung und Kompetenzentwicklung noch zeitgemäß ist oder durch »Inklusion« abgelöst werden sollte.

Vor allem größere Unternehmen haben sich das Thema Vielfalt schon länger auf die Fahnen geschrieben. Die Bandbreite der Überlegungen und Handlungsansätze reicht von der Intention, behindernde oder leistungsgeminderte Menschen und Gruppen, die nicht von allein zusammenfinden, in die normalen betrieblichen Abläufe einzugliedern, bis zur Absicht, bewusst unterschiedliche Perspektiven zu mischen, um durch Vielfalt die Produktivität und Innovationskraft zu verstärken. Derartige Initiativen zielen beispielsweise darauf, in einem von Männern dominierten Unternehmen die berühmte gläserne Decke für Frauen in Spitzenpositionen zu durchbrechen oder in der nationalen Firmenzentrale internationaler Unternehmen bewusst Ausländer zu positionieren. An Schulen wiederum geht es darum, Schüler außerhalb der Norm, ob behindert oder hochbegabt, in die normale Klasse zu integrieren.

Ob und wie intensiv solchen Anliegen nachgegangen wird, hängt von der jeweiligen Situation und dem Druck aus dem relevanten wirtschaftlichen oder gesellschaftlichen Umfeld ab. Dass Vielfalt mittlerweile allgemein als erfolgreiches Steuerungsprinzip für Innovation, Produktivität und Qualität akzeptiert wird, kann man zurzeit allerdings (noch) nicht behaupten. Das Thema köchelt bislang eher ungesteuert vor sich hin, und es herrscht der Glaube vor, wir könnten selbst entscheiden, wie viel Bedeutung wir ihm zumessen.

Mehr Fragen als Antworten

Mittlerweile bewegen wir uns jedoch in einem neuen Umfeld, das wir nicht mehr im Griff haben. Ob es uns passt oder nicht, wir müssen den aktuellen Zustand zur Kenntnis nehmen und uns entscheiden, wie wir damit umgehen wollen. Da weder eine sichere Basis existiert noch absehbar ist, wohin sich die Dinge entwickeln werden, gibt es zunächst einmal mehr Fragen als Antworten:

- Was tun, wenn das Umfeld, in dem wir uns bewegen und behaupten müssen, uns immer stärker unter Druck setzt?
- Wie reagieren, wenn Andere uns bedrohlich nahe kommen, in unser unmittelbares Umfeld eindringen, uns zwingen, unsere ausgewählte oder auch selbstgebaute Schutzhülle zu verlassen, uns keine andere Wahl lassen, als mit ihnen Kontakt aufzunehmen, uns mit ihnen auseinanderzusetzen, sogar zu kooperieren?
- Wie geht es uns, wenn wir uns gezwungen sehen, uns abzugrenzen, uns noch stärker zu verbarrikadieren, uns

auf radikale Angriffe gefasst zu machen und entsprechende Maßnahmen zur Abwehr vorzubereiten?

- Was passiert, wenn wir immer stärker auf Andere angewiesen sind?
- Was passiert, wenn die Anderen mit ihren eigenen Logiken immer fremder und diese Fremden immer zudringlicher werden? Was bedeutet das für unser Selbstverständnis?
- Wie geht es uns mit solchen Herausforderungen und wie reagieren wir darauf? Sind wir gespannt auf neue Welten?
- Sind wir überhaupt daran interessiert, neuen Welten zu begegnen?
- Begrüßen wir das Ungewohnte, das Fremde, das Nichtvertraute?
- Gehen wir neugierig auf Erkundung oder fühlen wir uns bedroht?
- Unternehmen wir alles Mögliche, um uns zu schützen und die eigene Welt zu bewahren?
- Verstärken wir die Barrikaden oder öffnen wir uns für neue Erkenntnisse und neue Erfahrungen?
- Wovon lassen wir uns leiten: Misstrauen oder Zuversicht, Angst oder Neugierde und Hoffnung auf neue Chancen?

Wir wissen nur eines: An den turbulenten Zeiten mit zunehmender Vielfalt werden wir nichts ändern. Die Fragen bleiben.

Handeln ohne klare Antworten?

Auf starke Veränderungen und die daraus erwachsenden offenen Fragen kann man unterschiedlich reagieren. Vielen ist das Ganze zu komplex. Sie versuchen die Komplexität so weit zu reduzieren, bis sie diese verstehen, das heißt, bis sie sich wieder in ihrem vertrauten, überschaubaren Gelände befinden. Es ist letztlich eine Flucht in das einfache Leben. Andere sind empfänglich für Leitfiguren. Sie suchen nach klarer Führung – nach Menschen, die vorgeben zu wissen, wo es langgeht. Sie folgen bereitwillig, befreit von der Last, sich persönlich mit diesen Fragen auseinandersetzen zu müssen. Es ist die Stunde von Autokraten, Populisten, Patriarchen, Welterklärern, Propheten, Hasspredigern aller Art. Je radikaler, umso attraktiver.

Wir versuchen einen dritten Weg zu beschreiten: verstehen, was mit uns und den anderen Beteiligten in dieser Vielfalt passiert, und Mittel und Wege finden, in dieser neuen Welt handlungsfähig zu werden – und zwar in eigener Initiative und Verantwortlichkeit.

Kapitel 3

DAS IST DOCH LOGISCH! – ODER: DER KAMPF UM DEUTUNGSHOHEIT

»Wahrheit ist die Erfindung eines Lügners.«

HEINZ VON FOERSTER, BERNHARD PÖRKSEN[1]

Kontexte und Erwartungen an unser Verhalten ändern sich. Das Dilemma: Jeder folgt seiner eigenen Wahrnehmung, seiner persönlichen Einschätzung der Situation, und zieht seine eigenen Konsequenzen, um in diesem Umfeld zu überleben. Wenn wir auf die Interaktion mit Anderen angewiesen sind, ist es notwendig, die Welt und die Einschätzungen der Anderen kennen zu lernen.

Das ist doch logisch!

Wenn ein echter Bayer etwas begründet, das ihm absolut klar und selbstverständlich erscheint, verleiht er seiner Meinung nicht selten Nachdruck mit der abschließenden Bekräftigung: *Das ist doch logisch!* Die Frage »Nach welcher Logik?« bringt ihn völlig aus dem Konzept. Für ihn gibt es nur eine einzige Logik: seine eigene. Alles Geschehen, das zu seiner Welt passt, sei es im Denken, Handeln, in der Sprache oder im Aussehen und Auftreten, alles, was ihm vertraut ist, ihm einleuchtet und für ihn nachvollziehbar ist, woran er glaubt, was er kennt, bezeichnet er als »logisch«.

Jeder sucht oder errichtet sich eine Welt, mit der er vertraut ist, in der er sich auskennt, in der er sich wohlfühlt – ob als Kind oder als Erwachsener, ob reich oder arm, ob wohlbehütet in einer Familie oder als Mitglied einer kriminellen Gang. Logisch ist, was in die eigene Welt passt, was man versteht, was klar ist, was man als normal betrachtet und was deshalb auch keine Überraschungen bereitet.

Die Vielfalt von Logiken

Die klare und eindeutige Welt zu verlassen bedeutet für viele eine gewaltige Herausforderung. Es ist, als würde man den sicheren Boden unter den Füßen verlieren, ohne Vorwarnung und ohne geeignete Ausstattung urplötzlich auf Glatteis wandeln, das ein knackendes Geräusch von sich gibt, ohne zu wissen, wie tief das Wasser unter dem Eis ist und was geschehen könnte, wenn das Eis bricht.

Sich der Erkenntnis zu stellen, dass es grundsätzlich unterschiedliche Logiken gibt, dass unterschiedliche Menschen unterschiedliche Logiken haben, dass sogar dieselbe Person in unterschiedlichen Situationen einer unterschiedlichen Logik folgen kann, ist alles andere als selbstverständlich. Und wenn wir zudem ins Kalkül ziehen, dass es verschiedene Grundarten von Logiken gibt, rationale Sach-Logiken und emotionale Psycho-Logiken – und davon viele –, dann ist die Gewissheit der einzig wahren Logik völlig dahin.

Die Logik der Anderen – eine Zumutung

Theoretisch zu begreifen, dass es eine Vielfalt von Logiken gibt, ist das eine. Im alltäglichen Meinungsstreit aber darauf zu verzichten, sich auf die vertraute, aus eigener Sicht einzig wahre, nämlich die eigene Logik zu stützen, etwas völlig anderes. Das würde nämlich bedeuten, von folgender Annahme auszugehen: Jeder verhält sich in seinen eigenen Augen vernünftig. Egal, was er tut, ist es im Moment seines Handelns für ihn, aus seiner inneren Wahrnehmung heraus, in seinem Verständnis das einzig Richtige – vernünftig, konsequent, eben logisch. Unterschiedliche gleichwertige Logiken – für manche eine Horrorvorstellung.

»Gleich und gleich gesellt sich gern« sagt nicht nur der Volksmund, sondern das bestätigt auch die psychologische Forschung. Diese Neigung beruht auf einem menschlichen Grundbedürfnis: Menschen sehnen sich nach Klarheit und Sicherheit. Sie suchen nach einem Ordnungssystem, in das sie alles, was um sie herum passiert, einfügen können, und zwar so, dass es für sie einen Sinn ergibt. Sie wollen sich auch gerne anderen Menschen, Gruppen und Organisationen anschließen, aber nur solchen, die zu ihnen passen.

Genau diese psychologischen emotionalen Grundfesten geraten ins Wanken, wenn die eigene Logik nicht mehr die einzig wahre und gültige ist. Wenn es gleichsam verschiedene gültige Wahrheiten gibt. Deshalb auch der Kampf um die eigene Logik. Albert Einsteins Bemerkung über Vorurteile – »Es ist leichter, ein Atom zu spalten, als ein Vorurteil« – gilt auch im Hinblick auf die Logik.

Gelingt es nicht, unterschiedliche Logiken als gleichberechtigt zu akzeptieren – was nicht bedeutet, dass wir inhaltlich alles anerkennen und für gut befinden müssen –, stehen wir auf Dauer vor massiven Problemen im Zusammenleben. Und diese Schwierigkeiten werden mit steigender Vielfalt zunehmen.

Kapitel 4

ICH UND DIE ANDEREN – EINE KOMPLEXE GEMENGELAGE

»Die philosophische Lehre, dass die Perspektive der anderen einzunehmen sei, wenn es gilt, eine Norm zu formulieren, scheitert daran, dass die Andersheit aller anderen nicht antizipiert werden kann. Es kann immer ein anderer kommen, der unsere Vorstellung vom Spielraum der Andersheit, des Andersseins, grundsätzlich verändert.«

HENNING RITTER[1]

Was macht das eigentliche »Ich« und was »das Andere« aus? Was gehört zu der einen oder der anderen Kategorie? Bei der Beantwortung dieser Frage gibt es einen großen Spielraum. Ob Institution, Individuum oder Gruppe – alle entscheiden, was und wie viel sie sich selbst zuordnen und was sie in Abgrenzung davon an andere auslagern. Das hat Konsequenzen für den Umgang miteinander im Hinblick auf Vertrauen oder Misstrauen, auf Abgrenzung oder Zuwendung.

Wir benötigen Andere, um uns selbst zu definieren

Menschen in ihrem persönlichen Umfeld sowie Unternehmen und wirtschaftliche, soziale oder politische Organisationen, wie zum Beispiel Vereine, Verbände, Parteien, Aktions- oder auch Volksgruppen, die erfolgreich sein wollen, versuchen sich entsprechend attraktiv darzustellen. In Zeiten starker und anhaltender Veränderungen wird diese Positionierung zur beständigen Herausforderung. Immer geht es dabei um folgende Fragen:

- Wer sind wir?
- Was macht uns aus?
- Was ist das Besondere an uns?
- Wodurch zeichnen wir uns aus?
- Woran sollen andere uns erkennen?
- Wodurch unterscheiden wir uns von anderen?
- Worauf können wir stolz sein?
- Was ist unser Profil?
- Was macht uns attraktiv?
- Was macht uns einzigartig und unverwechselbar?

Das Profil soll auf der einen Seite das eigene Selbstbewusstsein beziehungsweise jenes der Organisation oder Gruppe stärken, soll uns miteinander verbinden, zusammenhalten, in bestimmten Situationen auch zusammenschweißen. Zugleich soll das Profil als herausragende, unverwechselbare Marke die notwendige oder gewünschte Anziehungskraft nach außen ausstrahlen. Dazu braucht es eine möglichst klare Abgrenzung von der Konkurrenz. Und genau hier kommt das Thema Andersheit ins Spiel. Einzigartigkeit benötigt ein

Umfeld von Andersheiten, um sich abzugrenzen. Je andersartiger das Andere ist oder dargestellt werden kann, desto deutlicher die Abgrenzung, desto klarer das eigene Profil.

Was für Organisationen zutrifft, gilt auch für Individuen. Jeder entwickelt ein Bild von sich, formt ein persönliches Profil – und andere um ihn herum dienen als Vergleich und als Mittel zur Abgrenzung. »ICH beziehungsweise WIR – und die ANDEREN« ist ein immerwährendes Abtasten, geprägt von Stolz, Sehnsucht, Neid oder auch inszenierter Gleichgültigkeit, weil man mit sich selbst zufrieden ist oder weil die Trauben zu hoch hängen.

Selbstbild, persönliche Identität, Übereinstimmung mit sich selbst sind unerlässliche Grundlagen für das Wohlbefinden. Und so schließt man sich ein wie ein Falter in seinen Kokon. Fazit: Um uns selbst zu definieren und zu positionieren, brauchen und missbrauchen wir das Andere und die Anderen.

Wie erleben wir Andersheiten?

Psychologen, Soziologen, Ethnologen, Pädagogen, Theologen, Dichter, Schriftsteller, Politiker, Manager, Eltern, Kinder – im Grunde alle, die mit anderen privat oder beruflich zu tun haben – haben sich schon immer mit dem Zusammenleben von Menschen beschäftigt. Es gibt dazu unendlich vielfältige Erkenntnisse, Erfahrungen, Überzeugungen, Theorien und Meinungen. Ohne jeden Anspruch auf Vollständigkeit und Wahrheit heben wir im Folgenden einige Aspekte hervor, die wir im Rahmen unseres Themas als besonders relevant betrachten:

Alles Unbekannte macht Angst – und lässt Vorsicht walten Das erfahren sehr früh auch kleine Kinder. Sobald sie sich selbstständig bewegen können, beginnen sie zunächst unbesorgt und voller Neugierde ihr Umfeld zu erkunden. Sie riechen, schlecken, schmecken, ertasten, befingern zunächst alles, was sich in Reichweite befindet. Eigene Erlebnisse und Erfahrungen sowie Ermahnungen vonseiten der Erwachsenen bringen sie mit der Zeit dazu, auf der Hut zu sein – Situationen zu vermeiden, die sie nicht kennen und deren Gefahrenpotenzial sie nicht einschätzen können. Sie lernen zu unterscheiden zwischen vertrauten Bereichen, in denen sie sich ohne Gefährdung bewegen und wohlfühlen (dürfen), und Situationen, die ihnen fremd sind, wo sie nicht wissen, was ihnen zustoßen könnte und welche Gefahren lauern könnten, die sie als bedrohlich erleben und vor denen sie Angst haben (sollen). Die Angst lehrt, vorsichtig zu werden und sich vor unmittelbaren Begegnungen mit Unbekanntem abzusichern.

Nur Vertrautes schafft Vertrauen – und führt in eine Zwickmühle Völlig Fremdem ungeschützt und unerfahren zu begegnen, ist eine große Herausforderung. Lediglich bei einer existenziellen Bedrohung wäre es alternativlos. In allen anderen Fällen versuchen wir mithilfe des uns Vertrauten das neue, uns fremde Andere zu erkunden und uns mit ihm vertraut zu machen.

Ohne eine gewisse Grundausstattung an Begriffen, Denkmodellen und Werkzeugen, die wir kennen und beherrschen, sind wir nicht in der Lage, Neues zu erkunden und zu verstehen. Bei der Erkundung des Fremden sind wir auf Analogien aus der bekannten und vertrauten Welt angewiesen. Wir nähern uns dem fremden Anderen mit uns bekannten Begrifflichkeiten, Sichtweisen und Erklärungsmustern aus unseren persönlichen Vorerfahrungen. Mit diesem Blick, den Bildern und der auf den eigenen Erfahrungen beruhenden Vorgehens- und Betrachtungsweise riskieren wir, das Neue nicht ausreichend genau und vollständig erfassen zu können, sofern wir das überhaupt wollen.

Ohne Gegenleistung unerwartet Vertrauen zu erfahren, schafft Vertrauen Wir haben dargelegt, wie vorsichtig und absichernd wir uns von vertrautem auf fremdes Gelände bewegen und wie stark wir uns bei dessen Erkundung auf Erfahrungen und Werkzeuge aus der eigenen Vergangenheit stützen. Lassen Sie uns die Perspektive einmal radikal wechseln: Angenommen, Sie befinden sich in einem Ihnen völlig fremden Land, ohne Kenntnis der Sprache, der Landeskultur und der örtlichen Gegebenheiten – und sind deshalb mit entsprechender Vorsicht unterwegs. Sie haben eine Panne mit Ihrem Fahrzeug und benötigen Hilfe. Ihre Hilfsbedürftigkeit ist nicht zu übersehen. Ihre generelle Vorsicht droht in richtige Angst umzuschlagen. Unvermittelt spricht Sie ein Ihnen völlig fremder Einheimischer an, lädt Sie durch entsprechende Gesten in sein Haus ein, bietet ihnen ohne Vorbehalt Hilfe an und gewährt Ihnen bedingungslose Gastfreundschaft. Unsere Vermutung: Ihre anfängliche Vorsicht wird sich Schritt für Schritt in Dankbarkeit verwandeln und das umso stärker, je weniger Sie mit einer derartigen Reaktion gerechnet haben. Was ist geschehen? Der Fremde ist in Vorleistung getreten und ist das Risiko eingegangen, Ihnen zu vertrauen. Sie hätten ja auch Ihre Hilfsbedürftigkeit nur vortäuschen können, um ihn dann zu berauben.

Nur wer den vertrauten Hafen verlässt, kann sich neue Welten erschließen Vertrauen ist ein Kredit, eine Investition mit offenem Ausgang. Vertrauen ist prinzipiell eine risikobehaftete Vorleistung und reduziert drastisch soziale Komplexität.[2] Wer sich nach allen Regeln der Kunst absichern will, wer also vor dem Sprung ins Ungewisse alles wissen und verstehen will, muss nicht mehr vertrauen. Ohne das Risiko des Vertrauens bleibt der Blick auf die Vergangenheit fixiert – mit allen damit verbundenen Erfahrungen, Erkenntnissen und daraus abgeleiteten Verallgemeinerungen. Die Sicht auf das neue Andere wird so versperrt. Es ist wie bei einer Währungsreform: Ohne Entwertung der alten kann sich eine neue Währung nicht etablieren.

Das Selbst und das Andere – eine hartnäckige Symbiose Biologen haben bereits vor längerer Zeit erforscht, wie viele sehr unterschiedliche Arten von Tieren, Pflanzen und Parasiten zum beiderseitigen Vorteil zusammenleben, indem sie sich gegenseitig benutzen und bereichern. Mittlerweile ist diese Erkenntnis auch im Gesundheitswesen angekommen und hat zum Beispiel den früher verpönten Magen- und Darmbakterien eine völlig neue, die Gesundheit fördernde Rolle zuerkannt.

Wenn wir uns genauer ansehen, wie Menschen ganz allgemein miteinander umgehen, was sie voneinander halten, wie sie sich abgrenzen oder auch einander zuwenden, wen oder wie sie hassen oder lieben, dann können wir verschiedene Muster erkennen: Auf der einen Seite neigen Menschen dazu, ungeliebte persönliche Eigenschaften auf Andere zu projizieren. Wir nutzen Andere sozusagen als Mülldeponie zur Entsorgung ungeliebter eigener Anteile. Beim Anderen können wir wie in einem Vergrößerungsglas erkennen, was wir bei uns selbst nicht sehen können oder wollen. Heißt es doch schon in der Bibel in Matthäus 7,3: »Was siehst du den Splitter im Auge deines Nächsten, aber den Balken in deinem Auge nimmst du nicht wahr?«

Andererseits wählen wir Andere als vorbildhafte Leitfiguren, um uns an ihnen zu orientieren und uns Mut zu machen, es ihnen gleichzutun. Wir identifizieren uns mit ihnen als Helden. Wir schlüpfen gleichsam unter ihren Mantel, verstecken uns darunter als blinde Passagiere, um ohne eigene Leistung als Schmarotzer an ihrem Ruf zu partizipieren. Der Andere dient sozusagen als Schlüsselperson mit Charisma, zudem als Sammel- und Schutzort für opportunistische Anpassung und Unterwerfung – wir gewähren ihm quasi als Gegenleistung auch seine hierarchische Herrschaftsposition und die damit verbundene alleinige Deutungshoheit, die wir nicht infrage stellen. Wir können aber Andere auch als Bedrohung erleben, weil wir sie nicht kennen oder weil sie sich so stark von unseren eigenen Vorstellungen unterscheiden, dass wir den eigenen Entwurf gefährdet sehen.

Die Andersheiten im eigenen Selbst Wir werden uns immer in irgendeiner Form mit Anderen um uns herum vergleichen. Wir benötigen die Anderen und das Andere, um uns selbst einzuordnen, zu wissen und zu verstehen, wer wir sind, was wir können, was wir sollen, was wir wollen und was nicht. Das Andere und der Andere dienen als Aufbauhilfe und als Bewertungsmaßstab im Guten wie im Schlechten. Aber das genügt nicht.

Das Andere und wie wir es bewerten hat nicht selten etwas mit uns selbst zu tun. Es gibt oft innere Anknüpfungsstellen, so etwas wie Ankerwerte. Es geht um Erfahrungen und Wünsche, die ermutigen oder auch blockieren können. Das innere Andere kann Potenzial sein, das wir bislang nicht genutzt oder nicht ausgebaut haben. Denken Sie an Ideen oder Wünsche, die Sie schon mal hatten, die Sie aber bisher nicht verfolgt oder gezielt vermieden haben. Oder es können Hypotheken sein, die nachwirken – Versuche, die wir unternommen haben, die aber gescheitert sind, die wir abgelegt oder auch verdrängt haben, die aber nach wie vor ein Teil von uns sind.

Interessant wäre, eine innere Bestandsaufnahme zum Thema »Andersheiten in mir« vorzunehmen: Das Andere in uns – behütet, gehasst, verdrängt, unerforscht, vernachlässigt, Schatztruhe oder Depot.

Wann immer externe Andersheiten in uns Gefühle auslösen – Vertrauen oder Misstrauen, Wertschätzung oder Missachtung, Ärger, Wut, Trauer, Angst, Enttäuschung, Rivalität, Neid, Eifersucht, Freude, Zuversicht, Mitleid, (körperliches) Wohlbefinden –, ist das ein Hinweis darauf, dass etwas davon mehr oder weniger tief in uns selbst vorhanden ist. Gefühle haben immer etwas mit uns selbst zu tun. Je ehrlicher wir mit unseren inneren Andersheiten umgehen, umso fairer können wir mit externen Andersheiten Kontakt aufnehmen – ohne sie als Projektionsfläche für ersehnte oder verabscheute eigene Anteile zu missbrauchen.

Persönliche Identität entsteht nur im Abgleich mit Anderen Identität ist nicht angeboren. Sie muss sich entwickeln und das braucht Zeit. Bei dieser Entwicklung sind ICH, DU, WIR und die DIE ANDEREN in einem komplexen Zusammenspiel mit- und ineinander verflochten.

Einerseits dauert es Monate, bis das kleine Kind beginnt, sich selbst als ICH zu empfinden und sich auch so zu bezeichnen. Zunächst bewegt es sich in einer diffusen, unsicheren emotionalen Gemengelage, einem Umfeld ausgeliefert, auf das es körperlich und emotional angewiesen ist, von dem es abhängig ist, um überhaupt zu überleben. Mit dem ICH beginnt es auch, die Menschen in seinem Umfeld differenzierter wahrzunehmen. Es entwickelt Beziehungen und beginnt sich abzugrenzen: Die einen liebt es, freut sich, wenn es sie sieht oder hört, sehnt sich nach ihnen, ruft nach ihnen, ist traurig, wenn sie weggehen. Anderen gegenüber fremdelt es, nimmt sich Zeit, vorsichtig zu sondieren. Wieder andere lösen Angst aus; das Kind fürchtet sich vor ihnen, weint, sobald es sie sieht, versteckt sich oder läuft vor ihnen weg. Je stabiler das eigene Ich wird, desto sicherer werden auch die differenzierten Beziehungen zu Anderen.

In stark emotional belastenden Situationen kann es allerdings geschehen, dass Menschen aus ihrer soliden identitätsstiftenden Mitte herausgerissen werden. Wenn zum Beispiel allzu viel Schreckliches jäh auf sie einströmt, kann die bislang vorhandene emotionale Sicherheit völlig aus dem Lot geraten – und es kann einige Zeit kosten und Begleitung erfordern, um wieder eine persönliche Mitte zu finden. Der Veranstaltungstitel »Wer sagt mir, wer ich bin?« oder der Buchtitel *Wer bin ich – und wenn ja, wie viele?* (Richard David Precht) bringen dies zum Ausdruck.

In diesem Prozess des Abgleichens gegenüber dem Anderen bewegt sich das Ich grundsätzlich in der beschriebenen großen Bandbreite mit zwei extremen Polen: das Andere als anonymer, in sich geschlossener Block – unbekannt, unerforscht, unattraktiv, Vorsicht und Angst auslösend – und das Andere als erstrebens- und begehrenswertes Feld.

Es gibt viele archaische Urbilder für derartige polarisierte Abgrenzungen. So zum Beispiel in der jüdischen und christlichen Bibel die beiden Söhne von Adam: der böse Kain und der gute Abel; in der chinesischen Philosophie (insbesondere dem Daoismus) die polar einander entgegengesetzten und dennoch aufeinander bezogenen Kräfte beziehungsweise Symbole, das helle *Yang* und das dunkle *Yin*; im christlichen Glauben: der »liebe Gott«, zuständig für alles Gute, und der »böse Teufel«, Statthalter für alles Schlechte.

Wie gehen wir mit Anderen und Anderem um?

Wie gehen nun Menschen mit diesen unterschiedlichen Möglichkeiten um, dem Anderen zu begegnen? Was bedeutet es für die eigene Identität, für das ICH, für das SELBST? Welche Rolle spielen die Anderen in der Entwicklung von Identitäten beziehungsweise welche Rolle weisen wir ihnen zu?

Bei unseren Ausführungen zur Entfaltung der Identität haben wir beleuchtet, welche fundamentale Rolle das Andere und die Anderen bei der Entwicklung des eigenen Selbstbildes spielen und wie unterschiedlich diese Rolle sein kann. Wir möchten diesen Aspekt hier noch feiner differenzieren. Die folgende Aufreihung kann je nach Situation als pure Aufzählung, als Abfolge oder auch als Stufenleiter betrachtet und verwendet werden.

Sich abschotten Man will oder kann das unbekannte Andere nicht in die eigene Welt einordnen, erlebt es als bedrohlich, sogar als feindlich – und schottet sich ab, um sich zu schützen. Das geschah schon in der Frühzeit, als sich die Menschen vor schlechtem Wetter, wilden Tieren oder anderen Volksstämmen schützten. Es erfolgt heute noch vielfach im Hinblick auf andere Kulturen, aber auch ganz allgemein im Umgang mit Anderen oder auch im Widerstreit von Interessen. Um sich in der eigenen Einschätzung abzusichern oder auch in der Abwehr zu verstärken, verbündet man sich bei Bedarf mit (scheinbar) Gleichgesinnten oder einfach mit denen, die in der Nähe sind und die man kennt.

Zum weiteren Schutz vor Kräften, die bedrohlich und böse erscheinen, bedient man sich mehr oder weniger okkulter Mächte in der Gestalt von Geistern, Göttern oder Religionen. Die guten Helfer wollen gepflegt werden durch Rituale der Anerkennung, durch Bestechung oder indem man sie anbetet. Die Bösen müssen beschworen oder mithilfe der Guten im Zaum gehalten werden. Dazu dient eine Vielfalt von alten und neuen Religionen, die Orientierung bieten – und dafür allerdings auch ihren Preis fordern, der nicht selten in totaler Unterwerfung besteht. Dafür bieten sie Schutz, Heimat und Zugehörigkeit – und befriedigen dadurch wesentliche menschliche Grundbedürfnisse.

Zwar auf der Hut sein, aber vorsichtig beobachten Das oder der Andere wird mit mehr oder weniger Abstand zur Kenntnis genommen. Seine Existenz wird als Faktum anerkannt. Solange die eigenen Interessen (noch) nicht unmittelbar betroffen sind, wird es auch nicht bewertet, weder positiv noch negativ. Man ist zwar auf der Hut, beobachtet aber mit einer gewissen Neugierde.

Interessiert beobachten und aktiv erkunden Kinder sind im Allgemeinen neugierig und erkunden alles, was ihnen begegnet, nicht selten leichtsinnig und wagemutig. Forscher gehen ohne Vorbehalte neugierig auf Erkundung. Die Voraussetzung für diese aktive Erkundung ist ein spontanes oder grundsätzliches Interesse.

Tolerieren Toleranz ist kein trennscharfer Begriff. Positiv betrachtet kann Toleranz bedeuten, andere Anschauungen, Wege und Werte uneingeschränkt zu akzeptieren, also mitzutragen. In diesem Sinn haben die Mitgliedstaaten der UNESCO in ihrer 28. Generalkonferenz eine Erklärung zu den Prinzipien der Toleranz verabschiedet, die sie als »notwendige Voraussetzung für den Frieden und für die wirtschaftliche und soziale Entwicklung aller Völker« erklärt haben. Darin heißt es unter anderem: »… Toleranz bedeutet Respekt, Akzeptanz und Anerkennung der Kulturen unserer Welt … in all ihrem Reichtum und ihrer Vielfalt … Toleranz ist Harmonie über Unterschiede hinweg … nicht gleichbedeutend mit Nachgeben, Herablassung oder Nachsicht … vor allem eine aktive Einstellung, die sich stützt auf die Anerkennung der allgemeingültigen Menschenrechte und Grundfreiheiten anderer … der

Schlussstein, der die Menschenrechte, den Pluralismus (auch den kulturellen Pluralismus), die Demokratie und den Rechtsstaat zusammenhält …«[3]

Nicht alle sind jedoch mit der vollmundigen normativen UNESCO-Deklaration einverstanden. Wie es de facto damit bestellt ist, mag jeder selbst entscheiden.

Aus unserer Sicht hat Toleranz allerdings einen Beigeschmack von überheblicher mildtätiger Herablassung. Man gehört selbst zu den Besitzenden (von Eigentum, Wissen, Geld, Macht, Einfluss und so weiter) und nimmt sich das Recht, großzügig Anderen etwas zu gestatten, was man selbst im Überfluss hat. Allerdings nur so viel, dass es nicht an die eigene Substanz geht. Oder man schenkt etwas, woran man selbst kein besonderes Interesse mehr hat. Toleranz ist aus unserer Sicht eine Möglichkeit, wirklicher Anteilnahme oder Auseinandersetzung aus dem Weg zu gehen. Man kauft beziehungsweise schenkt sich frei.

Nicht selten ist diese Gabe direkt oder indirekt auch noch an bestimmte Bedingungen geknüpft, wie zum Beispiel: »… Solange die sich so und so verhalten … mich in Ruhe lassen … eine bestimmte Grenze nicht überschreiten … ich es selbst nicht benötige …«.

Durch Fakten Vertrauen ermöglichen Entweder durch Zufall (etwa im Zug oder Flugzeug) oder auch angeordnet (zum Beispiel als Schüler in einer Klasse oder als Mitglied in einem Sportclub) können sich Menschen begegnen, die sich bislang fremd waren. Auch »erzwungene« Gemeinsamkeit kann Vertrauen entwickeln und zu einer Beziehung führen, die über die aktuelle Situation hinaus Bestand hat.

Ohne Einschränkung akzeptieren Der, die oder das Andere wird bedingungslos angenommen, so wie er/sie/es ist; ohne Rücksicht auf Geschlecht, Alter, Besitz, Nation, Religion, Methode, Gestaltungsweise, Zweck – und das eigene Befinden.

Assimilieren Das oder der Andere wird im Hinblick auf seine Kultur, Sprache oder Arbeitsweise gezwungen, sich anzupassen. Er wird sozusagen einverleibt – freiwillig oder auch notgedrungen.

Inkludieren Wir verstehen Inklusion als Gegenteil von Exklusion. Systeme, zum Beispiel einzelne Menschen oder Gruppen, die bislang ausgeschlossen waren, werden jetzt in ein größeres Ganzes aufgenommen, ohne dass sie sich in dessen Kultur auflösen müssen. Als Beispiel für Deutschland kann die Entscheidung dienen, Lernbehinderte, die bislang in Sonderschulen untergebracht waren, in die normale Schule aufzunehmen.

Die Situation aus der Sicht des Anderen sehen Spannend wäre es, könnte man die Situation ungefiltert aus der Perspektive des Anderen sehen und beurteilen. Dazu bräuchten wir allerdings eine übergreifende Position und eine übergreifende universelle Sprache. Ohne Analogien aus der eigenen vergangenen Erlebniswelt können wir aber kaum Neues erkennen und betrachten – und jede Analogie aus den zurückliegenden eigenen Erfahrungen wirkt unvermeidlich als Filter.

Integrieren Grundsätzlich geht es darum, dass sich verschiedene Teile zu einer neuen Ganzheit formieren. Die lateinischen Ursprungsworte weisen darauf hin: »integer« bedeutet unter anderem »unversehrt«; »integrare« bedeutet »erneuern«, »von Neuem beginnen«. Inwieweit diese neue Ganzheit auch Gleichheit bedeutet und welcher Grad von Intimität angestrebt oder erreicht wird – oder ob die Teile unter Beibehaltung der alten Identität lediglich in einer neuen Gemeinschaft einen gemeinsamen Ort finden –, bleibt vom Begriff her offen. Wie lange ein solcher Integrationsprozess dauert, bleibt ebenfalls offen. Der schwierige Prozess des Zusammenwachsens von Ost- und Westdeutschland und der vielfältigen Volksgruppen in Südafrika sind dafür aktuelle Beispiele.

Abbildung 4: Umgang mit Anderen

Die Zwickmühle bleibt bestehen

Wir haben bereits in der Einführung beschrieben, dass wir nicht umhinkommen, uns mit Anderen und mit Andersheiten auseinanderzusetzen und Formen von Miteinander zu entwickeln. Dabei sind wir immer in einer Zwickmühle gefangen:

In dem Ausmaß, in dem wir uns abgrenzen und das von uns selbst definierte Andere ausschließlich aus unserer eigenen Position betrachten, mit unseren eigenen Begriffen erfassen, beschreiben und beurteilen, sind wir nicht in der Lage zu erfassen, wie das Andere wirklich beschaffen ist. Wir können beziehungsweise wollen vielleicht auch nicht verstehen, was die Andersheit des Anderen tatsächlich ausmacht. Je weniger wir aber diese Andersheit verstehen, umso weniger sind wir in der Lage, uns entgegenkommend darauf einzustellen.

Andererseits gilt: Wer auf andere zugeht und sich auf sie einlässt, geht das Risiko ein, zu vertrauen. Das kann in verschiedenen Formen geschehen: einen Kompromiss eingehen, Vorleistungen erbringen, sich ein- oder auch unterordnen in der Hoffnung auf entsprechende Gegenleistungen, quasi eine Hypothek aufnehmen. Werden die erwarteten Gegenleistungen allerdings nicht erbracht, können noch Jahre und Jahrzehnte später »Rückzahlungen« eingefordert werden. Die Geschichte liefert uns ausreichend Fallbeispiele dafür, wie solche Rückerstattungen noch von Folgegenerationen eingeklagt werden.

Wir können einer Entscheidung nicht ausweichen, ebenso wie wir nicht daran vorbeikommen zu handeln. Mit diesem Dilemma müssen wir leben. Welche Konsequenzen unsere jeweilige Entscheidung kurz-, mittel- oder auch langfristig haben wird, können wir im Vorhinein nicht wissen.

Kapitel 5

WIR – EDLER DECKEL AUF EINEM UNDURCHSICHTIGEN TOPF

WIR ist die Bezeichnung auf einem Behälter, in dem sich sehr unterschiedliche, zum Teil auch konträre Inhalte befinden können. Darum ist es notwendig, genauer zu hinterfragen, was mit dem Wort »WIR« jeweils tatsächlich gemeint ist beziehungsweise was damit bezweckt wird.

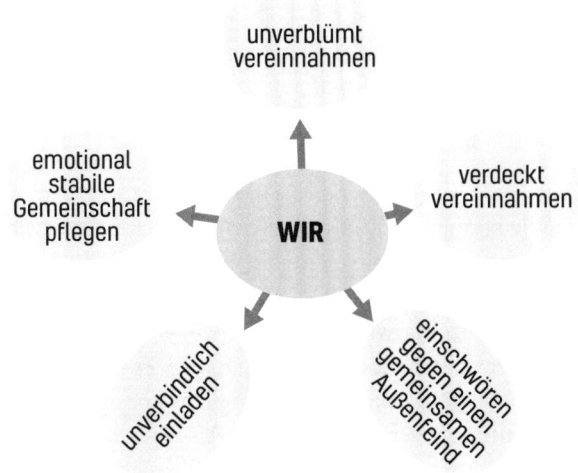

Abbildung 5: WIR – ein schillernder Begriff

Unverblümte Vereinnahmung

Ein Jesuit sprach in seinen Vorlesungen von sich immer in der WIR-Form. Auf die Frage der Studenten, wen er denn mit seinem »WIR« meine, antwortete er überrascht: »Wenn wir WIR sagen, meinen wir uns.«

Für die eigene Person die Pluralform zu wählen, zeigt jedoch einen Machtanspruch, der die Anderen letztlich wie Untergebene vereinnahmt und sich selbst dabei hervorhebt. Was früher bei Adligen und Würdenträgern üblich war, gehört heutzutage auch zum Sprachgebrauch mancher Krankenpflegerin, die zu einem Patienten sagt: »So, und nun gehen WIR ins Bett!« Damit ist keineswegs eine Einladung gemeint, gemeinsam mit dem Patienten ins Bett zu gehen, sondern die klare Aufforderung »Ab ins Bett!« In dieser Form bedeutet WIR eine unverblümte Vereinnahmung.

Verdeckte Vereinnahmung

Wenn ein Journalist einen Artikel schreibt mit dem Titel »Wie können WIR mit unserer Angst vor der nächsten Bankenkrise umgehen?«, unterstellt er wie selbstverständlich, dass es tatsächlich eine nächste Bankenkrise geben wird. Gleichzeitig wird angenommen, alle hätten Angst davor oder sollten diese zumindest haben. Es wird bewusst ein Argwohn geweckt, der eine mögliche konträre persönliche Haltung geschickt unterläuft. Als Leser wird man so in eine bestimmte Richtung gelenkt, die nicht unbedingt der eigenen Einschätzung entspricht. Diese Art der Vereinnahmung betreiben übrigens auch wir, wenn wir in diesem Buch ab und zu das verallgemeinernde WIR gebrauchen.

Einschwören gegen einen gemeinsamen Außenfeind

Wer Menschen sehr schnell zusammenführen will, weiß, dass ein gemeinsamer äußerer Feind wie ein Schnellkleber wirkt.[1] WIR bedeutet in diesem Fall, Menschen einzuschwören oder auch zu beschwören. Allerdings hält der Kitt oft nur so lange, wie der gemeinsame Außenfeind als bedrohlich erlebt wird.

Unverbindliche freundliche Einladung

WIR könnte auch eine Einladung bedeuten, die offen lässt, ob die Adressaten der Einladung folgen möchten. »Wie wär's, wenn WIR gemeinsam zum Essen gehen würden?« Es wird ein offenes Angebot gemacht, aber nichts aufgedrängt.

Emotionale Verbundenheit

Wieder anders verhält es sich, wenn ein Paar, eine Gruppe oder ein Team ein WIR darstellt, das sich auf Dauer an gemeinsamen Zielen und/oder Werten ausrichtet. Ein WIR, in das alle Beteiligten investiert haben und nach wie vor investieren. Eine emotionale Gemeinschaft.

Dieses WIR kennzeichnet einen Zustand, in dem es gelungen ist, unterschiedliche Ichs und – damit verbunden – unterschiedliche Interessen und Andersheiten angemessen und ausgewogen miteinander zu verknüpfen.

Über die Klammer des sachlichen Ziels oder Auftrags hinaus wird hier eine emotionale Gemeinsamkeit entwickelt, die gebührend Raum lässt, auch unterschiedliche Einzelinteressen zu verfolgen. Je nach Interessenlage kann dieses WIR auch zeitlich begrenzt sein. In jeden Fall ist es vom Grundsatz her immer bestandsgefährdet und deshalb dauerhaft pflegebedürftig im Hinblick darauf, dass ausreichend gemeinsame Interessen vorhanden sind und dass hinreichend Freiheit besteht, die persönlichen Interessen einzubringen – und um gegebenenfalls auch problemlos aussteigen zu können.

Fazit in den Worten von Friedrich Schiller: »Drum prüfe, wer sich ewig bindet …«

Kapitel 6

EINE BEZIEHUNG AUFBAUEN – EINE BRÜCKE MIT DREI PFEILERN

Beim Aufbau eines Kontaktes mit andersartigem Fremdem spielen Emotionen eine entscheidende Rolle – und zwar bei allen Beteiligten. Es bedarf viel Achtsamkeit, um die eigene emotionale Befindlichkeit und die der Beteiligten, ihre Ursachen und Auswirkungen im Umgang miteinander zu verstehen und in ihrer Verschiedenheit zu akzeptieren.

Darüber hinaus ist es entscheidend zu begreifen, dass jede Beziehung auf einem prinzipiell brüchigen emotionalen Fundament gründet. Die Nachhaltigkeit zu sichern bedeutet, das Fundament sorgsam zu pflegen und vor höheren Belastungen jeweils die Tragfähigkeit zu überprüfen sowie gegebenenfalls zu verstärken.

Wir können uns nicht nicht verhalten

Die aktuellen gesellschaftlichen, politischen und technologischen Entwicklungen werden von manchen als einmalige Chancen gesehen oder wecken Hoffnungen, andere erleben sie als Bedrohung oder hegen zumindest Befürchtungen. Auch wer die Augen davor verschließt, kann die Entwicklungen nicht verhindern. Wir können verleugnen, verdrängen, beobachten, abwarten, anderen das Handeln und die Verantwortung überlassen oder uns einmischen und engagieren. In jedem Fall ist es unmöglich, sich nicht zu verhalten. Wir können keine Verhaltenspause einlegen.

Es sind die Unterschiede, die uns zu schaffen machen, die herausfordern. Unterschiede hinsichtlich der Interessen, die im Spiel sind, Unterschiede in der Bedeutung, die bestimmte Entwicklungen für einen haben, Unterschiede in der persönlichen Einstellung und Bewertung und, daraus folgend, Unterschiede hinsichtlich der Handlungskonzepte. Wir kommen nicht umhin, uns zu entscheiden, wie wir mit der Vielfalt der Andersheiten, den jeweils anderen Einstellungen, Sichtweisen, Bewertungen, Kulturen und Menschen mit ihren gesellschaftlichen, politischen und privaten Lebenswelten umgehen: Entweder wir grenzen oder schotten uns ab, behindern, blockieren, bekämpfen uns gegenseitig, oder wir finden Möglichkeiten, uns auf Andersheiten einzulassen. Die Kernfrage lautet: Agieren wir füreinander, miteinander, nebeneinander oder gegeneinander?

Eine Brücke mit drei Pfeilern

Um entscheiden zu können, wie wir mit Andersheiten umgehen wollen, müssen wir zunächst die prinzipielle emotionale Bereitschaft aufbringen, überhaupt persönlichen Kontakt aufzunehmen und aufeinander zuzugehen. Das bedeutet: Wir müssen das Risiko eingehen, als Vorleistung ein ausreichendes Maß an Vertrauen zu investieren.

118

Damit verbunden bedarf es der grundsätzlichen Bereitschaft, sich auf die Andersheit der Denkwelten und Verhaltensmuster der beteiligten oder betroffenen Personen, Gruppierungen, Organisationen und Kulturen einzulassen, mit anderen Worten: sich wirklich damit zu befassen und erst dann und auf der Basis der erlebten Erfahrungen zu entscheiden, wie wir auf Dauer mit den Anderen umgehen wollen.

Beide Schritte entsprechen nicht den üblichen Verhaltensmustern. Um die bestehenden, eher auf Ausgrenzung gerichteten Muster zu überwinden und die genannten Schritte zu bewältigen, müssen wir uns sozusagen eine Brücke bauen. Drei Pfeiler könnten diese Brücke tragen:

- ein emotionales Fundament schaffen,
- ein stabiles Selbstwertgefühl der Beteiligten sicherstellen,
- Annäherung durch echten Dialog.

Diese Pfeiler zu bauen, ist keine leichte Angelegenheit. Denn alle drei Brückenpfeiler werden häufig vermieden oder nur mit großer Vorsicht errichtet. Warum das so ist und wie es anders gehen kann, möchten wir im Folgenden näher erläutern.

Ein emotionales Fundament

Menschliches Handeln ist grundlegend von Emotionen gesteuert[1] Jeglicher Antrieb speist sich aus dem Energiepotenzial von Gefühlen. Ohne emotionale Energie gibt es keine tragfähige Beziehung. Deshalb ist es bei Begegnungen und jeglicher Art von Entwicklungs- und Veränderungsprozessen von grundsätzlicher Bedeutung, das emotionale Befinden und die emotionalen Quellen der Betroffenen und Beteiligten gut zu erfassen.

Emotionen – ein »gelerntes« automatisiertes Signal- und Alarmsystem Rein rational und naturwissenschaftlich betrachtet sind Gefühle biochemisch und neuroelektrisch verkörperte Informationen. Es sind Signale, die uns ständig begleiten und uns sehr schnell und in geraffter Form mitteilen, ob wir etwas gut finden oder nicht, ob wir etwas anstreben, hinnehmen, ablehnen oder vermeiden sollten. Die Fähigkeit dazu basiert auf dem Vermögen, sich in die Bedürfnisse und Befindlichkeit anderer einzufühlen.

Das allerdings setzt voraus, sich der eigenen Emotionen bewusst zu sein und damit Einblick zu haben in das eigene emotionale Navigationssystem. Welches sind die eigenen mentalen Modelle, die persönlichen Triggerpunkte, die bei einem selbst bestimmte Aktionen auslösen und anhand derer auch Andere, sofern sie unsere Triggerpunkte kennen, gezielt Reaktionen bei uns auslösen können?

Steuerung durch Gefühle und Steuerung durch Erkenntnisse und Einsicht – ein automatisches Wechselspiel Einerseits entlastet uns unser emotionales Signalsystem von aufwendigen Analysen; wir spüren intuitiv, in welche Richtung unser Verhalten gehen sollte. Andererseits werden unsere Emotionen kognitiv auf Plausibilität geprüft. Dies allerdings nur ansatzweise und im Schnellgang, orientiert an besonders gravierenden eigenen Erfahrungen.

Emotionen – erster sozialer Kitt und Ersatz für noch fehlende Strukturen und klare Spielregeln In der ersten Phase zwischenmenschlicher Beziehungen wie auch in modernen Organisationsformen wie zum Beispiel Start-ups oder neu installierten Projektteams fehlt eventuell noch ein tragfähiges gemeinsames sachliches Zielbild. Auch Verantwortung, Prozesse, Zusammenwirken und Rollengefüge sind noch nicht geklärt. Sie werden sich erst durch das gemeinsame Tun entwickeln können. Derart komplexe Situationen möglichst erfolgversprechend zu gestalten, ist ohne Empathie kaum möglich.

Gefühle in den einzelnen Phasen der Begegnung

In allen Phasen der Begegnung mit Andersheiten spielen Emotionen eine wichtige, aber jeweils unterschiedliche Rolle – aufseiten aller Beteiligten.

Phase 1: Erste Überlegungen, ob überhaupt …

Es beginnt mit der Überlegung, ob es sich überhaupt lohnt, Kontakt aufzunehmen beziehungsweise auf ein Kontaktangebot einzugehen. Auf der Basis solider Kenntnisse darüber, was alles um uns herum geschieht, welche Trends unser Leben beeinflussen werden und welche wirtschaftlichen, gesellschaftlichen und politischen Prozesse für die aktuelle Lage und die weitere Entwicklung relevant sind oder werden könnten, kann unser rationales Steuerungssystem uns durchaus begreiflich machen, dass Kontaktaufnahmen sinnvoll wären. Außerdem mag das rationale

System unser emotionales System dazu anregen, einen ersten Schritt zu wagen. Ohne fundiertes Wissen und ohne Einsicht ist dieser Antrieb, die Begegnung zu suchen, nur schwach ausgeprägt.

Phase 2: Wollen und Handeln sind zwei Paar Schuhe

Genau in diesem Raum zwischen Wollen und Handeln kommen die Emotionen wieder ins Spiel – und zwar stärker als zu Beginn. Wir können nicht verhindern, dass bei der Annäherung an das Handeln die emotionalen, intuitiven Signal- und Bewertungssysteme aller Beteiligten voll anspringen. Die gesamte Vergangenheit wird nun dahingehend durchsucht, welche Erfahrungen beim Zugehen auf Neues, Anderes persönlich gemacht wurden – und welche einschlägigen Erfahrungen andere Menschen, die man persönlich schätzt oder die man aufgrund ihres Status oder ihrer Kompetenz ernst nimmt, einem vermittelt haben. Alles wird durchsucht und emotional bewertet, unter anderem nach den folgenden Kriterien:

- Was heißt es für mich, wenn ich mich wirklich darauf einlasse, Kontakt aufzunehmen?
- Welchen Nutzen könnte ich daraus ziehen?
- Welches Risiko könnte ich dabei eingehen?
- Welches Risiko könnte ich eingehen, wenn ich mich nicht darauf einlasse?
- Wie wird der/die Andere vermutlich reagieren beziehungsweise was führt er/sie im Schilde?
- Was wird mein Umfeld davon halten, wenn ich Kontakt aufnehme?

- Welche Folgen oder Verpflichtungen könnten sich aus dem Kontakt ergeben?
- Welche Erfahrungen habe ich bislang in ähnlichen Situationen gemacht?
- Lohnt es sich wirklich, oder sollte ich lieber noch zuwarten?

Die Erkenntnisse aus dieser Abwägung könnten zusammen mit der menschlichen Neigung, die Komfortzone des aktuellen Status quo nicht zu verlassen, dazu führen, das eigentliche Vorhaben noch in letzter Minute zu stoppen oder zumindest zu verzögern.

Phase 3: Erste persönliche Kontaktaufnahme – reden allein genügt nicht ...

Prinzipiell geht es darum, unvoreingenommen und ohne Vorbedingungen die Interessen des Anderen erkennen und verstehen zu wollen. Findet der Kontakt aber tatsächlich statt, werden beide Seiten unter dem skizzierten Schutzschild von eigenen Erfahrungen, Empfehlungen anderer Menschen und vorsichtiger eigener Erwartungshaltung einander mehr oder weniger behutsam begegnen.

Der erste Eindruck »Man erhält nie eine zweite Chance, einen ersten Eindruck zu machen«, lautet ein beliebtes englisches Sprichwort. Für das Gelingen der Begegnung ist entscheidend, einen ersten Eindruck zu vermitteln und eine Atmosphäre zu erzeugen, die zur entspannten Kontaktaufnahme einlädt sowie Ängste und Unsicherheiten abbaut. Es ist zwar wichtig, die richtigen Worte zu finden, um den Kontakt aufzunehmen. Wie beim Rollenspiel im Theater ist aber nicht nur der Inhalt der Worte entscheidend, sondern auch Haltung, Mimik, Gestik, Tonfall und Aufmachung. Umso wichtiger ist es, nonverbale Signale und Körpersprache, die den ersten Eindruck ausmachen, bewusst zu gestalten:

- ein freundliches Gesicht machen,
- den Anderen direkt anschauen und den Blickkontakt halten,
- eine aufrechte Haltung bewahren, die Souveränität und Zuversicht ausstrahlt,
- nahbar wirken,
- durch Gestik, Haltung und Ausstrahlung den Wunsch klar zum Ausdruck bringen, dem Anderen begegnen zu wollen,
- auf den Anderen zugehen, wenn er verschlossen oder unsicher wirkt oder Desinteresse zeigt; aufmunternde Signale senden – aber ohne aufdringlich zu sein.

Solch komplexe Situationen in sinnvoller Weise zu beeinflussen und möglichst erfolgversprechend zu gestalten, ist ohne Einfühlungsvermögen, ohne emotionales Verstehen kaum möglich. Auch wer Einfluss auf Andere – also Macht – gewinnen möchte, etwa um Anliegen, Vorhaben oder Interessen gemeinsam, solidarisch und kooperierend durchzusetzen, bedarf der Fähigkeit, sich auf die Bedürfnisse und Befindlichkeit der betroffenen Anderen einzustellen.

Das Gefühl der Unsicherheit in einer Anfangssituation ist zwar verständlich und gut nachvollziehbar. Aber diese Unsicherheit ist nicht selten durch Argwohn oder auch Unterstellungen überlagert. Man ist nicht nur auf der Hut, sondern voreingenommen. Sucht man in dieser Stimmungslage den Kontakt, läuft man Gefahr, das Gelände nicht objektiv und vorurteilsfrei zu erkunden. Man neigt dazu, alles, was irgendwie bedrohlich sein könnte, zu überschätzen und Aspekte, die gegebenenfalls einen Anknüpfungspunkt für Gemeinsamkeiten darstellen könnten, zu übersehen.

Auch von der entgegengesetzten emotionalen Seite her kann Gefahr drohen: Ausgeprägter Optimismus bis hin zu Begeisterung und ein Übermaß an Vertrauensvorschuss sind genauso riskant. Begeisterung trübt den Blick. Ein Übermaß an Vertrauen macht leichtsinnig – man verliert dabei die Bodenhaftung.

Ein gediegenes Maß an Reflexionsfähigkeit kann helfen, sowohl zu viel Argwohn als auch zu viel Naivität zu verhindern und beide Aspekte vor der persönlichen Kontaktaufnahme auf ein angemessenes Maß einzugrenzen.

Beim Gegenüber Ähnlichkeiten ausfindig machen Beide Seiten benötigen erste tastende Schritte, um Erfahrungen zu sammeln. Dabei helfen Zwischenkonstrukte, die das jeweils andere Neue vertrauter machen und dadurch die Fremdheit relativieren – zum Beispiel Analogien aus der eigenen Vergangenheit, die dazu ermutigen, erste Kontakte aufzunehmen; ähnliche Situationen, in denen es gelungen ist, entsprechende Herausforderungen zu meistern; in denen es geglückt ist, innere Widerstände zu überwinden; in denen eine Handlung weit weniger Aufwand erfordert hat als am Anfang befürchtet. Beiden Seiten sollte es gelingen, im fremden Gegenüber Vertrautes zu entdecken beziehungsweise zu vermuten und sich zu trauen, diese vertrauten Annahmen als Sicherheitsanker zu erproben.

Wir sollten allerdings nicht der Verlockung erliegen, das neue Unbekannte durchgängig unter dem alten Blickwinkel zu betrachten. Uns auf das andere Neue einzulassen und neue, andersartige Überlebens- und Gestaltungsmuster zu (er-)finden, erfordert eine neue Brille und neue Perspektiven.

Vertrautheit schaffen Bei diesem Schritt geht es darum, ein ausreichendes Maß an sinnlich wahrnehmbarer emotionaler Zuwendung zu investieren. Es mag banal klingen, aber hier helfen zum Beispiel Begrüßungsrituale, die der Kultur des Partners entsprechen, und Zeit für Small Talk. Wichtig ist, den Kontakt nicht einfach nur verbal aufzunehmen, sondern gegebenenfalls durch kurze private Episoden anzureichern und aufzulockern, eventuell auch mit Bildern der eigenen Familie und vom eigenen Zuhause. Je härter die anstehenden Auseinandersetzungen zu werden drohen, umso stabiler muss die emotionale Basis sein, die durch herzliche gegenseitige Begrüßung und zugewandte erste informelle Begegnung geschaffen werden kann. Die ersten Signale vermitteln automatisch eine »Fundamentalbotschaft«[2], mit der die Beteiligten sich selbst die genannten Fragen beantworten, die jeden in dieser ersten Phase der Begegnung beschäftigen.

Die Sprache des Anderen verstehen und genau erkunden Menschen verständigen sich miteinander oder sind im Glauben, dass sie dieses tun, indem sie die gleichen Begriffe verwenden, zum Beispiel lieben, hassen, erwarten, befürchten, Energie, Kompetenz, Trauer, Enttäuschung, Erfolg, Misserfolg, Engagement, Führung, Wertschätzung, Kommunikation. Konkretisiert man solche Schlagworte, kann man schon im engsten Bekanntenkreis sein blaues Wunder erleben: Die Bedeutungen und Bewertungen, die mit den einzelnen Begriffen verbunden werden, können sehr unterschiedlich sein. Wie groß sind möglicherweise dann erst die Unterschiede in unterschiedlichen Berufen oder gar in verschiedenen interkulturellen und internationalen Kontexten?

Fazit: Es hilft nur, immer wieder nachzufragen, um konkrete Beispiele zu bitten und selbst solche zu geben, anstatt davon auszugehen, man habe anhand des Begriffes schon verstanden, was wirklich gemeint ist.

Heimat bieten Ein erfolgversprechender Dialog benötigt einen geeigneten Rahmen – unter anderem einen geeigneten Ort. Dieser Ort muss so etwas wie Heimat bieten. Heimat wird dort empfunden, wo man sich aufgehoben, »zu Hause« und deshalb willkommen fühlt. Neben den bereits besprochenen Elementen können unter anderem bestimmte Ausstattungen, Farben, Gerüche, Rituale oder Symbole eine wesentliche Rolle spielen. Alle Sinne sind gefragt. Wer sich nicht ausreichend willkommen, zu Hause und entsprechend angenommen fühlt, wird sich nicht entspannt verhalten können.

Phase 4: Die Begegnungen im weiteren Verlauf

Der weitere Verlauf der Begegnungen hängt davon ab, wie die beteiligten Parteien ihre Verbindung mittlerweile emotional erleben. Findet man emotional nicht zueinander, wird der persönliche Kontakt relativ schnell beendet. Oder man hält zur Gesichtswahrung einen Scheindialog aufrecht, trifft »grundsätzliche« Vereinbarungen, bei denen beide Parteien wissen, was sie davon zu halten haben … Aber immerhin: Solange der Gesprächsfaden nicht völlig abreißt und vollständige Sprachlosigkeit eintritt, besteht eine gewisse Chance, bei günstiger Gelegenheit erneut einen Versuch zu wagen.

Gelingt ein emotionales Verstehen, dient dieses zunächst als vorläufiges Fundament, das wir bereits als sozialen Kitt und Notbehelf für noch fehlende Strukturen und klare Spielregeln beschrieben haben. Auf dieser Basis kann das automatische Wechselspiel von Steuerung durch Emotionen und Steuerung durch Erkenntnisse und Einsicht in Kraft treten, in dem jetzt die Vernunft eine stärkere Rolle übernehmen kann. Man wagt, sich an den Anderen näher heranzutasten, versucht, ihn kennen zu lernen, Einsicht darüber zu gewinnen, was er wirklich will, welche Interessen tatsächlich im Spiel sind, wie er die Dinge beurteilt, wie das alles zu den eigenen Vorstellungen und Interessen passt – und unter welchen Bedingungen ein anderes Zusammenspiel möglich wäre.

Phase 5: Langfristig betrachtet ...

Die emotionale persönliche Beziehung und die emotionale Bewertung der rationalen Themen stehen mit der Zeit im gelingenden Kontakt zwar nicht mehr im Mittelpunkt, spielen aber unterschwellig stets eine Rolle. Treten größere Missverständnisse auf, die auf rationaler Ebene nicht behoben werden können, wird die emotionale Beziehung in ihrer Rolle als Behelfsbrücke schnell wieder reaktiviert. Ist diese Brücke nicht stark genug, kann der Kontakt insgesamt auseinanderbrechen – und alles, was bislang erreicht wurde, im Nachhinein völlig entwertet werden.

Stabiles Selbstwertgefühl der Beteiligten

Emotionale Zuwendung allein genügt nicht, um eine tragfähige Basis für Zusammenarbeit herzustellen. Alle beteiligten Partner benötigen ein persönliches Fundament, das dem einen ermöglicht, die emotionale Vorleistung zu erbringen, und dem Adressaten, dem emotionalen Angebot zu trauen.

Hilft der eine Partner in guter Absicht dem anderen, der ohne Gegenleistung diese Hilfe nur dankbar annehmen kann, entsteht ein riskantes Ungleichgewicht. Ein belastbares Fundament für Zusammenarbeit erfordert auf beiden Seiten Selbstbewusstsein und ein Selbstwertgefühl. Auch derjenige, der zunächst empfängt, benötigt im Hinblick auf die weitere Entwicklung das Gefühl, selbst einen relevanten Beitrag liefern zu können. Eine rein emotional inszenierte Willkommenskultur ist wie ein Strohfeuer: Es kündigt zwar Wärme an, kann diese aber auf Dauer nicht liefern.

Wer ein neues, ihm nicht vertrautes Gelände betritt, ob Flüchtling oder Zuwanderer, wird zunächst auf der Hut sein. Er weiß nicht, was er in dieser neuen Welt gilt. Er kennt zunächst die Bedingungen der Aufnahme nicht und weiß folglich nicht, inwieweit er diesen genügen kann oder auch will. Sogenannte Integrationsprogramme fordern oft einseitige Anpassung oder gar Unterwerfung. Sie errichten ein eindeutiges Zwei-Klassen-System, in dem die einen (die Spender) oben, die anderen (die Empfänger) unten sind. Verlangt wird vom Empfänger zumindest Anerkennung und Dankbarkeit. Als vorübergehende Eintrittskarte mag das noch akzeptabel sein. Die meisten derartigen Programme zementieren aber eine dauerhafte innere Abhängigkeit. Zuwanderer und Flüchtlinge sollen nie vergessen, wo sie herkommen – und was für sie investiert wurde. Die Neuen benötigen aber einen inneren Anker, an dem sie sich emotional festhalten können.

Ähnlich geht es Kindern oder Jugendlichen, die sich in ihrem Wesen und Verhalten nicht ernst genommen fühlen. Sie werden immer nach einem Menschen, einer Gruppe oder einer Organisation suchen, wo sie ohne Einschränkung als willkommener Partner oder Mitglied akzeptiert werden. Nur wenn das Grundbedürfnis nach einem stabilen Selbstwertgefühl befriedigt ist, kann die Beziehung auch belastet werden.

Die neuen Medien bieten mittlerweile zahlreiche maßgeschneiderte Möglichkeiten für Menschen, Gruppierungen und Organisationen, diesen Anforderungen auch ohne unmittelbaren körperlichen Kontakt gerecht zu werden,

130

etwa durch Angebote, einer ausgewählten Online-Gruppierung oder elitären Plattform beizutreten oder einen exklusiven YouTube-Kanal zu gründen.

Kommunikation als Dialog

Wir werden uns hier auf einige wesentliche Aspekte konzentrieren, die den Kern des dritten Brückenpfeilers ausmachen.

Kommunikation ist etwas substanziell anderes als Information[3] Kommunikation wird häufig mit Information gleichgesetzt. Auf diesem Hintergrund basiert auch der naive Dreisprung, der nicht selten in streng hierarchisch organisierten Unternehmen zu beobachten ist, wenn es um Führen in Zeiten der Veränderung geht:

- *Konzipieren:* Der obere Leitungskreis entwickelt mit Unterstützung von Beratern das Konzept.
- *Kaskadieren:* Das Konzept wird auf die niederen hierarchischen Schichten »heruntergebrochen«.
- *Exekutieren:* Und jetzt muss es »nur noch« umgesetzt werden.

Information ist ein einseitiger Prozess: Der Sender übermittelt eine Botschaft und ist davon überzeugt, damit seine Aufgabe erledigt zu haben. Er rechnet mit Adressaten, die wie offene Trichter immer aufnahmebereit sind. Der Sender weiß aber nicht, ob seine Botschaft bei den Adressaten tatsächlich angekommen ist und was sie dort bewirkt. Er kann es auch gar nicht wissen, solange die Adressaten in dieses Geschehen nicht aktiv einbezogen sind.

Bei genauerer Betrachtung ist das genaue Gegenteil der Fall: Die Adressaten gleichen einem umgedrehten Trichter mit schmalem Einlassstutzen. Diesen muss man erst einmal treffen, um die Chance zu haben, in den Trichter hineinzukommen. Alles andere prallt ab. Der Einlassstutzen ist aber zusätzlich mit drei Filtern versehen:

- persönliche Vorerfahrung des Empfängers,
- Glaubwürdigkeit des Senders,
- aktuelle Bedürfnislage des Empfängers.

Was von der Botschaft tatsächlich ankommt, können wir nur erahnen oder raten. Erst durch ehrliches Feedback vonseiten des Empfängers können wir erkennen, was tatsächlich angekommen ist und was die Mitteilung beim Empfänger wirklich ausgelöst hat (Abbildung 6).

Und genau darin unterscheidet sich Kommunikation von Information: Kommunikation ist ein zweiseitiges Geschehen. Nicht nur der Sender agiert, indem er eine Botschaft abschickt, sondern auch der Empfänger handelt, indem er darüber informiert, wie diese Botschaft bei ihm angekommen ist und was sie bei ihm auslöst. Kommunikation bedeutet, eine gemeinsame Sichtweise herzustellen. Das heißt nicht, dass beide Seiten inhaltlich übereinstimmen müssen. Beide wissen nach diesem Austausch allerdings, wo sie miteinander dran sind. Und genau das ist eine Grundvoraussetzung für gemeinsames Handeln.

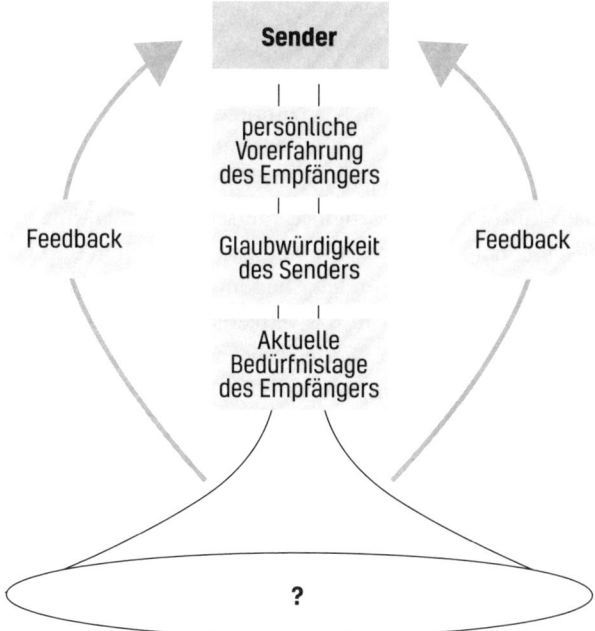

Abbildung 6: Der umgedrehte Trichter mit drei Filtern

Echte Kommunikation ist ergebnisoffen Das Ziel echter Kommunikation besteht nicht darin, den Anderen von der eigenen Meinung zu überzeugen. Es geht vielmehr darum, den Anderen und das Andere unvoreingenommen zu verstehen – und sich selbst auch transparent zu machen. Das Ergebnis ist offen: füreinander, miteinander, nebeneinander oder gegeneinander.

Es ist natürlich viel leichter, mit gleichgesinnten Menschen zusammenzuarbeiten – Menschen mit derselben Mentalität und denselben Werten. Doch es wird immer

Situationen geben, wo nicht alle einer Meinung sind. Einseitige Diskussionen, bei der Fragen nur aus einer einzigen Perspektive beleuchtet werden, sind ungesund. Entscheidend ist, Gegenstimmen anzuhören und bei der Suche nach Lösungen verschiedene Meinungen in Betracht zu ziehen. In Kontexten jeder Art, seien es kommerzielle, soziale, kulturelle oder religiöse, müssen Menschen mit unterschiedlichem Hintergrund zusammenarbeiten und Lösungen für Probleme finden. Die Kunst, solche Situationen zu steuern, besteht darin, das Verhalten der Menschen, ihre Denkweisen und ihre Werte zu begreifen. Dialog und offene Kommunikation sind die einzige Möglichkeit, sich gegenseitig zu verstehen, zu respektieren, zu tolerieren und – ganz entscheidend – das Beste aus dem Anderen herauszuholen.

Die Adressaten wird nur erreichen, wer ihre Sprache spricht Warum sind Boulevard-Zeitschriften so erfolgreich? Antwort: Sie sprechen genau die Sprache, die ihre Leser sprechen. Sie verwenden genau die Bilder, in denen ihre Leser die Welt finden, in der sie sich zu Hause fühlen. Viele Präsentationen mit wunderschönen mehrfarbigen Foliensätzen, zahlreiche große Plakate mit erlesenen Texten, diverse hochgepriesene kulturelle TV-Programme gehen an den erhofften Adressaten völlig vorbei: Sie werden von Menschen hergestellt, die in einem gänzlich anderen Milieu leben, die eine andere Sprache sprechen und nicht bereit oder auch nicht fähig sind, sich auf die anvisierte Zielgruppe einzustellen.

Amazon-Gründer, CEO und Großaktionär Jeff Bezos mag keine PowerPoint-Präsentationen.[4] Er verlangt von seinen Führungskräften, dass sie ihre Präsentationen in Form von Geschichten und in ganzen Sätzen zum Ausdruck bringen. Es geht ihm vor allem darum, sich in seinen Gedanken zu disziplinieren und aufs Wichtige zu fokussieren – und dies in der normalen Umgangssprache. Geschichten oder Anekdoten bleiben besser in Erinnerung als dürre Zahlen; sie inspirieren und rufen zudem bei Menschen mehr emotionale Reaktionen hervor.

Wer erfolgreich kommunizieren will, muss die Einstellung des Gegenübers erkunden Jeder hat seinen persönlichen Standpunkt, der in seiner eigenen Welt gründet. Wollen Menschen ein gemeinsames Ziel erreichen, müssen zwar alle zum gleichen Zielpunkt aufbrechen, aber sie kommen aus unterschiedlichen Welten, starten von unterschiedlichen Ausgangspunkten und benutzen unterschiedliche Wege. Viele Kontakte gelingen nicht, weil die Partner oder Kontrahenten aneinander vorbeireden. Sie machen sich nicht die Mühe, sorgfältig zu erkunden, wo genau sich der Andere mit seinen Gedanken, Meinungen, Erwartungen, Bedürfnissen, Interessen und Gefühlen mental befindet. Sie verhalten sich wie ein Pilot, der landet, ohne die Landebahn zu kennen. Der Crash ist vorprogrammiert.

Je genauer wir uns kundig machen, wo und wie wir den Anderen erreichen, wo wir ihn sozusagen abholen können – und genau das ist ein wesentlicher Bestandteil von Verstehen –, umso passender können wir ihm als Partner begegnen und ihm Kooperationsangebote machen oder auch ihn als Konkurrent oder Gegner einordnen und uns mit ihm durch gezielte Irritationen und Konfrontationen auseinandersetzen. Auf der Basis unserer Erkundung können wir unsere Botschaft und unsere Reaktion von der Gedankenwelt, Sprache und Befindlichkeit des Adressaten her formulieren.

Vorstände setzen sich üblicherweise aus Menschen zusammen, die in verschiedenen Sektoren und Berufen tätig sind. Der Erfolg eines Vorstands hängt stets davon ab, wie seine Mitglieder miteinander kommunizieren, ob sie sich gegenseitig zuhören und verstehen und sich insbesondere respektieren, auch wenn sie sich einmal uneinig sind. Es geht nicht darum, immer einer Meinung zu sein, sondern darum, eine andere Sichtweise zu verstehen. Das Ziel: neue Herangehensweisen erschließen und Probleme aus verschiedenen Perspektiven betrachten. Wichtig ist auch, Entscheidungen zu überdenken, wenn jemand anderes einen besseren Vorschlag hat. Eine offene Kommunikation bildet die Grundlage jeder erfolgreichen Zusammenarbeit.

Überzeugende Anker, um in der Informationsflut nicht unterzugehen Worte dienen nicht immer dazu, ehrliche Botschaften zu vermitteln, sondern sollen häufig eher verschleiern, worum es eigentlich geht. Man kann mit vielen Worten nichts sagen. Manchmal scheint es politisch klug, sich so zu positionieren, dass keine klare Position erkennbar ist. Zum Beispiel bedeutet »Ja, aber … grundsätzlich … im Prinzip … eigentlich« eine bedingte Zustimmung, die einer verdeckten Ablehnung gleichkommt. Die Einschränkung ermöglicht jederzeit einen taktisch notwendigen Schwenk in die jeweils genau entgegengesetzte Richtung. Das Ziel: sich immer eine Hintertüre offen lassen. So manches politische Kommuniqué spricht Bände. Aber Sprache ist verräterisch: Sie ist »die Kleidung der Gedanken«, wie es einst der englische Gelehrte und Schriftsteller Samuel Johnson formulierte.

Um in der allgemeinen Informationsflut nicht unterzugehen, kann es hilfreich sein, Anker zu schaffen: Bilder, Beispiele, ein Slogan, ein Symbol, eine Geschichte oder auch eine Identifikationsfigur – etwas, woran sich die Botschaft unverwechselbar befestigen lässt.

Lücken werden mit Unterstellungen gefüllt Der amerikanische Psychologe Paul Watzlawick hat in Bezug auf zwischenmenschliche Kommunikation formuliert: »Man kann nicht nicht kommunizieren.« Der anvisierte Empfänger wird jede Lücke an erhoffter oder erwarteter Information durch persönliche Vermutungen und Fantasien ersetzen. Dies kann ausgedehnt werden auf alle Situationen, in denen Menschen sich in irgendeiner Weise emotional betroffen fühlen: Wer sich nicht rechtzeitig oder nach eigenem Anspruch nicht ausreichend oder auch überhaupt nicht informiert fühlt, macht sich selbst ein Bild davon, was man mit ihm vorhat oder von ihm will, was man von ihm hält, wer hinter allem steckt und welche Gesinnung er hat. Und eines ist klar: Unterstellungen sind in aller Regel deutlich heikler als das, was man dem Betroffenen hätte mitteilen und gegebenenfalls zumuten müssen. Wer diesem Prozess nicht Vorschub leisten will, dem bleibt nur eine Alternative: rechtzeitig und glaubwürdig einen Prozess der Verständigung gestalten.

Kommunikation signalisiert immer auch Interesse und Wertschätzung Unabhängig von der inhaltlichen Aussage vermittelt die Kommunikation immer auch eine übergreifende Botschaft, nämlich über die grundsätzliche Einstellung dem Adressaten gegenüber. Das allein schon ist für jede Beziehung, ob im privaten oder beruflichen Bereich, von großem Wert, vor allem im Hinblick darauf, dass diese Beziehung vielleicht später einmal stärkeren Belastungen ausgesetzt sein könnte. Da kann eine Präsentation noch so brillant, eine Ansprache noch so geschliffen, ein persönlicher Kontakt noch so geschmeidig sein – entscheidend für die Wirksamkeit wird sein, welche »Fundamentalbotschaft«[5] verbal und nonverbal vermittelt wird: Ist einem jemand im Grunde gut oder böse gesinnt? Welche Absicht steckt wirklich hinter der Botschaft beziehungsweise lässt sich dahinter vermuten?

Kapitel 7

DER KONTROLLIERTE DIALOG – EINE HERAUSFORDERNDE ÜBUNG

Der kontrollierte Dialog ist eine Übung aus der Gruppendynamik. Sie verdeutlicht, warum es so schwierig ist, sich in heißen Diskussionen wirklich miteinander zu verständigen – und wie dies dennoch gelingen kann.

Viele sogenannte Dialoge scheitern. Sie scheitern daran, dass sich beide Seiten in erster Linie gegenseitig ihre Welt erklären, sich verteidigen, im wahrsten Sinn des Wortes sich gegenseitig »be-sprechen«. Beide Seiten sind ununterbrochen auf Sendung, wollen den Anderen überzeugen, kämpfen um Aufmerksamkeit für die eigene Argumentation. Auf Empfang schalten und zuhören ist zwar offiziell erwünscht, wird aber nicht ernsthaft praktiziert. Man könnte durch konzentriertes Zuhören ja schließlich den eigenen Argumentationsfaden verlieren. Also ist man zwar still, wenn der Andere redet, bleibt aber innerlich auf Sendung und bereitet sich auf die nächste eigene Replik vor. Während der Andere noch spricht, überlegt man bereits, wie man seine Argumente aushebeln und die eigenen nochmals schärfen kann.

Wer gut beobachtet, kann diesen Zustand des vorgetäuschten Zuhörens, der äußerlichen Ruhe bei innerlichem Sendungswillen, anhand eindeutiger nonverbaler Signale feststellen, zum Beispiel an einer angespannten oder betont lässigen Sitzhaltung, einem »sprechenden« Gesicht (Stirnrunzeln, Hochziehen der Augenbrauen) oder einer Ungeduld signalisierenden Gestik (mit den Händen oder Füßen). Der sogenannte Dialog wird als kämpferische Auseinandersetzung geführt nach dem Motto »Einer wird gewinnen«. Grundhaltung: hoch angespannt, immer auf dem Sprung, immer bereit, mit scharfer Argumentationsklinge zuzuschlagen. Oder, locker und lässig zurückgelehnt, durch seine Haltung überheblich signalisierend: »Du kannst dir deine Argumente alle sparen, denn ich habe auf jeden Fall recht.«

Echter Dialog mit dem Ziel, den Anderen zu verstehen und sich mit ihm zu verständigen, ist eine große Herausforderung. Er kann nur funktionieren, wenn das Grundmuster gewechselt wird: Nicht nur konzentriert reden, erklären, verteidigen, also senden, sondern mit gleicher Konzentration zuhören, erkunden, versuchen zu verstehen, bei Bedarf nachfragen. Eben nicht nur ruhig sein und nicht sprechen, sondern zuhören in einer Haltung, die von echtem Interesse, Achtsamkeit und Gelassenheit geprägt ist.

Sie wollen es genauer wissen? Dann machen Sie doch die Probe aufs Exempel:

Der kontrollierte Dialog
Stellen Sie sich vor, Sie hätten den Auftrag, einen echten Dialog zu einem »heißen« Thema zu führen. Dabei müssten folgende Regeln eingehalten werden:

Phase 1:
Teilnehmer A fängt an und darf nicht unterbrochen werden.
Teilnehmer B darf zunächst »nur« zuhören.
Bevor B seine eigene Meinung vortragen darf, muss er zunächst alles wiederholen, was A gesagt hat. Dabei darf A keine Hilfestellung geben.
Gelingt die Wiederholung nicht, muss A nochmals von vorne beginnen.

Phase 2:
Erst wenn A bestätigt, dass alles so wiederholt wurde, wie er es gesagt und gemeint hat, darf B seine Aussage machen.
Jetzt gilt die gleiche Regel für A – zunächst wiederholen, bestätigen lassen und dann erst wieder mit der eigenen Meinung einsteigen.

Phase 3/4/5 und so weiter:
nach dem gleichen Modell

Das alles kann unter der Beobachtung einer neutralen dritten Person stattfinden, die dafür sorgt, dass die Regeln eingehalten werden.

Sie können dieses Modell Menschen empfehlen, denen es Ihrer Meinung nach weiterhelfen würde. Sie können es auch gerne einmal selbst ausprobieren. In der Reflexion werden Sie erkennen, ob Sie tatsächlich imstande sind, dem Gesprächspartner und seiner Meinung Ihre Aufmerksamkeit zu schenken – oder ob Sie, statt konzentriert zuzuhören, innerlich immer wieder an ihren Gegenargumenten feilen. Zudem kann Ihnen bewusst werden, wie stark und unverblümt Sie bereits in ihrer Wiederholung der Aussage des Anderen Ihre persönliche (gegensätzliche) Meinung durch entsprechende Betonungen oder Mimik zum Ausdruck bringen. Sie werden eventuell auch entdecken, wie schwer es Ihnen fällt, sich so klar und knapp auszudrücken, dass der Andere gut folgen kann und nicht von der Flut Ihrer Argumente erschlagen wird. Insgesamt eine schwierige Übung, die Sie jederzeit auch in Ihrer Alltagspraxis beherzigen können.

An einem gruppendynamischen Training nahm einmal ein Professor der Pastoraltheologie teil. Der Schwerpunkt seiner beruflichen Tätigkeit liegt nicht in der wissenschaftlichen Forschung. Er soll vielmehr seinen Studenten vermitteln, wie die Glaubenslehre in die alltägliche christliche Lebenspraxis umgesetzt werden kann. Am kontrollierten Dialog scheiterte er völlig. Es war ihm kaum möglich, sich auf seinen Dialogpartner und dessen Aussagen zu konzentrieren. Er hörte innerlich niemals auf zu predigen.

Diese persönliche Erfahrung erschütterte ihn tief. Seine bedrückte Aussage: »Wie soll ich meinen Studenten nur beibringen, mit ihren Klienten eine Beziehung aufzubauen, die es ihnen ermöglicht, deren Fragen und Probleme zu erkennen, um dann gemeinsam Lösungen zu finden, wo ich doch selbst nicht in der Lage bin, mich wirklich auf Andere einzulassen?« Da half nur Zuversicht auf der Basis der Maxime: Selbsterkenntnis ist der erste Weg zur Besserung …

Kapitel 8

EIN GEMEINSAMER AUSSENFEIND – EMOTIONALER SCHNELLKLEBER

Veränderungen haben dann eine echte Chance zu gelingen, wenn die von ihnen Betroffenen ihren Sinn erkennen und auch bereit sind, sich voll mit einzubringen. Die für diesen Prozess erforderliche Zeit steht allerdings nicht immer in ausreichendem Maße zur Verfügung. Was tun? Ein bewährtes und daher auch beliebtes Mittel, um auch Vertreter sehr verschiedener Interessen zu einem raschen Zusammenschluss zu drängen, besteht darin, eine Bedrohung von außen zu (er-)finden und sich gegen diese Gefahr emotional zu verbünden.

Wer unterschiedliche Menschen, Gruppen oder Organisationen dazu bewegen will, miteinander in einen intensiven Austausch zu treten, um den Grundstock für eine engere Zusammenarbeit im Hinblick auf Zukunftsfähigkeit zu legen, steht oft vor einer zeitaufwendigen Aufgabe. Die Beteiligten müssen ihre Interessen gegenseitig verstehen wollen und ernst nehmen. Sie müssen Argumente in Bezug auf das Für und Wider eines möglichen Zusammenspiels austauschen und geeignete Formen finden und erproben – vor allem im Hinblick darauf, ob dabei die unterschiedlichen Interessen aller Beteiligten ausreichend berücksichtigt sind. Das kostet Zeit, vielleicht sehr viel Zeit. Was tun?

Eine gängige Allzweckwaffe, um schnelle Zusammenschlüsse zu bewirken, ist die Einführung eines gemeinsamen äußeren Feinds. Das Ziel: inhaltliche Auseinandersetzungen reduzieren oder von ihnen ablenken, einen regelrechten Energieschub bewirken, in außergewöhnlich schneller Zeit ein hochgestecktes Ziel erreichen. Der Außenfeind kann in Politik und Wirtschaft eine andere Volksgruppe oder eine Partei sein. Im Geschäftsleben bietet sich hierfür ein Konkurrent oder eine bestimmte Behörde an. Im Sport wiederum kann es ein starker Wettbewerber sein.

Ein emotionales Zweckbündnis ist allerdings eine labile Koalition auf Zeit. Häufig hält es nur so lange, wie der kollektive Zweck erfüllt wird, das heißt so lange, wie sich die beteiligten Parteien vom gemeinsamen Feind bedroht fühlen. Sobald die äußere Bedrohung nachlässt, können die alten Abgrenzungen wieder akut werden, Revierkämpfe wieder aufbrechen. Manche pflegen die Hoffnung, dass sich aus einem Zweckbündnis mit der Zeit durch die Macht der Gewohnheit ein stabiles Verhältnis entwickelt, auch wenn sein ursprünglicher Zweck entfallen ist. Das mag zwar so eintreten. Aber nachhaltiger handelt, wer die durch den emotionalen Schnellschuss gewonnene Zeit nutzt, um ausreichend rationale und/oder emotionale Beweggründe zu finden, auch ohne gemeinsamen Außenfeind mit Anderen zu kooperieren.

Besonders relevant ist dieser Prozess, wenn tiefgreifende Andersheiten im Spiel sind. Wie er gelingen kann, haben wir eingehend in Kapitel 6 »Eine Beziehung aufbauen – eine Brücke mit drei Pfeilern« beschrieben.

Bis vor einigen Monaten galt Obiges uneingeschränkt, doch dann schlug die Bombe namens Coronavirus ein. Nun gibt es einen neuen Außenfeind, dem sich niemand entziehen kann. Politik, Wirtschaft und Gesellschaft – alle sind gezwungen, sich damit auseinanderzusetzen, um die eigene Zukunft, das Überleben, zu sichern. Niemand kann wissen, wie lange und auf welche Weise sich die neue Bedrohung auswirkt. Wie die Kernfrage – agieren wir füreinander, miteinander, nebeneinander oder gegeneinander? – weltweit beantwortet wird, kann gegenwärtig zwar von allen beobachtet, aber nicht gesteuert werden. Wir sind dem Außenfeind »Coronavirus« ausgeliefert und gleichzeitig auch den anderen von ihm Betroffenen – und das sind alle Menschen.

Der amerikanische Organisationswissenschaftler Edgar H. Schein hat schon vor Jahren in seinem Buch *Organizational Culture and Leadership* gezeigt, dass in Veränderungsprojekten vor allem zwei Formen der Angst auftreten: Existenzangst und Lernangst.[1] Im Unterschied zu derartigen Projekten, in denen Angst als Folge von geplanten Veränderungen ausgelöst wird, ist das Coronavirus ein ungewollter Katalysator: Es löst beide Formen von Ängsten aus – und zwingt zu Veränderungen. Die dazu notwendige Energie muss nicht mühevoll und mithilfe aller möglichen Maßnahmen und Tricks erzeugt werden, sondern sie hat eine unerschöpfliche Quelle: Es geht ums Überleben. In Kapitel II beschreiben wir die Prozesse, die in der aktuellen Corona-Krise zu beobachten sind, im Detail – und zeigen vor allem auf, was wir daraus lernen könnten.

Unabhängig davon gibt es noch einen weiteren Aspekt, den wir berücksichtigen können. 1979 stellten die Psychologen Daniel Kahneman und Amos Tversky im Rahmen von Forschungsarbeiten fest, dass Menschen eher Verluste befürchten als Gewinne begrüßen.[2] Der Wunsch, mögliche Verluste, die in der Corona-Krise zweifellos drohen, zu vermeiden, könnte so zum Antrieb werden, anstehende Veränderungen mitzugestalten – auch wenn diese selbst mit Verlusten verbunden sein könnten.

Kapitel 9

(LEIT-)KULTUR – EIN GEMEINSAMES FUNDAMENT FÜR ANDERSHEITEN?

Im Unterschied zum Schnellkleber »Außenfeind«, der Menschen rasch zusammenbringen kann, ist die Entwicklung einer Kultur eine längerfristige Angelegenheit. Aus der Geschichte können wir lernen, wie lange zum Beispiel Volkskulturen benötigen, um sich zu einer gewissen Reife zu entwickeln, wie hartnäckig die einzelnen verschiedenartigen Gruppierungen manchmal über Jahrhunderte hinweg bestehen und wie aufwendig es sein kann, eine Kultur wirklich zu verändern. Es sei denn, eine neue Kultur wird angeordnet und durch zweckgerichtete Verhaltensregeln konsequent aufrechterhalten.[1]

Kulturen dienen immer einem bestimmten Zweck

Politische, wirtschaftliche oder religiöse Kulturen dienen dazu, Menschen auf ein bestimmtes Verhalten und eine bestimmte Haltung in Bezug auf Themen, Interessen oder Situationen auszurichten. Doch wer profitiert davon? In erster Linie die Initiatoren oder die jeweiligen Anführer beziehungsweise Führungskräfte. Insofern sind Kulturen kein Wert an sich. Kulturen können helfen, erfolgreich zu überleben, sie können aber auch unterdrücken und ausbeuten. Das Spektrum ist breit: Es gab und gibt nach wie vor politische Kulturen, die Diktatoren zur Macht verhelfen und an der Macht halten. Es gab und gibt nach wie vor Unternehmenskulturen, ob in der Pharmabranche, der Automobilwelt oder der Start-up-Szene im Silicon Valley, die unter dem Deckmantel hehrer gesellschaftlicher Werte den einzigen Zweck verfolgen, lukrative Geschäfte zu machen. Es gab und gibt weiterhin religiöse und religionsähnliche Kulturen, die an die ganze Welt und insbesondere an ihre Mitglieder hohe moralische Ansprüche stellen, dadurch die Mitglieder eng an sich binden, selbst aber nicht selten ihren definierten Ansprüchen in keiner Weise gerecht werden.

Kulturen können stark einengen. Sie können auch zu Druck- und Betäubungsmitteln werden. Und es gibt nicht wenige Kulturen, deren Werte von vornherein lediglich als Absichtserklärung auf dem Papier stehen, ohne jede ernsthafte Intention, diese in die Praxis umzusetzen.

Kultur in Zeiten von Andersheiten

Uns interessiert jedoch vor allem folgende Frage: Wie muss eine Kultur beschaffen sein und wie kann sie so entwickelt werden, dass sie tatsächlich als kollektives Band wirkt, das verschiedenartige Organisationen und Menschen gemeinsam zukunftsfähig macht – und das in einer Welt, die auf Dauer von Instabilität, Überraschungen, radikaler Unsicherheit und einer wachsenden Vielfalt von Andersheiten geprägt sein wird? Kann es überhaupt eine Kultur geben, die für Vielfalt und Andersheiten offen ist und offen bleibt?

Wir haben eingangs skizziert, dass das generelle Umfeld, in dem wir uns bewegen und behaupten müssen, uns immer stärker abverlangt, unsere selbsterrichtete Schutzhülle zu verlassen, uns zwingt, mit Anderen Kontakt aufzunehmen, uns keine andere Wahl lässt, als mit ihnen zu kommunizieren oder auch zu kooperieren – oder uns abzuschotten oder sie gar zu bekämpfen. Wie dauerhaft agil sind Kulturen? Erleichtern es Kulturen, die skizzierten volatilen Anforderungen, uns mit neuem, fremdem Anderem auseinanderzusetzen, zu bewältigen, oder erschweren sie diesen Prozess durch ihre Stabilität? Wie müsste eine Kultur beschaffen sein, die dazu beiträgt, diesen Anforderungen gerecht zu werden? Wie könnte eine derartige Kultur entwickelt werden?

Kultur besteht aus gemeinsamen Werten

Eine kurze Begriffsklärung vorab: Was verstehen wir überhaupt unter Kultur? Als Organisations- beziehungsweise Unternehmenskultur oder individuelle Verhaltenskultur bezeichnen wir die gemeinsamen Werte, nach denen sich die Mitglieder eines Unternehmens oder einer Organisation und Menschen in ihrem persönlichen Umgang mit anderen ausrichten. Es geht nicht nur um normative Ansprüche, in denen formuliert ist, was gelten sollte. Wir unterscheiden zwischen einer deklarierten Leitkultur und einer tatsächlich gelebten Verhaltenskultur. Entscheidend ist, an welchen Werten die Akteure ihr Verhalten tatsächlich ausrichten, in welchem wahrnehmbaren Verhalten dies zum Ausdruck kommt und woran sie sich auch messen lassen (müssen).

Werte sind kontextgebunden

Werte existieren nicht im luftleeren Raum. Wenn Menschen miteinander verkehren oder aufeinander angewiesen sind, entwickeln sie Vorstellungen davon, was zu tun ist. Sie planen Aktivitäten, um ihre Ideen in die Tat umzusetzen. Manches gelingt gut, manches weniger gut und manches überhaupt nicht. Im Rahmen dieses Geschehens verdichten sich Erfahrungen, die *wert*-volle Verhaltensmuster aufzeigen, zum Beispiel wie und vor allem warum es gelungen ist, bestimmte Chancen erfolgreich zu nutzen oder manche Gefahren zu überstehen. Wenn sich solche Verhaltensmuster mehrfach, womöglich langfristig bewähren, das heißt als wert-voll erwiesen haben, werden sie nach und nach in den höheren Rang allgemeiner Kriterien beziehungsweise Leitwerte erhoben, die bestimmen, wie zukünftig mit ähnlichen Situationen umgegangen werden soll.

Wenn es um Zukunftsfähigkeit geht, sind alte Kulturen nur bedingt hilfreich

Identität und bestehende Kulturen sind kondensierte Vergangenheit – über Jahre, Jahrzehnte oder auch Jahrhunderte verinnerlicht durch Routinen, Überlieferungen und direkte oder auch indirekte Sanktionen. Verinnerlichte Haltungen sind nützlich, solange das Umfeld so ist wie zu den Zeiten, als die Kultur entstand und sich die Identität entwickelte.

Aber was sind bestimmte Werte noch wert, wenn das Umfeld, in dem sie sich entwickelt und bewährt haben, sich zu ändern beginnt? Was ist, wenn ein anderes, völlig neues Umfeld entsteht? Wenn neue gesellschaftliche Lebensstile, neue Technologien, neue Geschäftsmodelle, neue Kundenerwartungen, neue politische Ausrichtungen dominieren? Was ist, wenn das neue Umfeld andere Anforderungen stellt, den Status quo bedroht oder völlig neue, andersartige Chancen bietet? Wie handeln, wenn an bestimmten Werten festzuhalten nicht nur nutzlos, sondern geradezu kontraindiziert ist? Was tun, wenn Veränderungen dringend notwendig sind, Menschen aber im Allgemeinen eher dazu neigen, sich an der Vergangenheit zu orientieren, an den Wurzeln und an der Tradition?

Häufig wird der Leitspruch »Wer sich nicht seiner Vergangenheit erinnert, ist verurteilt, sie zu wiederholen«[2] wie ein Mantra zitiert. Doch bedeutet das nicht, vorwärts zu fahren mit beständigem Blick in den Rückspiegel? Die Kernfrage lautet: Wie kann man eine an der Zukunft orientierte Kultur schaffen – mit Leitprinzipien, die offen sind für immer neue Andersheiten und für Überraschungen und die eine wirksame Hilfe bereitstellen, um eine Organisation, ein Unternehmen oder eine Gruppierung welcher Art auch immer erfolgreich in die Zukunft zu steuern?

Ohne »schöpferische Zerstörung« kein Platz für Neues

Joseph Schumpeter, ein österreichischer Professor für Politische Ökonomie, hat folgende Theorie formuliert: Die Wirtschaft kann sich von innen heraus nur durch Innovationen aus einem bestehenden statischen Gleichgewicht befreien und weiterentwickeln. Für das Neue muss aber erst einmal Platz geschaffen werde. Diesen Prozess nennt Schumpeter »schöpferische Zerstörung«.[3] »Schöpferisch« deshalb, weil es um eine besondere Art der Demontage geht, nämlich eine, die Raum für notwendige Innovationen schafft. Diesem Prinzip folgend, bietet es sich an, regelmäßig und auch ohne besonderen Anlass in einer Art Flurbereinigung die strategische Ausrichtung von Institutionen, ihre Strukturen, Prozesse und Verfahren zu überprüfen und dabei alles zu identifizieren und außer Kraft zu setzen, was nur noch dem Selbsterhalt der Institution dient und keinen Beitrag zur eigentlichen Wertschöpfung leistet.

Werte bieten Heimat und sichern Gefolgschaft

Leitwerte, die den Kern einer Kultur ausmachen, sollen helfen, Gefahren zu vermeiden und gleichzeitig Chancen zu nutzen. Sie sollen als Kompass dienen, der im Denken, Verstehen und Handeln für eine gemeinsame Ausrichtung sorgt. Leitwerte fördern das Gefühl von Zugehörigkeit zu einer Idee, einem Vorhaben, einer Initiative, einer Gruppe oder auch Organisation. Sie bieten dadurch Heimat, ein

Gefühl, dass man sich auf einer gemeinsamen Reise befindet. Leitwerte erzeugen und sichern vertrautes Gebiet, auf dem man sich auskennt, sich geborgen und wohlfühlt (das gilt auch für eine kriminelle Gang), wo man sich frei von allen fremden Zwängen und Rollenerwartungen so geben kann, wie man ist, solange man sich konform zu den etablierten Werten der Gruppe oder Organisation verhält.

Das Dilemma zwischen Sehnsucht nach Heimat und Offenheit für Fremdes

Kann es Heimat in der Fremde geben? Anders gefragt: Wie müsste die Fremde beschaffen sein, damit sie Heimat bietet? Entscheidend hierfür ist, dass alle Beteiligten sich selbst ausreichend Freiräume verschaffen können und gleichzeitig den Anderen ausreichend Freiräume lassen. In einer solchen Welt kann jeder neben dem gemeinsamen Bereich sich auch einen eigenen Bereich schaffen, mit Menschen, Dingen, Auffassungen und Gewohnheiten, mit denen er vertraut ist. Dieser Freiraum muss allerdings dann eingeschränkt werden, wenn dadurch die Wertvorstellungen der Anderen fundamental angegriffen werden – zum Beispiel wenn es um Gewalt, Sexualität, die Wertschätzung von Frauen oder um patriarchalische Autorität in der Familie geht.

Um dieses Dilemma aufzulösen, braucht es Spielregeln sowohl zur Sicherung der notwendigen Entfaltungs- und Gestaltungsmöglichkeiten für Andersheiten als auch für den Schutz gegen Grenzüberschreitungen. Benötigt werden zudem Lotsen, die die Interessen beider Seiten im

Blick haben und die jeweils unterschiedlichen Vorstellungen und Gebräuche berücksichtigen.

Hier einige Eckpunkte, die solche Werte-Lotsen, insbesondere in Unternehmen und anderen Organisationen, bei ihrer Arbeit beachten sollten:

Werte konkretisieren Damit Werte etwas bewirken können, muss jeder Beteiligte konkret wissen, was, warum und in welcher Form gefordert wird. Entscheidend sind dabei aktuelle Themen beziehungsweise Handlungsfelder, die für die Organisation oder für die soziale Gruppe relevant sind und die den konkreten Nutzen der Werte erlebbar machen. Generelle Werte ohne Konkretisierung sind inhaltsleere Worthülsen und damit unwirksam. Die Anforderungen für alle Betroffenen in Form von eindeutigen pragmatischen Handlungsanleitungen in ihrer Sprache verständlich und so knapp wie möglich zu formulieren, ist sicher herausfordernd, lohnt sich aber.

Mögliche Hypotheken einkalkulieren In vielen Organisationen wurde schon früher versucht, mithilfe von Leitlinien oder Grundsätzen das Verhalten der Beteiligten zu steuern. Wenn solche Ansätze nicht konsequent umgesetzt wurden, muss bei Einführung eines neuen Ansatzes mit begrenzter Glaubwürdigkeit gerechnet werden. Da hilft nur, zum einen das frühere Vorgehen offen anzusprechen und zu klären, warum es nicht konsequent verfolgt wurde, und zum anderen den neuen Anlauf zu begründen, die Erfolgskriterien zu erläutern und durch konkrete Handlungen für die Glaubwürdigkeit des neuen Ansatzes zu werben – und gegebenenfalls einen Vertrauensvorschuss einzufordern.

Mit Widerstand rechnen Im Widerstand drückt sich Andersheit in zweifacher Hinsicht aus: Die angestrebte Zielrichtung oder das geplante Vorgehen wird von den betroffenen Adressaten zunächst einmal nicht akzeptiert, weil sich darin eine Weltsicht ausdrückt, die sich von ihrer eigenen unterscheidet. Andererseits verleitet diese Reaktion den Initiator von Veränderungen nicht selten dazu, den Widerstand als Störfaktor zu empfinden. Und so gibt er sich jede erdenkliche Mühe, den Anderen von seinem Ziel oder Vorgehen zu überzeugen. Er versucht den Anderen in seine Welt zu ziehen. In der geläufigen Managementsprache heißt das »den Anderen ins Boot holen«. Doch wie wäre es, statt die Anderen ins (eigene) Boot zu holen, in das Boot des Anderen einzusteigen?

Wenn Menschen etwas ablehnen, heißt das noch lange nicht, dass sie gleich auf die Barrikaden gehen. Zunächst rechnen sie aufgrund früherer Erfahrungen damit, dass das Vorhaben, wie so viele andere, ohnehin im Sand verlaufen wird. Andererseits will man auch nicht unangenehm auffallen. Was also tun? Die Lösung: Man täuscht Zustimmung vor – allerdings mit leisen, nur für geschulte Ohren gut wahrnehmbaren Einschränkungen: Man ist »grundsätzlich« oder »im Prinzip« dafür, man erklärt das entsprechende Thema für »ganz wichtig«, so wichtig, dass man sich »ganz grundlegend« damit auseinandersetzen muss. Der Trick dabei besteht darin, das Thema so aufzublasen und in seiner Bedeutung so zu erhöhen, dass eine schnelle Bearbeitung geradezu fahrlässig wäre. Was in den Ohren eines naiven Zuhörers wie uneingeschränkte Zustimmung klingt, hat das eindeutige Ziel: Zeit gewinnen, in Ruhe abwarten, verzögern bis zum Sankt Nimmerleinstag.

Widerstand ist sozusagen der siamesische Zwilling von Veränderung. Nicht das Auftreten von Widerstand muss Besorgnis erwecken, sondern dessen Ausbleiben. Greift eine Veränderung massiv in das gut ausbalancierte Kräftefeld der bestehenden Interessen ein und es tritt dabei kein Widerstand auf, dann gibt es dafür eigentlich nur zwei logische Erklärungen: Entweder ist die geplante Veränderung in der Einschätzung der Betroffenen letztlich eine reine Bagatelle oder die Betroffenen sind sich sicher, dass bei dem Vorhaben ohnehin nichts herauskommen wird. Zwei sehr plausible Erklärungen, weshalb es sich nicht lohnt, offenen Widerstand zu riskieren.

Jeder, der etwas Gravierendes verändern will, sollte sich über folgende drei Dinge im Klaren sein: Erstens, Widerstand ist eine völlig normale Reaktion in einer Situation, in der man die eigenen Interessen gefährdet sieht. Zweitens, Widerstand tritt insbesondere anfangs oft nicht in massiver Form auf, sondern wird eher raffiniert kaschiert. Drittens, keinen offenen Widerstand gegen eine Veränderung zu leisten heißt noch lange nicht, dafür zu sein.

Die eigentlichen Gründe für Widerstand: Man weiß etwas nicht, man versteht etwas nicht, man glaubt etwas nicht oder man befürchtet, bei der geplanten Veränderung den Kürzeren zu ziehen. Ein guter Change Manager wird sich über solche Reaktionen nicht wundern. Er wird sich darüber auch nicht ärgern, weil er die Abwehrreaktionen nicht persönlich nimmt. Vielmehr wird er mit ruhiger Hand die notwendigen Operationen durchführen in der Hoffnung, dass der spätere Erfolg sein jetziges Handeln auch aus Sicht der Betroffenen zumindest nachträglich rechtfertigt.

Kultur – eine Dauerbaustelle

Wer einen Wertekompass nachhaltig etablieren will, muss sich auf einen längeren Prozess einstellen. Kulturentwicklung ist eine wandernde Dauerbaustelle. Um sie zu bewältigen, bedarf es eines regelmäßigen Abgleichs zwischen der aktuell angestrebten Entwicklung und den Entwicklungen im relevanten Umfeld. Wenn der Kontext sich ändert, braucht es gegebenenfalls eine »schöpferische Zerstörung« im eigenen Vorgehen, um Platz für Neues zu schaffen, das dem veränderten Kontext gerecht wird. Es gibt kein »perpetuum mobile«. Energien zur nachhaltigen Umsetzung von Werten müssen immer wieder neu erschlossen werden.

Kapitel 10

VOM WOLLEN ZUM HANDELN: AUSLÖSER UND ANREIZE

Was wir wissen können und tun sollten, haben wir geschildert. Wie aber kann es gelingen, dass Menschen ihr Wissen und ihre Vorhaben in konkretes Handeln umsetzen? Denn schließlich gilt: *Wissen* heißt noch nicht verstehen, *verstehen* heißt noch nicht wollen, *wollen* bedeutet noch nicht *tun*.

Auf den vorstehenden Seiten haben wir das Thema Andersheiten aus unterschiedlichen Blickwinkeln beleuchtet. Wir haben gesehen, wo, warum und in welcher Form das Thema aktuell relevant ist und künftig noch relevanter sein wird – sowohl für einzelne Menschen als auch für Organisationen. Im nächsten Teil werden wir anhand von konkreten Beispielen aufzeigen, wie es gelungen ist und auch in Zukunft gelingen kann, mithilfe von Andersheiten erfolgreich neue Wege zu erschließen. Doch zunächst möchten wir noch kurz darauf eingehen, wie der vierte entscheidende Sprung – vom Wissen über das Verstehen und Wollen zum Handeln – gelingen kann.

Dabei komme ich (KD) der guten Empfehlung meiner Partnerin nach, zunächst bei mir selbst anzufangen, bevor ich anderen Menschen Ratschläge erteile.

Meine persönlichen Erfahrungen in meiner Rolle als Berater oder Sparringspartner für Manager

Mein Grundprinzip: Die zur Veränderung notwendige Energie muss vom Kunden ausgehen, ebenso wie die Verantwortung für die Umsetzung von Vorhaben in seinen Händen liegen muss. Insofern ist meine Rolle mit der eines Fußballtrainers vergleichbar: Er trainiert die Mannschaft, kann aber nicht persönlich auf dem Spielfeld eingreifen.

Mein Vorgehen: Ich erkunde zunächst, was der potenzielle Klient erreichen will und worin seine Motivation liegt. Das verlangt intensive Aufmerksamkeit. Anschließend ermittele ich, was er von mir erwartet – und warum er diese Aktivität(en) nicht selbst ausführt oder jemand anderen damit beauftragt. Statt mir von seinen Untergebenen Informationen über ihn einzuholen, lasse ich mir von ihm persönlich schildern, wie er die Welt sieht, welche Energie er einbringen will, um seine Ziele zu erreichen – und welche Rolle er selbst bei der Umsetzung seiner Vorhaben einnehmen will. Nach dieser Erkundung entscheide ich auf der Basis meines oben geschilderten Grundprinzips, ob ich bereit bin, die gewünschte Unterstützung zu übernehmen.

Verlockungen, denen ich manchmal erliege: Ich erzähle dem Klienten sehr früh, oft *zu* früh, dass ich ähnliche Situationen schon häufig erlebt habe, bereits jetzt Lösungen erkenne und überzeugt bin, dass »wir« (Vereinnahmungs-WIR!) das schon hinbekommen werden. Beides läuft meinem Grundprinzip zuwider, wonach die Energie ebenso wie die Verantwortung für die Umsetzung aufseiten des Klienten liegen muss.

Ich möchte Menschen dafür gewinnen, sich für ein Projekt zu engagieren, das mir persönlich sehr am Herzen liegt

»Themba Labantu – Hoffnung für die Menschen« ist ein gemeinnütziger Verein, der es sich in erster Linie zur Aufgabe gemacht hat, die Situation vor allem von Kindern und Jugendlichen in den Townships von Südafrika zu verbessern.

Meine Frau und ich waren mehrmals in Kapstadt. Wir haben dabei gesehen, wie stark die allgemeine Situation geprägt ist von Arbeitslosigkeit, einer hohen HIV-Infektionsrate, Drogen, Gewalt, Kriminalität und Hunger. Insgesamt herrscht eine große Perspektivlosigkeit vor. Das hat uns dazu bewogen, etwas zu tun. Gemeinsam mit Freunden haben wir deshalb einen gemeinnützigen Verein gegründet. Der Name *Themba Labantu* kommt aus der isiXhosa-Sprache und bedeutet »Hoffnung für die Menschen«.

Um wirkliche Hilfe leisten zu können, benötigen wir für die einzelnen Projekte eine möglichst große Unterstützung durch Mitgliederbeiträge oder Patenschaften. Meine Frau ist die Vorsitzende des Vereins. Ich möchte meinen Teil beitragen, indem ich Menschen dafür gewinne zu helfen. Wann immer es passt, erzähle ich meinen beruflichen Kontakten von der Zielsetzung unseres gemeinnützigen Vereins, von den einzelnen Projekten und davon, welche Hilfe wir für deren Verwirklichung benötigen. Die meisten hören interessiert zu, zeigen sich sehr beeindruckt, reagieren aber nicht unbedingt auf die erhoffte Weise. Um sie zum Handeln anzuregen, erwähne ich einzelne renommierte Organisationen oder sehr bekannte Personen, die uns bereits unterstützen.

Ich erzähle auch Geschichten von einzelnen Kindern, bei denen es uns gelungen ist, neue Hoffnung in ihr Leben zu bringen. Und ich beschreibe die aufopfernde Tätigkeit meiner Frau in ihrer Rolle als Vorsitzende und erwähne, dass wir selbst zweimal im Jahr auf eigene Kosten vor Ort sind, um zu sehen, wie unsere Projekte fortschreiten – und um gemeinsam mit dem Personal vor Ort zu überlegen, was wir weiter tun könnten. Im Grunde versuche ich nicht nur Wissen zu vermitteln, sondern durch die Art meiner Vermittlung Emotionen zu wecken, um dadurch Handlungsimpulse auszulösen.

Einerseits bin ich mit mir zufrieden, weil ich immer wieder etwas unternehme. Andererseits weiß ich, dass oft viel Aufwand und Zeit erforderlich sind, um den gewünschten Erfolg in Form von Spenden zu erzielen. Es nützt mir nicht, wenn meine Zuhörer zwar beeindruckt sind, aber nicht handeln – und ich zudem auch nicht weiß, warum sie nicht handeln. Ich kann ja nicht erkunden, ob sie womöglich bereits in anderen Projekten engagiert sind und vielleicht durch meine Erzählungen sogar ermutigt werden, sich dort weiter zu engagieren (was ich ja prinzipiell begrüßen würde). Im Hinblick auf den ersehnten finanziellen Erfolg meiner Bemühungen gilt vielleicht doch die Botschaft aus dem Märchen »Der Froschkönig« der Gebrüder Grimm: »Man muss viele Frösche küssen, bis ein Prinz draus wird.«

Wie beeinflusst man Menschen? Einige allgemeine Empfehlungen

Es ist leichter, anderen Empfehlungen zu geben, als sich selbst an den eigenen Maßstäben zu messen. Also gehe ich nun zum leichteren Teil über.

Menschen sind auch rationale Wesen. Insofern kann das Wissen über die aktuelle gesellschaftliche und politische Situation ihnen ausreichend Antrieb geben, sich entsprechend zu engagieren. Wir haben aber ebenso beschrieben, welch intensive Rolle Emotionen spielen. Wissen, verstehen, wollen und handeln sind vier Phasen des Entscheidungs- und Veränderungsprozesses. Die ersten drei Phasen können durchaus zur vierten, dem Handeln, hinführen. Aber jeder weiß, wie schnell zum Beispiel Neujahrvorsätze vergessen sind, wenn es um deren Umsetzung geht.

- In der Wirtschaft hat der Bereich Marketing die Aufgabe, unter dem Stichwort Customer-Relation-Management oder Kundenbeziehungs-Management das ganze unternehmerische Handeln am Kunden und seiner Welt auszurichten. Das Grundprinzip lautet: Ich bin als Kunde zum Kauf verführbar, wenn ich mich in allen Phasen des Kontaktes mit dem Unternehmen durch persönliche Ansprache ernst genommen fühle und wenn ich den Eindruck habe, dass meine Bedürfnisse und mein Nutzen im Mittelpunkt stehen. Dadurch entwickelt sich Vertrauen, sodass ich auch weitere Angebote ernst nehme.
- Im Ein-für-alles-Kaufhaus Nordstrom in San Francisco hat mich zutiefst beeindruckt, wie mit Reklamationen

umgegangen wird: Jede Reklamation wird ausgeführt, ohne vom Kunden den sonst üblichen Beweis einzufordern. Ich bekomme wahlweise das Geld zurück oder ein Austauschprodukt. Ich muss noch nicht einmal eine Rechnung vorlegen, um zu beweisen, dass ich das Produkt bei Nordstrom gekauft habe. Vertrauen als risikobehaftete Vorleistung. Folge: Ich fühle mich erleichtert oder auch dankbar – und werde wahrscheinlich Mundpropaganda für Nordstrom machen. Sollte ich betrogen haben, werde ich ein schlechtes Gewissen bekommen – und womöglich versuchen, dieses in irgendeiner Form zu entlasten.

- Ich werde dann auf ein Angebot oder eine Anfrage reagieren, wenn ich einen persönlichen Vorteil beziehungsweise Nutzen darin erkenne: Geld, Anerkennung, Wertschätzung oder die Genugtuung, dabei sein zu dürfen. Voraussetzung: Der Anbieter muss erkundet haben, worauf ich anspringe, um zu wissen, wo er ansetzen kann.

- Ich werde dann handeln, wenn man mir vermittelt, dass ich das, was verlangt wird, eigentlich immer schon wollte und sich jetzt die einmalige Möglichkeit bietet, es zuwege zu bringen.

- Menschen vergleichen sich in sehr unterschiedlicher Hinsicht, zum Beispiel im Hinblick auf Besitz, Verhalten, Auftreten, Schönheit, Kompetenz, Mut oder Engagement. Wenn jemand herausfindet, was für mich relevant ist, hat er gute Chancen, mein Rivalitätsbedürfnis in einen aktiven Wettbewerb zu überführen.

- Jeder Mensch ist emotional beeinflussbar. Entscheidend ist jedoch, mein erwünschtes Handeln unmittelbar während der Emotion einzufordern. Ich habe einen Priester erlebt, der durch seine Bettelpredigt Menschen – auch mich – geradezu unheimlich berühren konnte. Unmittelbar nach seiner Predigt stand er mit der Sammelbüchse am Ausgang der Kirche. Menschen, die nicht genügend Geld dabeihatten, spendeten ersatzweise Schmuck und Uhren. Er hat jedes Mal beachtliche Einnahmen erzielt.

- Vertrete ich »öffentlich« bestimmte Werte, so kann man mich zum Handeln animieren, wenn man an mich »öffentlich« appelliert, etwas zu tun, was genau diesen Werten entspricht. Wenn ich mich nicht blamieren will, kann ich mich der geforderten Leistung nicht entziehen.
- Manche werden aktiv, wenn sie das Gefühl haben, wirklich gebraucht zu werden.
- Andere reagieren schneller, wenn sie befürchten, etwas zu verlieren – und sei es ein bestimmtes Image.
- Mich setzt unter Handlungsdruck, wenn eine bestimmte Leistung einfach als selbstverständlich dargestellt wird.
- Jemand klingelt an der Eingangstür. Ich öffne. Ein Fremder begrüßt mich mit der Frage »Haben Sie etwas gegen Vorbestrafte?« Ich will mich nicht bloßstellen und antworte spontan mit »Nein«. Daraufhin schildert er sein Schicksal als Vorbestrafter und bittet um eine kleine Unterstützung durch den Erwerb des nun vorgestellten Produkts. Ich kann mich dem kaum entziehen. Durch seine Fangfrage und meine naive Antwort bin ich in eine Falle gelaufen. Er hat im wörtlichen Sinne den Fuß in der Tür.

- Raffinierte Verkäufer arbeiten gerne mit sogenannten Empfehlungsadressen, um ihre Vertrauenswürdigkeit zu bezeugen.
- Man kann darauf verweisen, wie viele schon dabei sind. Diese vielen Menschen vermitteln einerseits die Sicherheit, dass ich nicht danebenliege (so viele können sich schließlich nicht irren), andererseits, dass ich gute Gründe benötigen würde, um mich zu entziehen.

Etwas so einfach wie möglich machen: »Für die Abwicklung habe ich alles schon vorab vorbereitet ... Sie brauchen nur noch hier zu unterschreiben.« *Nudge* (Stups oder Schubs) ist ein Begriff aus der Verhaltensökonomie. Unter einem *Nudge* verstehen die Autoren Richard Thaler und Cass Sunstein eine Methode, das Verhalten von Menschen zu beeinflussen, ohne dabei auf Verbote und Gebote zurückgreifen oder ökonomische Anreize verändern zu müssen.[1] Beispiel: Wird in Urinalen das Abbild einer Fliege angebracht, landet 80 Prozent weniger Urin auf dem Boden, da die Männer beim Urinieren auf die Fliege zielen.

Fazit: Alle Menschen verfügen über Energiepotenziale – allerdings in sehr unterschiedlichen Formen und mit unterschiedlicher Zielrichtung. Entscheidend ist, den passenden Auslöser beziehungsweise »Zündschlüssel« zu finden, um diese Energie freizusetzen. Manche Impulse benötigen allerdings eine bestimmte Inkubationszeit, um ihre Wirkung zu entfalten. Das erfordert Geduld und Gelassenheit.

Die Redewendung »Steter Tropfen höhlt den Stein« beleuchtet einen weiteren Aspekt: Es geht nicht nur um Geduld und Zuversicht, sondern auch um Beharrlichkeit im

Handeln. Ein einmaliger Wassertropfen wird an der Form des Steins nichts ändern. Tropft es aber lange Zeit auf die gleiche Stelle, wird man nach und nach eine Einbuchtung feststellen.[2]

Teil 2

PRAKTISCHE BEISPIELE UND AKTUELLE HANDLUNGSFELDER

Kapitel 11

DAS CORONAVIRUS:
EINE AKTUELLE FALLSTUDIE UND
WAS WIR DARAUS LERNEN KÖNNTEN

»Es erscheint immer unmöglich,
bis es vollbracht ist.«

NELSON MANDELA

Wie aus heiterem Himmel hat das Coronavirus die ganze Welt aus den Fugen gehoben. Alle sind unmittelbar und existenziell von der Pandemie betroffen. Solange weder wirksame Impfungen noch erprobte Medikamente sowie genügend gut ausgerüstete Krankenhausbetten für schwer Erkrankte zur Verfügung stehen, gibt es nur eine einzige Möglichkeit, uns zu schützen: alles zu tun, um die Ansteckungsraten zu senken. Damit das gelingt, versuchen zahlreiche Regierungen mit entsprechenden Maßnahmen dafür zu sorgen, dass Menschen möglichst wenig körperlichen Kontakt miteinander aufnehmen. Ungewohnte, teilweise auch neue Modelle der Begegnung und Kommunikation werden erprobt. Völlig unterschiedliche Logiken sind gleichsam gezwungen, gemeinsam neue Wege zu finden. Not macht erfinderisch. Doch was geschieht, sobald medizinische Lösungen die Bedrohung reduzieren? Kehrt alles zur Ausgangssituation zurück? Oder gelingt es, die

Krise als Chance zu begreifen und neue Wege zu beschreiten, mithilfe der gewonnenen Erkenntnisse und Erfahrungen die Zukunftsfähigkeit von Gesellschaft, Wirtschaft und Politik zu erhöhen?

Die aktuellen Herausforderungen

Die weltweite Ausbreitung des Coronavirus soll möglichst verlangsamt werden, damit sich nicht zu viele Menschen gleichzeitig infizieren und das Gesundheitssystem überfordern. Um diese drohende Katastrophe zu vermeiden, hat der deutsche Staat (ebenso wie viele andere Staaten) ein radikales soziales Großexperiment in die Wege geleitet, das die meisten Bürger in dieser Form noch nie erlebt haben. Allenfalls die Älteren werden sich an manche Erfahrung aus dem Zweiten Weltkrieg erinnert fühlen. Was ist das Besondere an der aktuellen Situation?

Kurze Antwort: Alle sind betroffen – ob jung oder alt, arm oder reich, gesund oder krank, gleich welcher Hautfarbe, in welchem Land sie leben und in welcher persönlichen Situation, Funktion oder Position sie sich befinden. Alle sind unvermeidbar global vernetzt, weil das Virus mittlerweile nahezu alle regionalen Grenzen überschritten hat. Niemand kann sich auf Dauer der Bedrohung entziehen.

Um der Gefahr zu begegnen, werden notwendigerweise gleichzeitig zahlreiche unterschiedliche Bereiche und Interessenfelder daraufhin untersucht, in welchem Maß sie von der aktuellen Situation betroffen sind, inwiefern sie die Bedrohung beeinflussen (könnten) und was sie zu einer möglichen Lösung beitragen könnten. Politik, Gesellschaft, Wirtschaft, Gesundheit, Medizin und Pflege mit ihrer jeweils eigenen Logik sind von der Pandemie berührt. Die unterschiedlichen Partikularinteressen herauszufinden und angemessen zu berücksichtigen, kann nicht dem freien Spiel der Kräfte überlassen werden. Wir haben keine Zeit, um viele Alternativen detailliert zu diskutieren, sondern müssen erfolgversprechende Ideen unverzüglich erproben. Im Rahmen eines totalen Lockdown, wie wir ihn im März und April 2020 erlebt haben, kann nur eine durchgreifende politische Steuerung die einzelnen Bereiche und Interessen einigermaßen fair berücksichtigen sowie die notwendige Vernetzung und ein ganzheitliches Vorgehen gewährleisten. Gleichzeitig ist es unabdingbar, die Bevölkerung über dieses Vorgehen und die beobachtbaren Wirkungen verlässlich auf dem Laufenden zu halten. Nur so können die für den Lockdown Verantwortlichen ein gewisses Maß an Vertrauen gewinnen und aufrechterhalten.

Aus wirtschaftlicher Sicht hat sich gezeigt, dass der Staat besonders stark von der Pandemie betroffenen Gruppen und Sektoren Auffangbecken in erheblicher Größenordnung anbieten muss, um den völligen wirtschaftlichen Niedergang zu vermeiden.

Im gesellschaftlichen Bereich hat der Staat zahlreiche einschränkende Maßnahmen getroffen und deren Umsetzung in entsprechende Verhaltensmuster der Bürgerinnen und Bürger angeordnet. Persönliche Grundrechte wurden eingeschränkt oder aufgehoben, ebenso die Eigenverantwortung. Zahlreiche ökonomische Risiken wurden eingegangen. Das öffentliche Leben wurde radikal eingeschränkt, persönliche Wünsche und Bedürfnisse radikal beschnitten. Freiheitsrechte, Selbstverantwortung und Selbstorganisation wurden ersetzt durch staatliche Vorschriften – ein Risiko für jede Demokratie. Kitas und Schulen wurden geschlossen, größere Veranstaltungen und Versammlungen aller Art verboten. Viele Unternehmen und Organisationen ordneten Homeoffice an, um notwendige Leistungen sicherzustellen. Eine radikale Ausgangssperre bedeutete, mit der eigenen Familie oder allein in der eigenen Wohnung eingesperrt zu sein, und sei sie noch so klein. Dies barg psychische Gefahren, aber auch das Risiko zunehmender männlicher Gewalt. Auch die weibliche Rolle entwickelte sich zurück: Statt persönlicher und beruflicher Gleichberechtigung waren Frauen nun wieder für Familie, Kinder und Haushalt verantwortlich.

Die drastischen Einschränkungen des öffentlichen Lebens waren einerseits gesamtgesellschaftlich notwendig und sinnvoll, für manche Organisationen aber auch existenzgefährdend und daher aus juristischer Sicht womöglich angreifbar. Sie wurden (und werden) ständig ausgewertet, damit sie rechtzeitig angepasst werden können.

Auch Kirchen haben sich in die Debatte eingeschaltet. Im Normalfall wird der Sondersegen des Papstes nur an Ostern, Weihnachten und nach einer Papstwahl gesprochen. Papst Franziskus erteilte als große Ausnahme den Segen »Urbi et Orbi« außerhalb dieser Anlässe und predigte Zuversicht. Für die russisch-orthodoxe Kirche in Deutschland ist das Coronavirus die »gerechte Strafe Gottes für Sterbehilfe, Transsexualität, Abtreibungen und Leihmutterschaft«. In einem Schreiben an die Gläubigen bietet ihr höchster religiöser Würdenträger eine Lösung an, um Gottes Strafe abzuwenden: das Morgen- und das Abendgebet zuverlässig zu verrichten und zu fasten. Der Herr »wartet auf unsere Umkehr zu Ihm und verlässt uns nicht«. Auch der deutsche Ethikrat hat sich gemeldet. Er ruft die Bundesregierung auf, eine breitere Debatte über die Auswirkungen der gesellschaftlichen Einschränkungen zu führen und zu erläutern, nach welchen Kriterien die Ent-

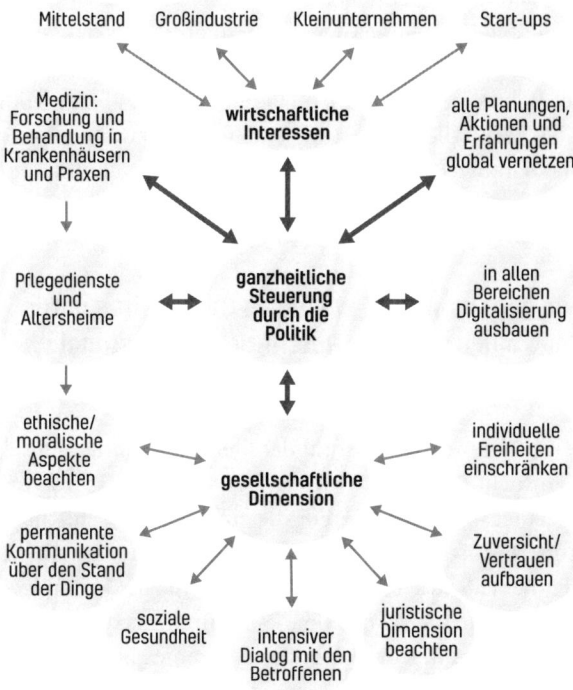

Abbildung 7: Politische Steuerung der Reaktion auf die Bedrohung durch das Coronavirus

scheidungen hinsichtlich der Medizin und der Pflege getroffen wurden.

Parallel hierzu beschleunigt sich die digitale Transformation in allen Lebens- und Arbeitsbereichen: Private Kontakte werden verstärkt online geführt, statt Büroarbeit dominiert nun – wo immer möglich – Fernarbeit. Telefon- und Videokonferenzen haben normale Besprechungen, wo alle persönlich anwesend sein müssen, vielfach abgelöst.

Nach wie vor gilt, dass bei einer Veränderung der Lage schnell gehandelt werden muss, denn jede Verzögerung verschlimmert das Problem. Die aktuelle Steuerung seitens der Politik ist zwar zeitlich begrenzt. Aber es bleibt völlig offen, wann diese Steuerung endet, ob und wann einzelne Maßnahmen beendet oder verlängert, eingeschränkt oder sogar wieder verschärft werden.

Wie geht es weiter, wenn das Coronavirus unter Kontrolle ist und die Restriktionen vollständig zurückgenommen werden können?

Mit zunehmendem Gefühl der Fremdsteuerung steigt die Sehnsucht nach einer Rückkehr zur Normalität. Was aber bedeutet »Normalität«? Für die einen ist dies schlicht der frühere Zustand. Andere verstehen darunter ganz allgemein eine Situation, in der man die Abläufe kennt, weiß, worauf man sich einstellen kann, und mit der man gut zurechtkommt. Jeder kehrt dabei in seine eigene, ihm vertraute Domäne zurück.

Dritte wiederum überlegen bereits während des noch bestehenden Notstands, was man daraus lernen könnte –

und in Zukunft anders machen will. Wie zu Neujahr werden gute Vorsätze geschworen. Zum Beispiel, sich anderen mehr zuzuwenden, Rücksicht zu nehmen auf die Schwächeren, sich zukünftig vorausschauend und professionell auf mögliche bedrohliche Entwicklungen vorzubereiten.

De facto dürften sich aber die meisten, sofern sie unversehrt davongekommen sind, nach der Devise »aus den Augen, aus dem Sinn« verhalten. Wenn das Strohfeuer des guten Willens erloschen ist und nichts anderes von ihnen verlangt wird, werden sie das tun, was sie gewohnt sind, worin sie sich auskennen, was sie beherrschen. Kurzum: Sie werden ihre persönlichen Interessen und ihren Eigennutz wieder in den Mittelpunkt ihres Lebens stellen. Wenn viele das Gleiche tun, fühlen sich alle in guter Gesellschaft.

In einer Demokratie wird der Staat seine radikale Steuerungsfunktion abgeben, sobald das damit angestrebte Ziel erreicht ist, nämlich zu verhindern, dass zu viele Menschen sich gleichzeitig infizieren und dadurch das Gesundheitssystem überfordern. Er wird den Bürgerinnen und Bürgern ihre Selbstverantwortung wieder zurückgeben (müssen). Er wird auch den unterschiedlichen Sektoren wieder Raum geben, sich auf ihre Partikularinteressen zu konzentrieren. Die Herausforderung wird allerdings darin bestehen, den Ausstieg aus der radikalen Fremdsteuerung vorsichtig und schrittweise zu gestalten, um bei Bedarf flexibel reagieren zu können, etwa wenn festgestellt wird, dass bestimmte Erleichterungen zu früh erfolgt sind.

Die dann notwendige Kehrtwende wird allerdings schwerer zu vermitteln sein als der ursprüngliche Lockdown. Mittlerweile hat sich neben den tatsächlich existenziell bedrohten Unternehmen und Angestellten auch eine Gemeinde von Verschwörungsgläubigen gebildet, die mit kruden Thesen und Argumenten eine feindliche Stimmung gegen eine erneute politische Radikalsteuerung schürt. Es wird ein hohes Maß an Überwindung erfordern, solche Gruppierungen ernst zu nehmen und mit ihnen ins Gespräch zu gehen. Wer sie nur ablehnt und ihnen die eigene Weltsicht erklären will, wird nur die Spannungen verstärken. Wir müssen ihre persönliche Logik verstehen (wollen), ihre Andersheit akzeptieren. Nur so können wir durch echte Kommunikation einen Dialog bewirken, auch wenn dies vielleicht unendliche Geduld erfordert.

Was wir aus der Pandemie lernen könn(t)en

Um zukunftsfähig zu sein, wird es nicht genügen, einfach zu den althergebrachten Abläufen und Systemen zurückzukehren. Vielmehr müssen wir auswerten, welche dieser Systeme sich in der kritischen Zeit der Bedrohung als hilfreich erwiesen haben und deshalb unverändert wiederaufgenommen werden sollten und welche verändert oder völlig neu erfunden werden müssen.

Nach dem Zweiten Weltkrieg wurde in Deutschland die sogenannte soziale Marktwirtschaft eingeführt, um den wirtschaftlichen Wiederaufbau zu unterstützen. In der Zeit der Bedrohung hat sich diese »sanfte« Form des Kapitalismus als grundlegend erwiesen, um die größten sozialen und wirtschaftlichen Härten abzufedern. Welche Konsequenzen wären daraus für die Zeit der anstehenden wirtschaftlichen Erholung zu ziehen? Wie bahnbrechend wäre es, über den sozialen Aspekt hinaus das mittlerweile ebenfalls existenzielle Thema Klimawandel in unsere Planungen für den Wiederaufbau zu integrieren? Denn dieser richtet sich bekanntlich genauso wenig an unseren Wünschen aus wie das Coronavirus.

Darüber hinaus wartet eine Reihe von weiteren relevanten Themen auf zukunftsfähige Antworten, unter anderem:

- Wie belastbar ist die globale wirtschaftliche Vernetzung im Hinblick auf weltweite Lieferketten und die daraus resultierenden Abhängigkeiten?
- Wie hat sich während der Krise die politische Vernetzung in Europa und weltweit bewährt? Müssen wir davon ausgehen, dass in Krisensituationen die Eigeninteressen jedes Landes stets Vorrang genießen? Wenn wir eine wirklich schlagkräftige Zusammenarbeit von Staaten anstreben, beispielsweise in der EU, wie können wir diese organisieren und steuern?
- Wie steht es um die Arbeitsbedingungen in verschiedenen Tätigkeiten, die in der Krisensituation als »systemrelevant« bezeichnet und dringend benötigt wurden, zum Beispiel ärztliche und klinische Betreuung oder Pflege in der eigenen Wohnung und in (Alters-)Heimen? Werden die sogenannten Fürsorgekräfte ausreichend wertgeschätzt und gerecht bezahlt? Damit langfristig genügend junge Menschen für diese Berufe gewonnen werden können, bedarf es nicht nur eines angemessenen Gehalts, sondern auch neuer, verbesserter Arbeitszeitmodelle. »Unendliche Dankbarkeit« ist dafür kein Ersatz.
- Wie sieht es mit der Bezahlung, den Arbeitsbedingungen und der Altersversorgung von Frauen im Allgemei-

nen aus – vor allem von Frauen, die neben der Arbeit auch noch Familie und Kinder versorgen müssen?

- Ist das Modell der Gewinnmaximierung von Krankenhäusern und Heimen in privater Trägerschaft statt in öffentlicher Hand tragfähig? Wie steht es um das Modell der Fallpauschalen? Wer definiert Triage? Ist jedes Leben gleichrangig oder gibt es eine (versteckte) Rangliste mit Bevorzugungen?
- Wie relevant ist die weitere Digitalisierung auch nach Ende der Bedrohung und wie wird sie bewerkstelligt?

Handeln statt hoffen

Zu allen genannten Themen sind unzählige Meinungsbekundungen und Analysen zu vernehmen, die allerdings nicht selten dazu dienen, Unschlüssigkeit zu vertuschen. Es gibt zahlreiche Möglichkeiten, den Unwillen zur Handlung zu verschleiern: »Ich werde mir das noch genauer anschauen … Ich werde mir das überlegen … Ja, aber … Grundsätzlich … Im Prinzip … Eigentlich …«. Derartige Floskeln sollen wie eine bedingte Zustimmung klingen, können aber genauso gut als verdeckte Ablehnung interpretiert werden mit der Absicht, sich eine Hintertüre offen zu lassen.

Wer mit notwendigen Veränderungen abwartet, bis die Phase der Bedrohung beendet und wieder Ruhe eingekehrt ist, wird mit hoher Wahrscheinlichkeit wenig erreichen. Wie schon erwähnt: »Aus den Augen, aus dem Sinn.« Wer eines dieser brisanten Themen wirklich in Angriff nehmen will, sollte sich fragen: Warum konnte die radikale politische Steuerung in der Phase der Bedrohung durch das Coronavirus funktionieren? Die Antwort:

- Alle waren und fühlten sich persönlich betroffen.
- Es gab keine bewährten Lösungen, auf die man hätte zurückgreifen können.
- Zeit war ein entscheidender Erfolgsfaktor. Aus Zeitgründen konnte nicht theoretisiert werden, sondern es mussten parallel verschiedene Lösungen ausprobiert werden.

Was können wir nun daraus lernen?

Alle waren und fühlten sich betroffen

Konsequenz: Du musst für dein Thema aufzeigen, wo, warum und wie die von dir angesprochenen Menschen persönlich betroffen sind – und zwar so, dass sie dem nicht entkommen können.

Stelle heraus, was sie gewinnen, wenn sie mitmachen, und welche Verluste oder Nachteile sie sich einhandeln, wenn sie es nicht tun. Zeige auf emotional anrührende Weise auf, wen sie beschädigen, wenn sie sich verweigern. Dazu reichen Vermutungen nicht aus. Nutze konkrete Zahlen und Fakten, garniert mit anschaulichen Geschichten und Bildern, die die drohenden Schäden illustrieren, sodass das zur erwünschten Handlung notwendige Energiepotenzial freigesetzt wird.

Es gibt keine ausgereiften, bewährten Lösungen

Konsequenz: Überlege zunächst, welche Interessen bei deinem Thema im Spiel sind – und beziehe die Beteiligten von vornherein in deine Überlegungen mit ein – allerdings nicht basisdemokratisch. Du musst ihre Interessen verstehen (wollen); sie sollen auch eingeladen oder aufgefordert werden, sich mit den Interessen und den Logiken der Anderen auseinanderzusetzen und sie zu verstehen. Aber sie müssen sich vernetzen (lassen) – auch gegen ihren Wunsch.

Der Erfolg dieser Herangehensweise liegt vor allem darin begründet, dass die unterschiedlichen Interessenträger in Politik, Wirtschaft und Gesellschaft nicht gegeneinander oder nebeneinander gemäß ihrer individuellen Sachlogik nach Lösungen suchen dürfen, sondern gezwungen sind, sich mit ihren unterschiedlichen Logiken zu vernetzen.

Zeit – ein entscheidender Erfolgsfaktor

Konsequenz: Vorgeschobene langwierige Analysen helfen nicht. Du kannst nur durch Handeln lernen. Schwimmen lernt man durch Schwimmen – und nicht durch lange Erklärungen zu den verschiedenen Techniken. Am besten übt man im Wasser, lässt sich beobachten und anregen – und kann dann bestimmte Varianten unmittelbar ausprobieren.

Fange daher einfach auf Basis der aktuellen Erkenntnisse oder Vermutungen an. Dadurch sammelst Du unmittelbar Erfahrungen, die Du auswerten kannst. Detaillierte Analysen können sich anschließen.

Und nun – was tun?

Um Veränderungen zu bewirken, muss man sich zunächst selbst darüber im Klaren sein, was man erreichen und damit bewirken will. Daraufhin muss man eine Gruppe von Gleichgesinnten um sich scharen, die mit vollem Engagement und wilder Entschlossenheit das gewählte Anliegen vorantreibt.[1] Sind diese Voraussetzungen nicht gegeben, sollte man nicht anfangen!

Ist das Fundament gelegt, empfehlen wir folgende Schritte, um das definierte Ziel zu erreichen, und stützen uns dabei auf die menschliche Psychologie:

Erstens, verhindern, dass die »alte Normalität« quasi automatisch als Ausgangssituation wiederhergestellt wird. Im Verlauf der Krise wurden schließlich eine Reihe von Rollen, Tätigkeiten und Rahmenbedingungen identifiziert, die der aktuellen Belastung sichtbar nicht gerecht werden konnten. Hier bedarf es einer Art schöpferischer Zerstörung, um Raum zu schaffen für Neues.

Zweitens, von vornherein die neuen Ideen als selbstverständliche »neue Normalität« darstellen und sich nicht in eine Abwehrstrategie der Rechtfertigung hineinziehen und blockieren lassen von denen, die nichts verändern, sondern zur früheren Situation zurückkehren wollen.

Drittens, es bedarf agiler Organisationsformen, das heißt vernetzter flexibler Prozesse statt starrer Strukturen (einbetonierte Silos). Wir leben in einer VUKA-Welt[2]. Es gilt, sich bei Strukturen an Projektarbeit zu orientieren, die prinzipiell immer eine Organisation auf Zeit ist.

Viertens, auch in einer veränderten Normalität kommt es – wie während der Zeit der Bedrohung – auf unbürokratisches schnelles Handeln an. Dazu braucht es eine andere Art von Bürokratie.³ Bislang kann man einen Bürokraten nur belangen, wenn er Verfahrensfehler begeht. Das Ergebnis spielt in seinem Amt keine Rolle. Verfahren müssen aber in unserer Zeit stetiger Veränderungen an der Wirkung und am Ergebnis gemessen werden. Dazu ist es notwendig, bei Bedarf den gesetzten Rahmen zu verlassen, »querzudenken«⁴ und spontan andere Wege zu beschreiten. Controlling statt herkömmlicher Bürokratie wäre eine Alternative, um solche Schritte zu begleiten.

Fünftens, im Zeitalter der Digitalisierung die menschliche Seite nicht vergessen. Zwar durchdringt die Digitalisierung heute alle Bereiche: Produktion 4.0, Internet der Dinge, Homeoffice, digitales Lernen, digitale Beratung und Betreuung, Chat-Tools, unbegrenzte Vernetzung, bereichsübergreifende Kommunikation sowie Plattformen sind einige der Schlagworte, die unser künftiges soziales und Arbeitsleben beschreiben. Digitalisierung setzt keine körperliche Anwesenheit voraus und ermöglicht flexible Arbeitszeiten, was in der aktuellen Krisensituation ein großer Vorteil ist. Dennoch muss es gelingen, auch die emotionale Dimension zu berücksichtigen, zum Beispiel den Wunsch nach persönlichen Kontakten. Menschen sind keine Maschinen.

Sechstens, für den neuen Weg keine Begeisterung erwarten, sondern mit Widerstand als normaler Reaktion rechnen. Menschen wehren sich, wenn sie etwas nicht wissen, nicht verstehen, nicht glauben, nicht wollen oder befürchten, das Verlangte nicht zu beherrschen. Wie geht man mit Widerstand um? Antwort: den sogenannten Widerständler nicht verteufeln, sondern ernst nehmen, eine Beziehung zu ihm aufbauen, die Ursachen seiner Ablehnung erkunden, mit ihm in einen Dialog gehen, seine Logik verstehen und mit ihm dann gemeinsam nach Wegen suchen.

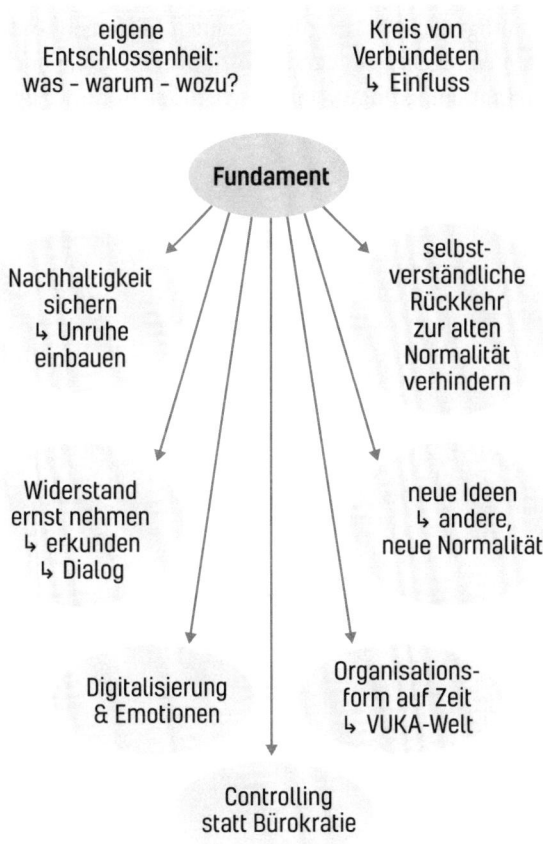

Abbildung 8: Veränderungsprozesse anstoßen: wichtige Schritte

Siebtens, Nachhaltigkeit sichern. Nachhaltigkeit wird häufig als letzter Schritt eines Projektes verstanden, in dem die neu etablierten Ziele, Prozesse oder Formen für die Zukunft festgeschrieben werden. Wir verstehen unter Nachhaltigkeit etwas anderes, fast Gegenteiliges, nämlich eine beständige Unruhe: Es gilt, die neuen Lösungen und Regelungen regelmäßig daraufhin zu prüfen, ob sie noch zu den Rahmenbedingungen passen, die sich immer wieder verändern können – und sie gegebenenfalls zu »zerstören« oder anzupassen.

Kapitel 12

DAS PROJEKT DELANCEY STREET

Change Management war in den 1990er-Jahren in Europa noch ein relativ unbekannter Begriff. Ich (KD) hatte zwar gemeinsam mit meinem Schweizer Kollegen Christoph Lauterburg mit großer Resonanz das Buch *Change Management* veröffentlicht. Unsere Empfehlungen wurden aber nur zögerlich in die Praxis umgesetzt. Um intensivere Impulse zu setzen, habe ich damals eine Lernreise mit dem Titel »Zukunft des Managements – Management der Zukunft. Eine interkulturelle Expedition auf der Suche nach einer ›lernenden Organisation‹« organisiert. Wir besuchten in Kalifornien, China, Japan und Südafrika Unternehmen und Organisationen, die dank einer auf *Change* beruhenden unternehmerischen Herangehensweise anhaltend und nachweisbar erfolgreich waren. Am stärksten beeindruckte uns in Kalifornien der Besuch bei »Delancey Street«.

Ein erfolgreiches Projekt ohne Fachleute –
mit einem radikal andersartigen Ansatz

Gegründet wurde Delancey Street 1971 von Mimi Silbert und dem inzwischen verstorbenen John Maher. Delancey Street gilt mit einer fast unglaublichen hohen (Re-)Sozialisierungsquote nach wie vor als führendes Ausbildungszentrum der USA für ehemalige Drogenabhängige und Strafgefangene. Aus Kriminellen werden produktive, Steuern zahlende Mitglieder der Gesellschaft, die ein erfolgreiches Leben führen, darunter Rechtsanwälte, Lkw-Fahrer, Verkäufer, verschiedene medizinische Berufe, Mechaniker oder Unternehmer.

Was zunächst kaum glaubhaft erscheint, ist das Ergebnis eines grundlegend andersartigen Ansatzes: mit nachweisbarem Erfolg das Ziel verfolgen, aus gesellschaftlichen Verlierern Gewinner zu machen – und das ohne studierte Manager, ohne professionelle Berater, ohne Psychologen, ohne Sozialarbeiter und ohne Fachpersonal.

Die Dauer des Aufenthaltes in Delancey Street beträgt mindestens zwei Jahre, durchschnittlich bleiben die Bewohner vier Jahre im Projekt. In dieser Zeit werden ihnen nicht nur akademische und berufliche Fertigkeiten vermittelt, sondern auch zwischenmenschliche und soziale »Überlebensstrategien« sowie positive Einstellungen, Werte, Verantwortungsgefühl und Selbstvertrauen – eben alles, was für ein Leben in der Gesellschaft notwendig ist. Von jedem wird erwartet, einen dem High-School-Diplom entsprechenden Abschluss zu machen und drei vermarktungsfähige berufliche Fertigkeiten zu erlernen.

Die berufliche Ausbildung erfolgt in den angegliederten Unternehmen wie Umzugs- und Transportdienst, Restaurant und Catering-Service, Druckerei und Kopierladen, Einzel- und Großhandel, Weihnachtsbaumverkauf oder Kfz-Werkstatt. Der Tagesablauf ist stark strukturiert. Um 6 Uhr wird aufgestanden, dann arbeitet man, besucht Seminare, nimmt an Besprechungen und Gruppensitzungen teil. Der Tag endet gegen 23 Uhr.

Das Grundkonzept

Dem Ansatz von Delancey Street liegt folgender Leitgedanke zugrunde: Die traditionellen Ansätze der Hilfeleistung gründen auf einer sozialwissenschaftlichen Gedankenwelt und Sprache, die auf die Zielgruppen (Drogenabhängige, Langzeitinsassen von Gefängnissen) einfach nicht passt. Sie erreicht diese nicht, weil die Zielgruppen nicht von der üblichen Logik, also von nüchternem, rationalem Denken geleitet sind.

Joe Miller, langjähriger Gefängnisinsasse und einer der damaligen Leiter des Zentrums, drückte das wie folgt aus: »Gefängnis schreckt die normalen gesellschaftlich angepassten Menschen, zu denen ich mich mittlerweile auch zähle, ab. Denn diese haben viel zu verlieren. Die Bewohner hier haben nichts zu verlieren. Wir träumen vom College, sie träumen von St. Quentin [einem Gefängnis nördlich von San Francisco], weil das der einzige Ort ist, wo sie jemand sein können. Familiäre Werte, die wir ihnen vermitteln wollen, ziehen nicht, weil die Leute nie solche Familien hatten oder – wenn sich für sie nichts ändert – niemals haben werden. Die Herausforderung lautet somit: Wo und wie können sie entsprechende Werte erlernen?«

Die Bewohner

Die Bewohner sind zwischen 18 und 68 Jahre alt. Sie sind durchschnittlich 18-mal für verschiedene Straftaten verurteilt worden, waren rund sieben Jahre im Gefängnis und haben nicht länger als acht Jahre die Schule besucht. Viele sind Analphabeten und nur wenige waren in ihrem Leben länger als einige Monate berufstätig. Über 85 Prozent waren heroinabhängig, durchschnittlich zehn Jahre lang, mehr als 60 Prozent waren von zwei oder mehr Drogen abhängig.

Mimi Silbert, die Gründerin, sagt: »Es sind Leute, die wirklich ganz unten sind. Sie sind aggressiv und ohne Hoffnung, sie hassen jeden. Sie hassen sich untereinander und sie hassen sich selbst.« Joe Miller: »Aber es ist uns egal, was sie getan haben. Wir nehmen die Leute, von denen jeder denkt, sie seien Verlierer. Unser einziges Kriterium ist, dass sie sich wirklich ernsthaft ändern wollen.« 70 Prozent kommen nach Delancey Street als Alternative zum Gefängnis oder als Bedingung für eine Haftentlassung mit Bewährungsauflage, der Rest kommt von der Straße.

Leitideen und Programm

Delancey Street ist eine sogenannte *living community*, eine Wohn- und Lebensgemeinschaft. Sie bietet den Bewohnern eine familienähnliche Struktur. Neue Bewohner werden in einer Zehnergruppe integriert. Die zehn Gruppenmitglieder lernen Verantwortung für sich und andere zu übernehmen. Sie erlernen den Umgang mit unterschiedlichen Ethnien, Persönlichkeiten, Verhaltensweisen und mit

»Feindbildern« – kurzum, sie lernen, ihrer »Getto-Mentalität« zu entkommen. Im Projekt erleben sie vielleicht zum ersten Mal in ihrem Leben andauernde, verlässliche Beziehungsmöglichkeiten. Zusammenleben und Zusammenarbeit sind geprägt durch eine Kombination von unternehmerischem Eifer und Strenge.

Nach dem Motto »each one teach one« bringen sich die Bewohner gegenseitig bei – je nach eigenem Lernstand –, wie man einen Schulabschluss erwirbt, wie man sich ordnungsgemäß verhält, wie man ein Selbstwertgefühl entwickelt. Bewohner, die bereits länger im Programm sind, begleiten, unterrichten und disziplinieren jeweils diejenigen, die neu dazukommen.

Dabei gelten folgende Regeln:

- Wenn du etwas gelernt hast, musst du demjenigen helfen, der noch nicht so weit ist.
- Du kannst Fehler machen, aber du musst daraus lernen und Wiedergutmachung leisten, zum Beispiel indem du Schmutzarbeit machst.
- Du musst Verantwortung für dich selbst und andere übernehmen, durch Unterstützung und Feedback.

Vermittelt wird: Es reicht nicht, dich um dich selbst zu kümmern. Du musst anderen helfen, die Hilfe benötigen.

Gleichzeitig erfahren die Bewohner, dass sie Anderen etwas zu bieten haben. Sie waren immer passiv, haben immer etwas erhalten: Sozialhilfe, Therapie, Strafe – ohne großen Erfolg. Durch Verantwortung und gegenseitiges Lehren erleben sie, dass sie selbstständig und mit gegenseitiger Unterstützung ihren Weg aus der Gosse herausfinden können.

Joe Miller kommentiert dies so: »Eigentlich ist Gefängnis leichter als Delancey Street: Du wirst rundherum versorgt. Du verlierst zwar deine Freiheit, aber alle deine Freunde sind auch da. Du kennst die Regeln, weißt dich zu verhalten, aber du bleibst, wo du bist: unten. Delancey Street dagegen verlangt von dir, alles zu verändern, dein Denken, deine Werte, dein Verhalten … aber es bietet die Chance, aus eigener Kraft nach oben zu kommen. Das Prinzip lautet: Hilfe zur Selbsthilfe (*helping others help themselves*).

Delancey Street ist das härteste und strengste Programm im Land, aber auch das erfolgreichste. Die Richter wissen, wie streng und konsequent wir sind und dass zwei Jahre hier mehr bringen als viele Jahre Gefängnis.«

Zwei entscheidende Prinzipien

1. »Outside in«

Der übliche Glaubenssatz »inside out«, wonach vor dem Handeln die innere Überzeugung und die entsprechende Einstellung der Betroffenen stehen muss, wird relativiert. In vielen Fällen reicht nämlich die grundsätzliche Bereitschaft, sich auf etwas einzulassen, nicht aus, vor allem wenn man noch keine Vorstellung davon hat, was alles auf einen zukommt. Das Prinzip des Handelns in Delancey Street heißt deshalb »outside in«. Das bedeutet, verpflichtende, für die jeweilige Mitgliedschaft existenzielle Spielregeln einzuhalten, wie zum Beispiel Verantwortung übernehmen zu müssen; durch Geben und Nehmen beim Zusammenleben (»each one teach one«) entsprechende Erfahrungen und Erkenntnisse zu gewinnen, die mit der Zeit durch Gewöhnung verinnerlicht werden. Leitspruch: Handle wie ein verantwortlicher Mensch – und du wirst einer!

2. »Acting as if«

Von Anfang an werden die Bewohner dazu angehalten, »so zu tun, als ob«. Sie müssen Dinge tun, von denen sie nicht wissen, wie man sie tut. Sie müssen handeln, als ob sie sich umeinander sorgten. Sie müssen füreinander da sein. Sie müssen sich unterstützen, wenn der andere aufgeben will. Sie müssen Leute überreden zu bleiben und zu vertrauen, auch wenn sie sich selbst nicht sicher sind. Sie arbeiten in einem Beruf, von dem sie nicht wissen, wie man ihn richtig ausübt, und müssen so tun, als wüssten sie es. Sie machen einen Schulabschluss, besuchen Literatur- und Kunstkurse, gehen ins Museum, in die Oper und lernen eine Welt kennen, über die sie nichts wissen. Dies erfordert ungeheure Kraft und Mut, aber sie tun es!

Mimi Silbert erläutert: »Wenn man's noch nicht draufhat, aber der Gebende sein soll, gibt's nur eine Möglichkeit: Man muss ›so tun, als ob‹ man diese Fähigkeiten hätte. Ich glaube, dass jeder von uns sie auf diese Weise erlernt hat. Wir hatten das Glück, sie mit vier, fünf oder sechs Jahren zu erlernen, indem wir irgendeinem positiven Vorbild gefolgt sind. Wir haben einfach so getan, als wären wir wie sie … und dann passierte das auch.

Genau dasselbe machen wir hier. Ich sage ihnen, sie sollten ›so tun, als ob‹ sie Geschäftsleute seien, und wir stecken sie dafür in Anzüge und Krawatten. Es dauert gar nicht lange, bis man sich in einem Anzug genauso wohlfühlt wie vorher mit seinen Tattoos, und dieser absurde Gang mit rollenden Schultern … der ist auch keine normale Körperbewegung. Man muss diesen Gang erst vortäuschen. Und dann lernt man ihn irgendwann …

Unser Glück liegt darin, dass unsere Leute die Talsohle schon erreicht haben. Wir ›tun so, als ob‹ wir all die Dinge wären, die wir werden möchten. Wir ›tun so, als ob‹ wir anständig und fürsorglich und intelligent und talentiert wären. Und mit der Zeit tritt das auch ein.«[1]

Kernelemente »Andersheit«

- Delancey Street: Leitsätze
- Hilfe zur Selbsthilfe (»helping others help themselves«)
- »Each one teach one«
- »Outside in« statt »inside out«
- So tun, als ob (»acting as if«)/Kompetenzaufbau durch »Handeln, als ob«
- Fehler als Lernelement betrachten – verbunden mit der Pflicht, sie wiedergutzumachen
- Absolute Feedbackpflicht
- Sich einmischen – auch ungefragt!

Fazit

Meine Teilnehmer waren von diesem Besuch tief beeindruckt. Vor allem Manager und Unternehmer haben mir bei späteren Begegnungen immer wieder berichtet, welche erfolgreichen Konsequenzen sie in ihren Unternehmen aus diesen Prinzipien und aus der Radikalität ihrer Umsetzung gezogen haben.

Kapitel 13

DAS PROJEKT WEST-EASTERN DIVAN ORCHESTRA

Der argentinisch-israelische Pianist und Dirigent Daniel Barenboim hat gemeinsam mit dem amerikanisch-palästinensischen Literaturwissenschaftler Edward W. Said 1999 ein Symphonieorchester gegründet, dessen Stammbesetzung zu gleichen Teilen aus jungen israelischen und arabischen Musikern besteht. Es gastiert weltweit mit dem Ziel, sich für friedliche Lösungen im Nahostkonflikt einzusetzen.

Das Orchester setzt sich aus jungen Musikern im Alter von 14 bis 25 Jahren zusammen, die aus Israel, verschiedenen arabischen Staaten sowie aus der Türkei, dem Iran und Spanien stammen. Nach ersten Proben und Aufführungen in Weimar gründete das Orchester 2002 eine Sommerschule im spanischen Sevilla, seinem heutigen Hauptsitz. Seine Mitglieder, viele davon virtuose Musiker renommierter Orchester, treffen sich dort jährlich zu Proben und Aufführungszyklen. Das Orchester möchte ein wichtiges Symbol dafür sein, dass auch im Verhältnis zwischen verschiedenen Kulturen, die sich politisch gegeneinander abgrenzen und bekämpfen, ein friedliches Miteinander möglich ist. Barenboim zufolge ist das Orchester »ein Projekt wider die Ignoranz. Ein Projekt, das zeigen soll, wie unerlässlich es ist, dass Menschen sich gegenseitig kennen lernen und begreifen, was der Andere denkt und fühlt, welcher Logik er folgt, ohne notwendigerweise damit übereinzustimmen. (…) Es geht mir darum, eine Plattform zu schaffen, wo Menschen verschiedener Meinung sein können, ohne gleich das Messer zu zücken.«[1]

Das Orchester hat sich inzwischen dank zahlreicher gefeierter Konzerte in aller Welt einen hervorragenden Ruf erspielt. Seine Mitglieder verstehen sich nicht als politische Botschafter, denn der Nahostkonflikt ist laut Maestro Barenboim im Grunde kein politischer, sondern ein menschlicher Konflikt zwischen zwei Völkern, die felsenfest daran glaubten, dass sie ein Anrecht auf dasselbe Stück Land hätten. Daraus ergebe sich alles andere: »Der einzige politische Aspekt der Arbeit des West-Eastern Divan Orchestra ist die Überzeugung, dass es keine militärische Lösung des Nahostkonflikts geben kann und dass die Schicksale von Israelis und Palästinensern untrennbar miteinander verbunden sind. Musik allein kann selbstverständlich nicht den arabisch-israelischen Konflikt lösen. Jedoch gibt sie dem Einzelnen das Recht und die Verpflichtung, sich vollständig auszudrücken und dabei dem Nachbarn Gehör zu schenken.«[2] Das musikalische Zusammenspiel des Orchesters weckt Hoffnung auf gegenseitige Toleranz oder gar auf ein harmonisches Zusammenleben, auch wenn dieses zurzeit noch unrealistisch erscheint. Leitmotiv: Frieden braucht Gerechtigkeit, Verträge, Freiheit, aber Musik kann anregen, einstimmen, inspirieren.

Die Gründung der »Barenboim-Said Akademie« (BSA) in Berlin-Mitte im Jahr 2015 hat dem erfolgreichen Projekt einen weiteren Baustein hinzugefügt. Im ehemaligen Kulissendepot der Staatsoper Unter den Linden absolvieren seit Ende 2016 junge Stipendiaten aus Israel, den palästinensischen Autonomiegebieten, dem Libanon, Ägypten und der Türkei in zwei getrennten Studiengängen eine zwei- oder vierjährige musikalische Ausbildung.

Perry Tal, einer der Stipendiaten, geboren 1986 in Tel Aviv, Mitglied des Divan-Orchesters seit 2010: »Das Orchester existiert nicht, um Frieden zu bringen. Es existiert, um zu zeigen, dass Dialog und Einigkeit möglich sind. Wir sind der lebende Beweis dafür, dass Araber und Israelis eigentlich eine Familie sind. Am Anfang haben wir uns sehr unterschiedlich gefühlt. Aber wir haben viel mehr Gemeinsamkeiten entdeckt als Unterschiede. Wir haben schnell realisiert, wie viele geteilte Erfahrungen es gibt. Wortwörtlich über Grenzen hinweg. Oft sind es auch ähnliche Kindheitserlebnisse. Das macht weich und auch verletzlich …

Die Tatsache, dass wir uns unabhängig vom politischen Klima weiter treffen, beweist, dass es Menschen gibt, die genau das wollen und möglich machen. Ich glaube, dass jede Form von Kunst das schaffen kann. Das Besondere an der Musik ist aber, dass die wichtigste Fähigkeit eines jeden Musikers das Zuhören ist.

Gerade das fehlt meiner Meinung nach am meisten im Mittleren Osten. Wir üben jeden Tag, uns gegenseitig zuzuhören. Etwa eine Idee in der Oboe zu hören und mit der Geige nachzuspielen.

Je schneller und rasanter die Welt wird, umso mehr wird klassische Musik etwas werden, das die Zuhörer herausfordert, weil es verlangt, eine längere Zeit zuzuhören.

Im Divan fühle ich die Kraft der klassischen Musik mehr als je zuvor. Das macht mir Hoffnung. Eine Menge Hoffnung.«[3]

Kernelemente »Andersheit«
- Im Projekt sind vorübergehend alle gleich – eine Wirklichkeit gewordene Utopie gelingender Gemeinschaft
- Erfolgreiches Miteinander von Andersheiten auf Zeit
- Vorher und anschließend existieren die üblichen Trennungen, doch die Erinnerung an die gelungene Gemeinschaft bleibt

Kapitel 14

UBUNTU – EINE AFRIKANISCHE LEBENSPHILOSOPHIE

Ubuntu ist eine Philosophie, die den Wesenskern der afrikanischen Mentalität, des Lebensstils und der Kultur des Kontinents zum Ausdruck bringt: *Erst durch andere Menschen wird man selbst zum Menschen.* **Ubuntu ist mehr als eine Philosophie, es ist eine »Geisteshaltung«, in der das Selbst durch den Nachbarn oder die Gemeinschaft ersetzt wird. Diese Philosophie steht in krassem Gegensatz zur westlichen Kultur, wo die Bedürfnisse und Werte des Individuums die Hauptrolle spielen. In der afrikanischen Weltanschauung sind die Bedürfnisse und Werte der Anderen höher zu gewichten.**

Luyanda Mpahlwa: Teilen, Anteilnahme und Empathie sind wichtige Elemente von Ubuntu. Die afrikanische Gesellschaft in Südafrika baut auf dieser Philosophie auf: Menschen teilen ihre Freude, ihre Trauer und ihre Ressourcen miteinander, und sie sorgen auch füreinander. Die afrikanischen Sprachen bringen dies auf vielfältige Weise zum Ausdruck – so wird eine Person in den meisten Fällen »wir« sagen, wenn sie sich an eine andere Person richtet. In afrikanischen Gesellschaften ist es völlig normal, dass sich ein Fremder um das Kind einer anderen Familie kümmert oder es ermahnt, denn zu Ubuntu gehört die Auffassung, dass man »ein ganzes Dorf benötigt, um ein Kind zu erziehen«.

In diesem Umfeld bin ich aufgewachsen. Meine familiären und beruflichen Beziehungen sind weiterhin von dieser Erfahrung geprägt.

Als Heranwachsender in Südafrika hatte ich beispielsweise nie ein eigenes Zimmer; ich lebte stets mit meinen Brüdern zusammen, und das war ganz normal. Meine Mutter arbeitete als Krankenschwester, und wenn Kinder, deren Eltern weit entfernt im Dorf wohnten, aus dem Krankenhaus entlassen wurden, brachte sie sie mit zu uns nach Hause. Dort sollten sie sich erholen, bevor sie den weiten Heimweg antraten. Wir wussten nie, wann sie das nächste Kind, mit dem wir unser Heim teilen mussten, mitbringen würde; auch das war ganz normal. Wenn wir Besuch erhielten, räumten wir Kinder unser Schlafzimmer, um Platz für den Besucher zu schaffen. Das zog sich durch meine gesamte Jugend. Ubuntu lehrt uns, dass der Fremde Vorrang vor den individuellen Bedürfnissen der Familie genießt.

In der westlichen Kultur kann ich mir Ähnliches nicht vorstellen, allenfalls in kleineren Dörfern, aber auch da bin ich mir nicht sicher. In unserer modernen Welt wird es sogar in Afrika zunehmend schwierig, dieser Philosophie zu folgen, denn die Gesellschaft bewegt sich in Richtung Individualismus. Doch Ubuntu wurzelt in der afrikanischen Geisteshaltung. Als ich in Deutschland lebte, wurde ich mit einer anderen Realität konfrontiert. Ich verstand nicht, wie individualistisch die Kultur und Mentalität der Menschen waren. Zwar bewahrte ich mir meine Ubuntu-Mentalität, konnte damit allein in Deutschland aber nicht überleben. Vielmehr musste ich lernen, individualistischer zu denken, was nicht unbedingt schlecht ist. Einfache Dinge, wie im Zug oder in der U-Bahn für einen älteren Menschen aufzustehen, erinnerte mich daran, dass ich in Afrika aufgewachsen war. Das soll nicht bedeuten, dass die Menschen in der westlichen Kultur nicht füreinander sorgen, doch die individuellen Bedürfnisse und Werte bilden den Kern ihrer Mentalität. In Europa kümmern sich die Institutionen um die Menschen, der Staat ist diesbezüglich wesentlich aktiver als in jedem afrikanischen Land. Allerdings fällt es mir sehr schwer, meine Kinder auf »individualistische« Weise zu erziehen. Während Ubuntu weiterhin mein inneres Wertesystem prägt, habe ich mir mittlerweile ein kleines Stück Individualismus erarbeitet und so ein gutes Gleichgewicht zwischen westlicher und afrikanischer Kultur gefunden.

Klaus Doppler: Gibt es grundlegende Nachteile von Ubuntu – beispielsweise für engagierte und erfolgreiche Familienmitglieder?

Luyanda Mpahlwa: Ubuntu ist eine allumfassende Philosophie, die die Werte der afrikanischen Gesellschaften in Südafrika, aber auch in anderen afrikanischen Ländern beschreibt. In diesem Wertesystem geht es um Offenheit, Teilen, Fürsorge, Menschlichkeit und herzliches Empfangen. Diese Werte prägen meine Sicht auf die Welt. Natürlich hat jedes Wertesystem auch Nachteile und kann zum Nutzen einiger weniger Menschen missbraucht werden. Die negativen Aspekte von Ubuntu eröffneten sich mir, als ich Gelegenheit erhielt, mit anderen Kulturen zu interagieren. Meine Erfahrungen in Deutschland zeigten mir, dass der Impuls, die Bedürfnisse anderer vor meine eigenen zu stellen, mich in einer Gesellschaft, in der individuelle Bedürfnisse und Interessen im Vordergrund stehen, kaum weiterbringen würde. In gewisser Weise habe ich mein Eigeninteresse gestärkt, was sicher gut ist, doch mein afrikanisches Ubuntu-Wertesystem hat sich im Grunde nicht verändert. Das mag ein Dilemma darstellen, aber menschliche Wesen sind nun einmal sehr anpassungsfähig.

Auch die südafrikanische Gesellschaft befindet sich im Wandel und mit ihr das Ubuntu-System, das womöglich vor allem auf familiärer Ebene relevant bleibt. Südafrika verstädtert zusehends, und zumindest am Arbeitsplatz, wo sich die Kulturen mischen, lässt sich eine Verwässerung von Wertesystemen beobachten. Gleichzeitig hat die Vielfalt an Kulturen in Südafrika auch positive Aspekte: Ubuntu bereichert andere Kulturen und wird als besonders, einzigartig und als unverwechselbar südafrikanisch erkannt. Ich bin davon überzeugt, dass die positiven Aspekte die negativen stets überwiegen werden.

In seinem Buch *The African Way*[1] zeigt Mike Boon, welche Kraft interaktiver Führung innewohnt. Hier offenbart sich der Einfluss von Ubuntu in modernen Geschäftsbeziehungen. Das Buch erläutert, wie das moderne Afrika ganz offensichtlich durch eine Mischung verschiedener kultureller Einflüsse, Philosophien und Verhaltensmuster geprägt wird, die es in dieser Form nur in Afrika gibt. Für Südafrika, in dem Ubuntu eine sehr große Rolle spielt, trifft das ganz sicher zu.

Ubuntu ist kein konkretes oder wissenschaftliches Wertesystem, es entsteht vielmehr durch die Interaktion der verschiedenen Generationen in unserer Kultur. Natürlich kann die Großzügigkeit dieses Wertesystems durch jene missbraucht werden, die lieber andere ausnutzen wollen, als Verantwortung für ihr eigenes Leben zu übernehmen. Ubuntu sieht vor, dass Schwächere von anderen unterstützt werden, und dies könnte man als Nachteil interpretieren. Dieses noch heute gültige Prinzip greift innerhalb von Familien, am Arbeitsplatz, in der Schule, im Geschäftsleben und in vielen anderen Lebensbereichen. Ich beobachte jedoch eine schleichende Änderung: Heute können die Menschen unterscheiden zwischen jenen, die sie ausnutzen möchten und die Großzügigkeit von Ubuntu missbrauchen, und solchen, die die Ubuntu-Philosophie aufrichtig und mit positiver Geisteshaltung wertschätzen.

Um einen weiteren Kontext anzusprechen: Viele Südafrikaner glauben, dass die Geschichte ihres Landes von der Großzügigkeit der afrikanischen Völker geprägt wurde, die vor mehr als drei Jahrhunderten die Besucher aus Europa mit offenen Armen empfingen – eine These, die von Wissenschaftlern heute diskutiert wird. Es wird allgemein anerkannt, dass das friedliche Übereinkommen, das die Apartheid beendete, und die Einrichtung der Wahrheits- und Versöhnungskommission nur aufgrund der Ubuntu-Philosophie und der Großzügigkeit der afrikanischen Menschen möglich war. Es ist schwer vorstellbar, dass Ähnliches irgendwo in Europa oder in anderen westlichen Kulturen möglich gewesen wäre.

Klaus Doppler: Inwieweit ist Ubuntu überhaupt noch zeitgemäß im Kontext der allgemeinen politischen, technologischen, wirtschaftlichen, sozialen und spirituellen Entwicklungen – auch im Verhältnis zu anderen Ländern und Kulturen?

Luyanda Mpahlwa: Ich habe meines Erachtens bereits versucht, diese Frage zu beantworten. Tatsächlich ist Ubuntu für die afrikanische Gesellschaft weiterhin relevant; allerdings gehen moderne Wertvorstellungen und die mit einem demokratischen System verbundenen Freiheiten nicht spurlos daran vorbei. Südafrika verändert sich zweifellos, und obwohl Ubuntu noch immer ein einzigartiges Wertesystem mit eindeutig südafrikanischen Wurzeln darstellt, das auch andere Kulturen in Südafrika bereichert hat, führt die demokratische Ordnung zu Veränderungen, die sich auf die heutigen Lebenswelten im Land auswirken. Diese Veränderungen werden im Kontext der geschichtlichen Entwicklung Südafrikas seit 1994, moderner afrikanischer Werte und der Interaktionen seiner Bürger mit anderen Kulturen auf nationaler und internationaler Ebene analysiert.

Das Demokratiemodell, das Südafrika gewählt hat, zeigt den Einfluss von Ubuntu. Das gilt beispielsweise für die Anforderung, Probleme durch Konsensbildung zu lösen, einem Grundprinzip von Ubuntu. Das in der südafrikanischen Verfassung verankerte Rechtssystem beruht auf dem Konzept der »ausgleichenden Gerechtigkeit«, anstatt einer Strafjustiz den Vorrang zu geben. Die politischen Implikationen von Ubuntu stehen jedoch manchmal in einem Spannungsverhältnis zur demokratischen Ordnung, die individuelle Rechte schützt. Diese Entwicklungen werden die Zukunft Südafrikas in den nächsten Jahren prägen.

Trotz dieser Veränderungen bleibt Ubuntu im täglichen Leben der Südafrikaner relevant. Seine menschlichen und emotionalen Aspekte beherrschen die Interaktionen zwischen Menschen im sozialen Umgang, im Geschäftsleben, in Vorständen, im Bildungswesen und in vielen anderen Lebensbereichen.

Seinen größten Belastbarkeitstest muss Ubuntu vermutlich bestehen, wenn es um seinen Einfluss auf den technischen Fortschritt geht. Einer der Hauptunterschiede zwischen der afrikanischen Psyche und westlichen Vorstellungen betrifft den Zeitbegriff (gut erläutert in dem bereits erwähnten Buch *The African Way*). In westlichen Kulturen ist Zeit ein entscheidender Faktor in Planungsprozessen jeder Art. Es gibt einen Handlungsdruck; man möchte »Dinge erledigen«. In afrikanischen Gesellschaften hingegen hat Zeit eine andere Bedeutung: Bei der Planung sind viele Dinge zu berücksichtigen, und so dauern Entscheidungsprozesse länger. Man muss sich beraten und versuchen, einen Konsens herzustellen – ein zentrales Element des afrikanischen Wertesystems.

Es bleibt abzuwarten, wie Ubuntu in die schnelllebige Welt des technischen Fortschritts integriert werden kann. Mit Sicherheit jedoch haben die afrikanischen Gesellschaften den technischen Fortschritt bereitwilliger angenommen als westliche Kulturen, insbesondere im Bereich von Kommunikation und sozialen Medien. Fortschrittliche Technologien ermöglichen in Afrika mit seiner begrenzten Infrastruktur den Ausbau von Kommunikationsnetzwerken. Diese haben auch dazu geführt, dass Bankdienstleistungen bis in die hintersten Winkel des Landes vorgedrungen sind. Insofern scheint es mir, als sei Technologie mit der Ubuntu-Philosophie vereinbar.

DIE WAHRHEITS- UND VERSÖHNUNGSKOMMISSION IN SÜDAFRIKA – EIN ZUKUNFTSFÄHIGES MODELL?

Die Wahrheits- und Versöhnungskommission (Truth and Reconciliation Commission, TRC) war ein gerichtsähnliches restoratives Rechtsorgan, das nach Ende der Apartheid in Südafrika gegründet wurde. Zeugen, die als Opfer schwerer Menschenrechtsverletzungen identifiziert wurden, waren eingeladen, Aussagen über ihre Erlebnisse zu machen, einige davon wurden für eine öffentliche Anhörung ausgewählt. Auch Gewalttäter konnten aussagen und um eine zivil- und strafrechtliche Amnestie bitten. Trotz einiger Mängel gilt die Arbeit der TRC allgemein (wenn auch nicht bei allen Beobachtern) als erfolgreich.

Gründungsgeschichte und Kernelemente der Wahrheits- und Versöhnungskommission

Luyanda Mpahwla: Die Gründung des TRC war ein entscheidender Moment und ein wichtiger Meilenstein in der Geschichte Südafrikas. Ihre Einberufung sollte den notwendigen Prozess anstoßen, um Versöhnung und den Übergang zur Demokratie zu erreichen. Ziel war es, nationale Einheit herzustellen und den Frieden zu sichern. Die TRC wurde auf Grundlage des Gesetzes Nr. 34 zur Förderung der nationalen Einheit und Versöhnung von 1995 einberufen und tagte in Kapstadt. Sie hatte einige prominente Mitglieder, etwa Erzbischof Desmond Tutu (Vorsitzender), Alex Boraine (stellvertretender Vorsitzender), Sisi Khampepe, Wynand Malan und Emma Mashinini.

Das Mandat der Kommission bestand darin, öffentliche Anhörungen abzuhalten. Dabei sagten Zeugen über Menschenrechtsverletzungen während der Apartheidzeit aus, insbesondere über solche, die von Angehörigen des Apartheidregimes begangen worden waren. Auch Gewalttäter konnten Aussagen machen und um eine zivil- und strafrechtliche Amnestie bitten.

Alle Zeugenaussagen wurden dokumentiert und den Opfern Wiedergutmachung und Rehabilitierung angeboten; in manchen Fällen wurde aussagewilligen Tätern Straffreiheit zugebilligt. Voraussetzung hierfür war, dass die Zeugen ihre Vergehen während der Apartheidzeit wahrheitsgemäß schilderten. Zudem wurde ein Versöhnungsregister angelegt, das es gewöhnlichen Südafrikanern ermöglichte, ihr Bedauern und ihre Reue für früheres Fehlverhalten auszudrücken.

Erinnern wir uns, dass die Geburt der südafrikanischen Demokratie im Jahr 1994 das Ergebnis eines bitteren Freiheitskampfes war, der darauf abzielte, den lang anhaltenden Konflikt zwischen schwarzer und weißer Bevölkerung in Südafrika zu lösen. Als das politische Gleichgewicht zwischen Ost und West sich infolge des Zusammenbruchs der russisch dominierten sozialistischen Staaten 1989/1990 zu verschieben begann, wuchs der Druck auf Südafrika, das

Apartheidsystem zu beenden. Führende Mitglieder der Befreiungsbewegungen, darunter Walter Sisulu und Govan Mbeki, wurden von Robben Island und aus anderen Gefängnissen entlassen. Der Druck, auch Nelson Mandela freizulassen, war von der demokratischen Bewegung in Südafrika längst auf internationale Bewegungen übergesprungen, die in zahlreichen Ländern dafür mobilisierten. Die Unterstützung für den ANC und andere Befreiungsbewegungen nahm ständig zu, während die Apartheidregierung weiterhin an den Schalthebeln der Macht saß. Sie war bereit, das Militär zur Verteidigung des Apartheidsystems in Bewegung zu setzen, doch die Wirtschaft war bereits zusammengebrochen – die Sanktionen gegen Südafrika zeigten Wirkung.

Dem Land drohte ein längerer Bürgerkrieg, der zweifellos zu noch mehr Blutvergießen geführt hätte als in den Vorjahren. Eine friedliche Lösung musste also gefunden werden. Nelson Mandela wurde schließlich im Februar 1990 aus dem Gefängnis entlassen, und nach 27 Jahren Haft überraschte er die Welt als Fürsprecher von Versöhnung und nationaler Einheit. Führungspersönlichkeiten wie Mandela und Desmond Tutu erkannten, dass sich eine Demokratie in Südafrika nur durch Frieden und Versöhnung errichten lassen würde. Auf diesen Grundfesten müsse sie aufbauen, nicht auf Vergeltung. Der Konflikt in Südafrika gründete auf einem Apartheidsystem, das schwere Verbrechen gegen die Mehrheitsbevölkerung begangen hatte – Verbrechen gegen die Menschlichkeit, wie die UNO betonte.

Dieser Versöhnungsprozess – eine opferorientierte Justiz mit dem Ziel nationaler Einheit – gründete auf der Logik der damaligen Lage in Südafrika. Die neue Regierung berief die TRC ein, um den Übergang von der Apartheid zur Demokratie zu bewältigen, ohne die Täter zu bestrafen. Die meisten Familien hatten damals Angehörige verloren, und die Menschen wollten die Wahrheit darüber erfahren, was mit ihren geliebten Angehörigen während der Apartheid geschehen war. Dies wurde als wichtiger erachtet als Vergeltung. Manche wollten die Täter kennen lernen und ihre Wissenslücken hinsichtlich des Verbleibs ihrer vermissten Angehörigen füllen. Andere hofften, deren sterbliche Überreste zu finden, die in unbekannten Gräbern verscharrt worden waren. Angesichts der Brutalität des Apartheidsystems und der begangenen Verbrechen war dies für viele ein traumatisches Erlebnis. Doch die Wahrheitsfindung war ein zentrales Element des Versöhnungs- und nationalen Einigungsprozesses.

Ein sehr wichtiger Aspekt ist, dass sich Südafrika stark von anderen afrikanischen Ländern unterscheidet, die kolonisiert wurden und in den 1960er-Jahren ihre Unabhängigkeit erlangten. Die Kolonisatoren zogen sich daraufhin zurück, doch die Wirtschaften der ehemaligen britischen, französischen und portugiesischen Kolonien blieben eng mit ihrer jeweiligen früheren Kolonialmacht verflochten.

In Südafrika hingegen wurde die Apartheid von Weißen etabliert, die in Südafrika geboren waren und als Bürger dieses Landes galten – ob zu Recht oder zu Unrecht, wird die Geschichte entscheiden. In jedem Fall aber stand ihnen kein Zufluchtsort zur Verfügung, und so erschien es notwendig, den Konflikt ohne Einmischung von Drittstaaten zu lösen. Dies ist ein weiterer wichtiger Aspekt des südafrikanischen Versöhnungsprojekts.

Nicht jeder unterstützte seinerzeit den Ansatz, eine restorative Justiz der Strafgerichtsbarkeit vorzuziehen, und natürlich hatte dieser Weg seine Nachteile. Doch erschien er damals logisch, und ich glaube, dass es ohne diesen Prozess länger gedauert hätte, ein friedliches Südafrika zu schaffen, und dass Freiheit und Demokratie schmerzvoller gewesen wären. Unser Land musste sich entscheiden, ob es eine Lösung nach Art der Nürnberger Prozesse oder eine andere Form von Strafrechtsregime wollte. Südafrika entschied sich stattdessen für die Wahrheits- und Versöhnungskommission, denn die Südafrikaner glaubten, dass der Konflikt von den Menschen selbst auf dem Verhandlungsweg und durch eine opferbetonte Justiz anstatt durch Vergeltung gelöst werden musste. Viele begreifen diese Philosophie nicht, und bis heute heißt es bisweilen, dass die TRC ein Fehler gewesen oder die Versöhnung zu weit gegangen sei.

Die TRC bleibt jedoch ein wichtiges Element in der Geschichte Südafrikas. Man kann nur darüber spekulieren, wie sich Südafrika ohne Versöhnung entwickelt hätte, aber rückblickend war die Wahrheits- und Versöhnungsphilosophie ein logischer Schritt. Er spiegelt die Weisheit und die visionäre Kraft von Anführern wie Nelson Mandela wider und wird von vielen als entscheidende Komponente des Übergangs zu einer vollständigen Demokratie in Südafrika betrachtet.

Klaus Doppler: Was hätte man im Nachhinein betrachtet vielleicht anders und besser machen können – und warum wurde das nicht erkannt oder verworfen?

Luyanda Mpahlwa: Das ist eine schwierige Frage, denn rückblickend ist man bekanntlich immer klüger. Ich antworte aber dennoch, auch wenn meine Ansichten womöglich keine weit verbreitete Meinung widerspiegeln.

Als jemand, der unmittelbar am bitteren Freiheitskampf beteiligt war und der persönliche Opfer zugunsten der Demokratiebildung in Südafrika erbracht hat, erkenne ich keine wirkliche Alternative zum friedlichen Übergang in meinem Land, einschließlich der Einrichtung der Wahrheits- und Versöhnungskommission. Ich will aber versuchen, einige der Komplexitäten zu beleuchten, die man anders hätte lösen können und damit manches Argument entkräftet hätte, das gegen diesen Prozess vorgebracht wurde.

Zu diesen Verwicklungen zählt der Umstand, dass der letzte Präsident des Apartheidregimes, Frederik Willem de Klerk, 1993 gemeinsam mit Nelson Mandela den Friedensnobelpreis erhielt. Er hatte Mandela freigelassen und war bereit, am Friedensprozess teilzunehmen. In den Augen der Weltöffentlichkeit mag das ein nobles Anliegen gewesen sein, doch nach Meinung der Südafrikaner, die unter dem brutalen Apartheidregime gelitten hatten, wurde er dadurch auf dieselbe Stufe wie Nelson Mandela gestellt.

Manch einer wird mich für diese Ansicht kritisieren, doch meines Erachtens wurde de Klerk durch die Zuerkennung des Nobelpreises von den Gräueltaten der Apartheid freigesprochen. Viele Menschen können nicht erkennen, dass er jemals Verantwortung für die Gräueltaten übernommen hätte, und in den Zeugenaussagen vor der TRC wurde er in seiner Rolle als Staatschef niemals angeklagt.

Bis heute steht er der aktuellen Regierung sehr kritisch gegenüber. Meiner Meinung nach unterstützt er keine der

Initiativen, die auf eine Beseitigung oder Korrektur der wirtschaftlichen Ungleichgewichte in Südafrika gerichtet sind, und ein Beitrag von de Klerk zum derzeitigen demokratischen Diskurs ist kaum erkennbar, sieht man von seinem Einsatz zum Schutz sogenannter Minderheitenrechte ab. Darüber hinaus genießt er weiterhin die Sonderprivilegien, die er als einer der Vizepräsidenten in der Regierung der nationalen Einheit nach den Wahlen von 1994 erhielt. Das stimmt in meinen Augen bedenklich, denn er repräsentiert die letzte Apartheidregierung und auch die sogenannte weiße Angst. Es ist schwierig, ihn für die Ereignisse während seiner Amtszeit zur Verantwortung zu ziehen, auch wenn in den Augen vieler Menschen noch viele Fragen hinsichtlich mancher Maßnahmen seiner Regierung bestehen.

Mein Fazit lautet, dass eine grundsätzliche »psychologische Hemmschwelle« hinsichtlich des Versöhnungsprojekts zu bestehen scheint, die vor allem die jüngere Generation mit ihren vielen Fragen betrifft. Wenn hierfür keine Lösung gefunden wird, dürfte die Frage, ob die Ungerechtigkeiten der Vergangenheit wirklich aufgearbeitet wurden, noch jahrelang im Raum stehen.

Dies ist jedoch nicht die einzige Herausforderung, der sich Südafrika auf seinem Weg zur Versöhnung stellen muss. Zu diesen Herausforderungen gehört auch, dass kaum etwas von dem Unrecht, das die TRC aufgedeckt hat, jemals strafrechtlich geahndet wurde. Viele Täter wehren sich mit juristischen Mitteln gegen jede Art der Strafverfolgung. Sie behaupten, nur Befehle »in einer Kriegssituation« befolgt zu haben, schweigen aber darüber, wer diese Befehle erteilte. In einigen Fällen haben Täter zugegeben, an der Entwicklung geheimer chemischer und biologischer Kampfstoffe mitgewirkt zu haben, die gegen schwarze Freiheitskämpfer eingesetzt wurden. Doch diese Täter leben weiterhin als freie Menschen im demokratischen Südafrika. Das gilt beispielsweise für den Kardiologen Wouter Basson, der als »Dr. Death« bezeichnet wird und bis heute eine florierende Praxis in Kapstadt betreibt.

Während also die Verursacher des Unrechts ihrem Leben weiter unbeschwert nachgehen, haben die meisten Opfer der Apartheid und insbesondere die jüngeren Menschen das Gefühl, dass der Gerechtigkeit nicht genüge getan wurde und das Gesetz die Täter heute schützt.

Und während auf politischem Gebiet Freiheit erreicht wurde, nehmen die wirtschaftlichen Unterschiede weiter zu, und Armut bleibt für viele Menschen eine große Herausforderung. Angesichts dieser Ungleichgewichte, die noch lange anhalten werden, genügt es heute nicht mehr zu sagen, dass Versöhnung der notwendige Preis für die Erlangung von Freiheit gewesen sei. Um das zu begreifen, muss man nur einen Blick auf die Lebensqualität in vielen Townships, ländlichen Gebieten und informellen Siedlungen sowie auf den niedrigen Bildungsstandard der schwarzen Menschen in Südafrika werfen.

Ich glaube immer noch, dass sich die Uhr nicht zurückdrehen lässt und dass das Versöhnungsprojekt, einschließlich der TRC, ein wesentlicher Bestandteil des friedlichen Übergangs in Südafrika war. Somit bleibt festzuhalten, dass restorative Justiz, verbunden mit dem »Schutz von Minderheitenrechten«, zum Kern der südafrikanischen Verfassung zählt und auf Dauer fortbestehen wird, während Gerechtigkeit weiter auf sich warten lässt.

In den letzten Jahren hat sich an einigen südafrikanischen Universitäten eine Protestbewegung gebildet, die unter dem Motto »Rhodes must fall« den Abriss von Symbolen und Statuen der Apartheidzeit fordert. Mit der Zeit trat die Forderung »Fees must fall« hinzu, ein Ruf nach kostenloser Bildung in Südafrika (mehr dazu weiter unten). Diese Bewegung ist Ausdruck einer tief sitzenden Unzufriedenheit und Ungeduld bei der jüngeren Generation, die auf raschen wirtschaftlichen Wandel drängt.

Die Regierung steht zurzeit unter großem Druck seitens der Opposition und der armen Bevölkerung. Rufe nach Verfassungsänderungen und einer Landreform, um die wirtschaftlichen Ungleichgewichte schneller zu beseitigen, werden lauter. Diese Forderungen stellen den Kern des südafrikanischen Demokratieprojekts aber nicht infrage. Vielmehr sind sie Teil des demokratischen Prozesses und zielen auf eine Verbesserung der Lebensqualität für alle Südafrikaner. Das demokratische System wird reifer und allmählich als Vehikel zur Erreichung wirtschaftlicher Veränderungen akzeptiert. Auch wenn dies manche Leute, die einen Verlust ihrer Privilegien befürchten, verängstigt, halte ich es für eine wichtige Entwicklung. Nicht zuletzt muss die Bildungsfrage angegangen werden, wenn Südafrika nicht wirtschaftlich zurückfallen möchte.

Südafrika kann es sich nicht leisten, diese Herausforderungen anders als auf demokratischem und verfassungsrechtlichem Wege anzugehen. Anderenfalls besteht die Gefahr von Anarchie und einer Umkehrung der Errungenschaften des Friedens- und Versöhnungsprojekts.

In diesem Buch können nicht alle notwendigen Maßnahmen diskutiert werden. Ich glaube jedoch, dass das

Friedens- und Versöhnungsprojekt dem Übergang des Landes von einem repressiven hin zu einem demokratischen System dienen sollte. Wir müssen akzeptieren, dass Veränderungen Zeit benötigen, und es wird dauern, bis unser Land seine Ziele – Versöhnung, Wandel und Wohlstand für alle – erreicht hat. Südafrika ist eine junge Demokratie und muss noch vieles tun, um die Spannungen und Ungleichgewichte der Vergangenheit weiter zu bekämpfen und die Einheit der Nation weiter voranzutreiben. Das Versöhnungsprojekt hat dazu beigetragen, die nötige politische Stabilität und einen wirtschaftlichen Aufschwung nach dem Zusammenbruch des Apartheidregimes zu sichern.

Insofern bin ich recht zuversichtlich, dass die Demokratie heute überall in Südafrika gut verankert ist. Die staatlichen Institutionen funktionieren sehr gut, und alle Anstrengungen sind darauf gerichtet, dass jeder die Verfassung als höchstes Gesetz des Landes achtet. Darauf können wir stolz sein. Die politischen Parteien und die Legislative müssen jedoch zeigen, dass sie die Bedürfnisse der Menschen in den Vordergrund stellen und befriedigen können. Zurzeit zweifeln viele einfache Leute daran, dass unser politisches System dazu imstande ist. Der Druck auf die Regierung wird daher anhalten.

Gleichzeitig kann das Versöhnungsprojekt ohne Behebung der wirtschaftlichen Ungleichgewichte nicht als abgeschlossen gelten. Es herrscht weiterhin eine massive wirtschaftliche Ungleichheit in Südafrika, und es muss viel dafür getan werden, dass die Wirtschaft allen eine Chance bietet, nicht nur den Reichen und der Mittelklasse. Armut, Ungleichheit und eine hohe Arbeitslosigkeit bleiben auch 25 Jahre nach dem Übergang zur Demokratie eine große Herausforderung, die das Potenzial hat, die Stabilität im Land zu bedrohen. Der niedrige Bildungsstand und die mangelnden technischen Fachkenntnisse der Bevölkerungsmehrheit sind Grund zur Besorgnis.

Nach meinem Dafürhalten muss das Land mehr in Bildung und Kompetenzentwicklung investieren, damit die Menschen unabhängiger von staatlicher Förderung werden und die Chancen ergreifen können, die die Wirtschaft ihnen bietet. Zurzeit werden wirtschaftliche Ungleichgewichte überwiegend mithilfe des staatlichen Wohlfahrtssystems bekämpft. Dies führt zu Abhängigkeit und zu der Erwartung, dass der Staat für einen sorgt. Ein nachhaltiges Modell für eine sich entwickelnde Wirtschaft wie in Südafrika ist es nicht.

Besonders heiß umstritten ist derzeit die Frage nach der Landverteilung, mit anderen Worten: der ungerechten Verteilung von Landbesitz, einem Erbe der Apartheid. Viele fordern lautstark eine Verfassungsänderung, um dieses »historische Ungleichgewicht« zu bekämpfen. Es wird noch lange dauern, bis diese Frage zur allgemeinen Zufriedenheit gelöst wurde.

Ein zweites kontroverses Thema ist die Protestbewegung #FeesMustFall[1], die seit 2015/2016 an den südafrikanischen Universitäten aktiv ist. Sie fordert kostenlose Bildung und deren »Entkolonisierung«. Die Bewegung begann als friedlicher Protest, geriet aber leider bald außer Kontrolle und wurde zunehmend gewalttätig. Auf die komplexen Gründe dafür soll hier nicht näher eingegangen werden. Ich schöpfte aber Hoffnung daraus, dass die Studenten sich als wichtige Akteure des Wandels begriffen und den Staat aufforderten, sich mit der mangelnden Finanzierbarkeit von Bildung für die armen Bevölkerungsschichten zu beschäftigen und auch den Lehrplan den besonderen Bedingungen in Südafrika sowie in ganz Afrika anzupassen.

Manche Beobachter haben diese studentische Bewegung als fehlgeleitet und chaotisch bezeichnet. Das mag auch zutreffen, doch mir schien es, als würden die Studenten endlich ihre Situation begreifen und ein Thema ansprechen, das nach 1994 nicht genügend beachtet wurde. Um eine junge Generation aus hinreichend und angemessen gebildeten Menschen heranzuziehen, muss das Land die Herausforderungen im Bildungssektor angehen und neue Chancen eröffnen.

Auf seltsame Weise fühle ich mich an die Generation der Achtundsechziger in Deutschland erinnert, die sich rund 25 Jahren nach Ende des Zweiten Weltkriegs gegen die westdeutsche Nachkriegsordnung und das »veraltete« Bildungssystem erhob. Wie wir wissen, veränderten diese Menschen die politische Entwicklung des Landes, und die Bewegung gebar die Partei der Grünen, die ebenfalls die politische Landschaft auf Bundes- und Länderebene für immer veränderte.

Ich behaupte nicht, dass in Südafrika das Gleiche geschehen wird, aber es gibt doch Parallelen, etwa der Zeitpunkt knapp 25 Jahre nach Einführung der Demokratie. Wir wissen heute noch nicht, wo die Fees-must-fall-Bewegung hinführen wird, doch sie hat die Probleme von Studenten in den früheren weißen Universitäten und insbesondere auch die Herausforderungen bei der Integration rassisch getrennter Hochschulen öffentlich gemacht. Ich hoffe, dass

Politik und Gesellschaft die Bedeutung der studentischen Bewegung erkennen, und bin zuversichtlich, dass etwas Positives daraus erwachsen wird, denn die Studenten sind unsere künftigen wirtschaftlichen und politischen Anführer. Bleiben ihre Fragen unbeantwortet, so wird auch das Versöhnungsprojekt nicht vollendet werden können.

Klaus Doppler: Ist dieses Vorgehen auch in anderen Ländern/Kulturen anwendbar, und wenn ja, unter welchen Bedingungen und in welcher Form?

Luyanda Mpahlwa: Es lässt sich nur schwer beurteilen, ob das südafrikanische Modell auf andere Länder übertragen werden kann. Die TRC wurde weltweit als beispielhaftes Modell gepriesen, das auch anderswo angewandt werden könne. Ob das zutrifft, vermag ich nicht zu sagen, denn jede Situation weist ihre eigene Dynamik und ihre spezifischen Rahmenbedingungen auf. In Südafrika hatten wir das Glück, dass die Versöhnung mit der Ubuntu-Philosophie einherging, die die Bereitschaft der Afrikaner beinhaltet, ihren früheren Unterdrückern zu vergeben. Ich weiß nicht, ob es in anderen Ländern ähnlich aussieht.

Allerdings wäre meine Hoffnung, dass das Prinzip des Interessenausgleichs zwischen feindlichen Gruppen weltweit Gültigkeit besitzt. Entscheidend ist, dass die Konfliktparteien aufeinander zugehen und bereit sind, auf einen Frieden hinzuarbeiten. Wenn das gewährleistet ist, kann jede Konfliktlösung sich an den jeweiligen Rahmenbedingungen orientieren. Eine Grundbedingung lautet, dass Politik auf einer breit gefassten sozialen und humanitären Ordnung fußt, die nicht zuletzt auch eine Kultur der Vergebung beinhaltet – eine Voraussetzung, die in manchen Konflikten schwer zu erfüllen sein könnte. Die TRC gründete auf diesem Prinzip.

Ein weiterer Aspekt des südafrikanischen Modells ist die Schaffung staatlicher Institutionen, die die Verfassung schützen und einen Machtmissbrauch der Herrschenden verhindern sollen. Aufgabe dieser Institutionen, darunter beispielsweise die Menschenrechtskommission, die Gleichstellungskommission und die Wahlkommission, ist es, jene Grundrechte zu fördern und zu bewahren, die in ihren jeweiligen Zuständigkeitsbereich fallen. Sie sind unparteiisch, unabhängig und nur der Verfassung und den im Sinne der Verfassung erlassenen Gesetzen unterworfen. Somit schützen sie die konstitutionelle Demokratie des Landes.

Noch entscheidender ist, die demokratische Ordnung so robust zu machen, dass auch spätere Generationen sich frei über ihre Zukunft äußern und wirtschaftliche Chancen ergreifen können. Auf Versöhnung müssen Ausgleich und Reparationen folgen, denn das Land und seine Wirtschaft haben sich seit 1994 verändert. Wie in vielen Ländern, die Konflikte durchlaufen haben, etwa Deutschland, rückt dieser mit der Zeit in den Hintergrund. Politische Freiheit bleibt ein nobles Ziel, sie muss aber durch ein nachhaltiges Wirtschaftsmodell ergänzt werden, das dem Land den Weg in die Zukunft weisen kann. Hierin liegt die Herausforderung für das heutige Südafrika, und dies würde auch für jedes andere Land gelten, das unserem Modell folgen will.

Die Realität in Südafrika ist weiterhin von wirtschaftlichen Ungleichgewichten und einem Wohlstandsgefälle gekennzeichnet, das als das größte weltweit gilt. Diese Ungleichgewichte zeigen sich entlang von Bevölkerungsgruppen: Die weiße Bevölkerung genießt immer noch einen viel höheren wirtschaftlichen Standard und eine bessere Lebensqualität. Die Mehrheit der schwarzen Bevölkerung hingegen verharrt in Armut und leidet unter schlechter Bildung, einem Erbe der Apartheid. Die seit 1994 herangewachsene schwarze Mittelschicht bleibt innerhalb der Gesamtwirtschaft bedeutungslos.

Die stets gestellte Frage lautet daher, ob die weißen Südafrikaner begriffen haben, dass grundlegende wirtschaftliche Veränderungen erforderlich sind und eine gerechte Wirtschaft das Endziel sein muss, um eine erfolgreiche Demokratie zu etablieren. Wie sich gezeigt hat, lässt sich die räumliche Spaltung, die die Apartheid geschaffen hat, nur sehr schwer überwinden. Die Reichen leben weiterhin bequem in guter Lage, wohingegen die Townships immer noch unterentwickelt sind, wie auch das Wachstum informeller Siedlungen belegt. Es erscheint derzeit unmöglich, die Armen in die offizielle Wirtschaft des Landes zu integrieren, und bis sich dies ändert, dürften noch Jahrzehnte vergehen. Darin liegt die Herausforderung für die künftigen Generationen in Südafrika.

Der Fall de Klerk in 2020: Rückschlag für das Demokratieprojekt?

Am 2. Februar 2020 ereignete sich etwas Seltsames. Das Land feierte den 30. Jahrestag der Entlassung von Nelson Mandela aus dem Gefängnis, als der letzte Apartheidpräsident F. W. de Klerk in einer Rede behauptete, Apartheid sei »niemals ein Verbrechen gegen die Menschlichkeit« gewesen – das sei alles nur »sowjetisches Agitprop«, also Propaganda seitens der Sowjetunion.[2]

Weiterhin sagte er: »Es besteht ein Unterschied zu einem Verbrechen, wie etwa einem Völkermord. Apartheid lässt sich beispielsweise nicht mit einem Völkermord vergleichen. Den gab es niemals.« Dies löste einen politischen und sozialen Aufschrei im Land aus und riss tiefe Wunden auf, die eigentlich schon verheilt waren. Meiner Meinung nach bedeutete dies einen großen Rückschlag für das Demokratieprojekt. Die F. W.-de-Klerk-Stiftung unterstützte die Bemerkungen des Ex-Präsidenten und verschlimmerte dadurch die Angelegenheit noch.[3] Es wurde deutlich, dass der frühere Präsident und seine Unterstützer letztlich nicht eingesehen hatten, dass die Apartheid ein Fehler war. In der schwarzen Bevölkerung, die das 30 Jahre nach Mandelas Freilassung nicht hinnehmen wollte, brandeten die Emotionen hoch.

Die Lage eskalierte und überschattete die Eröffnung des südafrikanischen Parlaments am 17. Februar 2020, zu der F. W. de Klerk als früherer Staatschef eingeladen war. Die zweitgrößte Oppositionspartei, die Economic Freedom Fighters (EFF), verlangte seinen Ausschluss, da »Blut an seinen Händen« klebe.

Der Aufschrei führte dazu, dass politische Parteien und angesehene Persönlichkeiten wie Bischof Desmond Tutu von F. W. de Klerk und der Stiftung verlangten, ihre Erklärungen zu widerrufen. Tutu bekundete: »Südafrika steht an einem wirtschaftlichen Abgrund. Es leidet unter radikaler Armut und Ungleichheit. Jene, die am meisten unter der

Apartheid litten, leiden heute noch immer am meisten. Insbesondere früheren und heutigen führenden Persönlichkeiten der weißen Gemeinschaft obliegt es, den Mut, die Großherzigkeit und das Mitgefühl zu zeigen, die für den gesellschaftlichen Heilungsprozess erforderlich sind …«[4]

Am Tag nach dieser Äußerung und der Parlamentseröffnung schloss sich auch die herrschende Partei, der ANC, der Forderung nach einem Widerruf an. Er erklärte: »Im Interesse der Förderung von Versöhnung und Nationsbildung fordert der ANC die F.W.-de-Klerk-Stiftung dazu auf, ihre unverantwortliche Äußerung bedingungslos zurückzuziehen und sich endlich für den Aufbau eines Südafrikas zu engagieren, das wir alle wollen.« Und tatsächlich widerrief die Stiftung ihre Aussage: Es habe sich um eine Fehleinschätzung gehandelt. Tatsächlich sei die Apartheid ein Verbrechen gegen die Menschlichkeit gewesen. [5]

Aus den Reihen von Politikern, politischen Stiftungen, dem südafrikanischen Kirchenrat und Sozialexperten waren viele kritische und wütende Stimmen zu vernehmen. Man forderte, F. W. de Klerk den Friedensnobelpreis, den er gemeinsam mit Nelson Mandela erhalten hatte, wieder abzuerkennen. Entsprechende Anträge an das Osloer Nobelpreiskomitee wurden gestellt, blieben aber erfolglos. Warum ist dies relevant?

Offene Fragen

Die Erklärungen des früheren Präsidenten haben den von der TRC unter Bischoff Tutu verfochtenen Versöhnungsprozess vergiftet. Wie sich ebenfalls herausstellte, hatte de

Klerk die Veröffentlichung der Untersuchungsergebnisse der TRC über seine Person per Gerichtsbeschluss verhindert, und sein Fall musste aus dem Abschlussbericht der TRC entfernt werden. Das war nicht allgemein bekannt und riss tiefe Wunden auf. Es wurde deutlich, dass er für seine Rolle unter der Apartheid keinerlei Konsequenzen zu tragen hatte. Vielmehr trug er mit neuen Äußerungen zur weiteren gesellschaftlichen Spaltung bei: »Ich stimme der Desmond-und-Leah-Tutu-Stiftung dahingehend zu, dass jetzt nicht der richtige Zeitpunkt ist, über den Grad der Nichtangemessenheit der Apartheid herumzustreiten. Sie war völlig unannehmbar« – eine Aussage, die keinen Aufschluss darüber zulässt, ob er das Demokratieprojekt des neuen Südafrika jemals begrüßt hat. Mit Sicherheit bleibt seine Rolle kontrovers und ungeklärt. Zahlreiche offene Fragen sind noch zu beantworten.

Als F. W. de Klerk 1993 gemeinsam mit Nelson Mandela den Nobelpreis erhielt, waren kritische Stimmen innerhalb der südafrikanischen Gesellschaft, insbesondere aus der schwarzen Bevölkerung, zu vernehmen: De Klerk habe den Preis nicht verdient. Die Ereignisse der letzten Zeit scheinen diesen Stimmen recht zu geben. Das Nobelpreiskomitee indes gab zu verstehen, dass es für Äußerungen seiner Preisträger nicht verantwortlich sei.

In jedem Fall hat Ex-Präsident de Klerk jeglichen Respekt und Vertrauensbonus verspielt, den er besessen haben mag, und wird in die Geschichte als letzter weißer Präsident eingehen, der die Apartheid verteidigte und niemals begriff, welchen Schaden und welche Verelendung diese über die schwarze Bevölkerung Südafrikas brachte. Er hat sein wahres Gesicht offenbart.

Meiner Meinung nach mindern die jüngsten Vorfälle um de Klerk und seine mangelnde Distanzierung von der Apartheid in keiner Weise die Bedeutung der Politik des friedlichen Übergangs und die Sinnhaftigkeit der TRC zur Förderung von Versöhnung in Südafrika. Wir wussten schon immer, dass nicht de Klerk derjenige war, der Geschichte geschrieben hat, aber er genoss immerhin einen Vertrauensvorschuss. Im Jahr 2020 hat er sich selbst auf den Müllhaufen der Geschichte befördert. Das südafrikanische Volk wird das Demokratieprojekt weiter vorantreiben, ohne jegliche Illusionen, dass sie es de Klerk zu verdanken hätte. Er hat das Land zurückgeworfen, doch die Fortschritte, die Südafrika erzielt hat, werden Bestand haben.

Kapitel 16

ARCHITEKTUR –
DESIGN FÜR SOZIALEN WANDEL

Architektur kann Lebenswelten verändern –
aber nur, wenn man die Menschen nicht vergisst.

Die bis zu 40 Kilometer von der Innenstadt Kapstadts entfernt gelegenen Gemeinden der Cape Flats verfügen über nur wenige oder gar keine örtlichen Einrichtungen oder Arbeitsplätze. Öffentliche Verkehrsmittel sind rar gesät, und die Menschen leiden unter einer rigiden Stadtplanung, die auf Rassentrennung ausgelegt war. Obwohl Veränderungen im Gange sind, bestehen diese Gettos auch 25 Jahre nach dem Ende der Apartheid weiter. Ein Transformationsprozess soll das Leben der Menschen in den ständig wachsenden Peripherien verbessern; diesen Prozess nenne ich (LM) »Slum upgrading«. Ihnen einen mehrstöckigen Siedlungsblock Marke Europa hinzustellen, würde nichts bringen. Die Menschen fühlen sich dadurch nur entwurzelt. Informelle Siedlungen entstehen trotzdem, die Leute verwenden ihre eigenen Baumaterialien, die Community ist stark. Um Slums aufzuwerten, müssen die Menschen an der Veränderung teilhaben. Nur so gelingt die Identifikation mit ihrem Wohnraum.

224

© Johnny Miller / Unequal Scenes

Abbildung 9: Links: »Weißes« Wohnviertel[1]; rechts: Township-Siedlung[2]

© Luyanda Mpahlwa

Abbildung 10: Kosovo Informal Settlement, 2017.

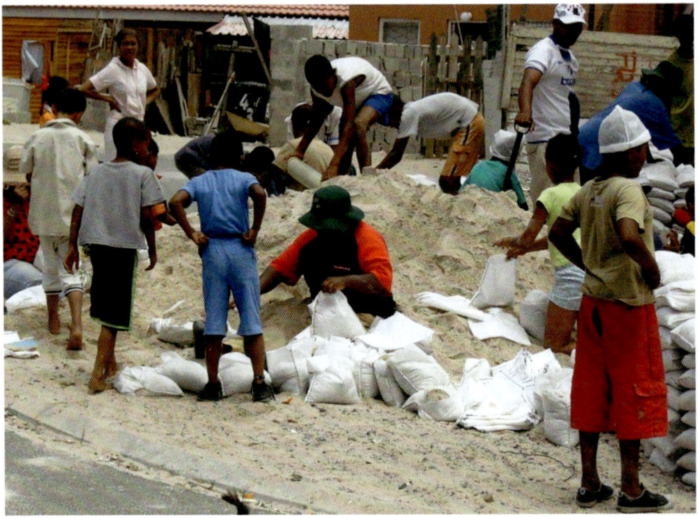

© Klaus Doppler

© Wieland Gleich, ARCHIGRAPHY.com

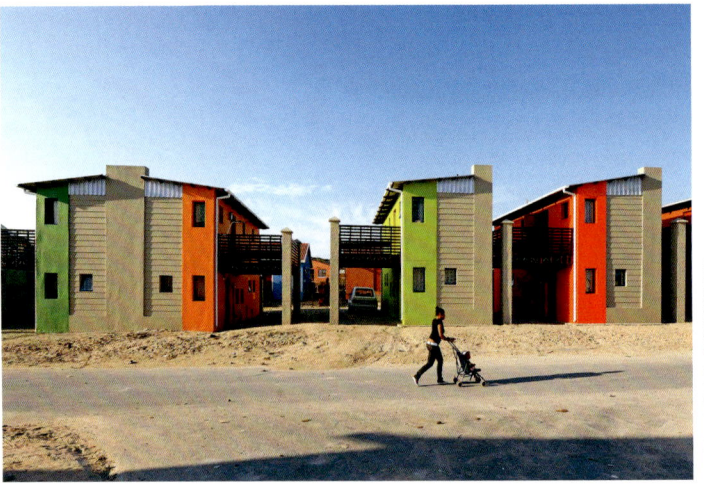

Abbildung 11 a und b: Das 10 × 10-Sandhaus, sozialer Wohnungsbau.

Abbildung 12 a und b: Das zweistöckige Gebäude mit einer
Suppenküche, einem Unterrichts- und einem Computerraum

© Klaus Doppler

Abbildung 13 a und b: Das zweistöckige Jugendzentrum mit Räumen für die Betreuung der Hausaufgaben, Nachhilfe, Musik und andere Freizeitangebote

Abbildung 14:Beschreibung des Sportgeländes;
Poster von Luyanda Mpahlwa; designspaceafrica.com

Abbildung 15: Die Verwandlung des Wasserrückhaltebeckens in ein Sportgelände

Abbildung 16: Feier zur Eröffnung des Sportgeländes

© Klaus Doppler

Abbildung 17 a und b: Die Schulen wurden in abgelegenen Gegenden mit schwierig zu befahrenden Zufahrtswegen errichtet. Die verstreute Anordnung der Schulgebäude spiegelt den ländlichen Kontext wider.

Architektur in der Praxis

Eines der wichtigsten Prinzipien meiner Architekturpraxis lautet, dass die Menschen im Mittelpunkt des Geschehens stehen müssen. Mein Ansatz berücksichtigt, dass Architektur stets eine »soziale Praxis« war, die seit Urzeiten den Anspruch erhob, gesellschaftliche Probleme zu lösen. In Zeiten städtischer Marginalisierung und der Zielsetzung, die wachsenden sozialen und wirtschaftlichen Ungleichgewichte zu korrigieren, wird dies umso relevanter. Der schnell fortschreitende Verstädterungsprozess in Ländern wie China, Indien, Brasilien oder auch Südafrika stellt den Städtebau vor besondere Herausforderungen.

In einem Aufsatz mit dem Titel »Directions for Urban Future«[3] beschreibt Michael Cohen die Herausforderungen, die mit »schrumpfenden städtischen Infrastrukturen« und »verfallenden Stadtlandschaften« einhergehen. Er weist darauf hin, dass der Betrieb und die Unterhaltung bestehender Infrastrukturen wie Wasserversorgung, Kanalisation, Transport und Abfallverwertung sowohl entwickelte wie auch Entwicklungsländer vor große Probleme stellen. Dem können wir die Dringlichkeit von bezahlbarem Wohnraum in räumlicher Nähe zu Arbeitsplätzen hinzufügen. Der Aufsatz stellt zudem den »allgemeinen Rückgang der Luft- und Wasserqualität sowie der Bodenressourcen in den meisten Städten weltweit« heraus; auch dies gelte sowohl für entwickelte als auch für Entwicklungsländer.

Ich glaube, dass Architektur aufgerufen ist, Designlösungen für diese städtischen Probleme zu entwickeln. Es geht darum, urbane Systeme und Lebensbedingungen zu verbessern. In letzter Zeit neigt Architektur jedoch vielmehr dazu, sich auf Objekte zu konzentrieren und Gebäude als Skulpturen zu betrachten, wobei die Menschen in den Hintergrund geraten. Natürlich gestalten Architekten unsere Umgebungen durch schöne Gebäude, insofern ist hiergegen nichts einzuwenden, doch wir sollten stets die Menschen mitbedenken. In Südafrika bin ich Teil einer Bewegung, die die architektonischen Hinterlassenschaften der Apartheidära umgestalten und neu konzipieren möchte. Wir müssen akzeptieren, dass Südafrika sich aus unterschiedlichen Kulturen mit unterschiedlicher Wirtschaftskraft zusammensetzt, was sich auf die jeweiligen Lebensbedingungen unterschiedlich auswirkt. Wie kann Architektur auf diese gesellschaftlichen Dynamiken reagieren? Nach meiner Beobachtung wird diese Frage an den südafrikanischen Universitäten noch nicht thematisiert. Doch Lehre und Praxis der Architektur lassen sich davon nicht trennen.

Die Architektur, für die ich einstehe, lässt sich nicht auf einen bestimmten Stil reduzieren, sondern will städtische Umgebungen integrieren und die Herstellung inklusiver, gleichwertiger und erschwinglicher Arbeits- und Lebensbedingungen in Südafrika fördern. Die Ungleichheit der »räumlichen Apartheid« ist noch immer offensichtlich.

In den afrikanischen Staaten herrschen zudem informelle und ländlich geprägte Ökonomien vor, die in einem Widerspruch zu den in der Kolonialzeit entstandenen städtischen Umgebungen stehen. Die Interpretation von Architektur und Stadtplanung muss sich auf die spezifischen Bedingungen afrikanischer Gesellschaften ausrichten und auch afrikanisch inspiriertem Design eine größere Rolle zubilligen. Dies gilt sowohl in ländlichen wie auch städtischen Umgebungen. Ob das gelingt, muss die Zukunft zeigen, doch ich meine es ernst mit diesem Anspruch und glaube daran. Die Voraussetzung ist ein grundlegender Wandel in Verständnis und Interpretation der gesellschaftlichen Rolle von Architekten. Als wir mit dem Entwurf der südafrikanischen Botschaft in Berlin begannen, fragten wir uns: Wie erreichen wir, dass dieses Gebäude Südafrika, seine Menschen und verschiedenartigen Kulturen repräsentiert und als integralen Bestandteil der Völkergemeinschaft darstellt? Diese Frage bestimmte unseren Entwurfsprozess und unsere Ideenfindung für das Gebäude.

Jede Gesellschaft ist in ständigem Wandel begriffen. Auch städtische Situationen verändern sich mit der Zeit, und ich glaube fest daran, dass Architektur die Bestrebungen der Menschen widerspiegeln muss, Lösungen zu finden, welche die wechselnden Bedürfnisse der Gesellschaft befriedigen.

Meiner Meinung nach sollte Architektur diesen wichtigen Aspekt, den Menschen in den Vordergrund zu stellen, niemals vergessen. Der überwiegende Teil meiner Arbeit als Architekt hat mit Menschen zu tun und setzt ein Verständnis des Stadt- und Sozialgefüges voraus. Er richtet sich auf die Suche nach Lösungen, die das Leben von Menschen verbessern. Aus diesem Grund befürworte ich das Konzept einer Architektur mit sozialer Dimension, und das Motto »Design für sozialen Wandel« verkörpert eine ehrgeizige Vision, die meine Architekturfirma seit zehn Jahren antreibt. Meine Arbeit in den Townships hat es mir ermöglicht, mit marginalisierten Gemeinschaften zu interagieren – mit gewöhnlichen Menschen, die in sehr armen und ungesunden Umgebungen ohne staatliche

Dienstleistungen und soziale Einrichtungen leben und nach einem besseren Leben streben. Das gilt für Freedom Park im Township Mitchells Plain, wo wir 2008 das Einfachwohnungsbauprojekt Sandbag durchführten, oder im Township Philippi, wo wir derzeit eine informelle Siedlung namens Kosovo Informal Settlement modernisieren und aufwerten.

Dialog und offene Kommunikation sind wichtige Bestandteile meines persönlichen Wertesystems und meiner Arbeit als Architekt und Stadtplaner. Die Arbeit mit Gemeinschaften vollzieht sich auf einem anderen Komplexitätsniveau, als es Architekten gewöhnt sind, und erfordert andere Verhandlungskompetenzen, als sie an Universitäten gelehrt werden. Dies hat mir dabei geholfen, meine Rolle neu zu justieren und zu erkennen, dass Architektur bisweilen eine Nebenrolle spielen muss, während der Entwicklungsprozess durch Dialog und im ehrlichen und offenen Austausch fortschreitet. Nur so kann Architektur die Anliegen der Gemeinschaften zum Ausdruck bringen und sicherstellen, dass diese die Ideen, die unseren Projektentwürfen zugrunde liegen, unterstützen.

Mittlerweile ist die Gesellschaft in Südafrika ganz offensichtlich gerechter geworden. Kein Südafrikaner – gleich ob weiß oder schwarz – kann behaupten, dass sich nichts verändert hätte. Wir haben mehr Möglichkeiten, unser Land in einen gerechteren Ort zu verwandeln, als jemals zuvor. Aber haben wir wirklich unsere Meinung voneinander geändert? Viele Weiße glauben immer noch, dass ihnen eine höhere Stellung zukomme als Schwarze – ein Relikt der Gesellschaftsordnung während der Apartheid. Und viele Schwarze glauben, dass Weiße ihnen überlegen seien.

Diese Vorstellungen werden dadurch gestützt, dass sich die wirtschaftliche Situation der Weißen kaum verändert hat.

Wer die lange Geschichte der wirtschaftlichen Entwicklung in Südafrika betrachtet, wird verstehen, dass es Jahre dauern wird, bis eine annähernde ökonomische Gleichheit erreicht ist. Schätzungen zufolge verdienen weiße Südafrikaner durchschnittlich rund drei- bis sechsmal so viel wie Schwarze. Genau lässt es sich nicht berechnen, aber niemand kann bestreiten, dass Weiße nach wie vor in größerem Wohlstand leben als die schwarze Bevölkerung.[4]

Gleichzeitig ist in den Jahren nach der Demokratisierung eine schwarze Mittelschicht entstanden, die gut verdient und es sich dadurch leisten kann, sich in der Innenstadt oder in ehemals weißen Wohnsiedlungen niederzulassen. Als ausgebildeter Architekt gehöre ich zu dieser Mittelschicht und wohne nicht mehr im Township. Ich habe ein Büro im Stadtzentrum, beschäftige Mitarbeiter, genieße einen gewissen Lebensstandard, wohne in einem ehemaligen Vorort für Weiße, und meine Kinder gehen auf eine Schule, die früher nur weiße Kinder besucht haben. Ich kann also nicht behaupten, dass ich irgendeine Art von Diskriminierung erlebe. Ich werde aber nach wie vor als »schwarzer Architekt« betrachtet. Doch wir brauchen Anführer, die verstehen, dass Südafrika sich nicht nur auf den Lorbeeren ausruhen kann, die wir Mandela verdanken. Wir müssen uns endlich die Hände wieder schmutzig machen. Außerdem dürfen wir nicht alles politisieren! Wenn wir das tun, werden wir Südafrika zerstören.

Im Augenblick politisieren wir zu viel, ja eigentlich alles: Häuser zu bauen ist politisch, Straßen und Busse bereitzustellen ist politisch. Bildung wird ebenfalls stark politisiert. Warum? Obwohl vieles ein Erbe der Apartheid ist, handelt es sich hier um Dienstleistungen, die jede Regierung bereitstellen muss. Solange wir diese Herangehensweise nicht ändern, werden wir keinen neuen Nelson-Mandela-Moment erleben.

Stadtplanung in Südafrika und ihre Herausforderungen

Soziale Ungerechtigkeit ist eines der wichtigsten Themen, mit denen sich Stadtplaner, Architekten und Entscheidungsträger in Südafrika beschäftigen müssen. Denn Township-Bewohner unterliegen zweifellos einer Diskriminierung durch unsere Stadtplanung.

Kapstadt hat sich 2014 erfolgreich als Welthauptstadt für Design beworben. Nicht zuletzt weil die Stadt so fragmentiert ist, hatten wir die Hoffnung, dass Kapstadt als Design-Hauptstadt auf diese Trennlinien aufmerksam würde und die Nominierung dazu beitragen könnte, die Situation zu verbessern. Vieles in Kapstadt muss noch verändert werden, bis wir endlich sagen können: Diese Stadt steht allen ihren Bewohnern offen – unabhängig von ihrer Hautfarbe und Kultur.

Der gesamte Aufbau der Stadt orientiert sich traditionell an der Aufteilung der Viertel nach Hautfarben. Alle Städte Südafrikas – egal ob Durban, Port Elizabeth oder Johannesburg – sind so konstruiert, dass sie die Mächtigen schützen und ihnen Zugang zu den wichtigen Einrichtungen gewähren und alle Anderen, die nicht zu dieser Gruppe gehören, ausschließen.

Kurz gesagt: Unsere Städte spiegeln die »krasse Monofunktionalität«, die in den meisten Weltstädten zu finden ist, wider. Unsere Innenstädte wurden nicht als Wohnorte errichtet, sondern als reine Büro- und Geschäftszonen (»central business districts«, CBD). Wohnen war nur am Rande der Innenstädte, in Vororten und Townships vorgesehen. Autobahnen bringen Menschen morgens zum Arbeiten in die Stadt und abends wieder nach Hause zum Wohnen und Schlafen – so das gängige Modell. Dieses lässt sich aber verändern, indem wir darüber nachdenken, wie sich eine Stadt entwickelt. Wie muss zum Beispiel eine Straße funktionieren, damit sie demokratischer wird und alle sie nutzen können? In der Stadtplanung der meisten südafrikanischen Städte liegt der Fokus immer noch auf dem Auto. Es gilt als das wichtigste Verkehrsmittel. Allein: Die Mehrheit der Bevölkerung besitzt gar kein Auto!

Wir brauchen endlich ein öffentliches Verkehrssystem, das bezahlbar ist und die Stadt mit den Townships besser und vor allem sicher verbindet. Bislang gibt es nur private Minibustaxis, die ständig hin und her fahren und dadurch die Straßen verstopfen. Zur Fußball-WM 2010 hat Kapstadt zwar das »My-City-Bus«-System eingeführt, aber diese Busse fahren hauptsächlich vom Zentrum in die weißen Vororte und zum Flughafen. Es gibt weiterhin kaum Linien, die die Stadt mit den schwarzen Townships verbinden! Und gäbe es sie, so stünden sie in Konkurrenz zu den Minibusbetreibern, die alle zu den schwarzen unterprivilegierten Bevölkerungsgruppen gehören. Dem Staat gelingt es nicht, einen sinnvollen Dialog mit den Betreibern zu führen. Zurzeit ist diese Diskussion in einer Sackgasse gelandet.

Die größte Veränderung, die Südafrika braucht, ist die Bereitstellung von Wohnraum, der der Mehrheit der Bevölkerung ihre Würde zurückgibt. Südafrika müsste endlich neu über den sozialen Wohnungsbau nachdenken! Warum bauen wir immer nur in den Townships? Wir vergessen dabei völlig, dass auch das Zentrum ein Ort zum Wohnen und Arbeiten sein sollte – und zwar nicht nur für die reiche Elite, sondern für alle Menschen, auch solche aus der Arbeiterklasse, die momentan nur in Townships leben dürfen. Wir müssten darüber nachdenken, wie die Städte durch eine inklusive Stadtplanung integrierter werden können, damit es ihnen gelingt, auch sozioökonomische Probleme zu lösen.

Die aktuelle Wohnungspolitik des Landes sorgt nur für eine Vervielfachung staatlich subventionierter Häuser, doch Einrichtungen wie Schulen, Bibliotheken und Sportzentren, Spielplätze und Kindertagesstätten fehlen fast völlig. Wer verspricht, eine weitere Million subventionierter Häuser in den Townships zu bauen, kann nicht behaupten, dass er der Bevölkerung etwas Gutes tut. Er wird nur die Entfernungen verlängern, die die Menschen zur Arbeit zurücklegen müssen. Diese neuen Siedlungen entstehen am Rand der Städte, weit weg von der Stadtmitte, wo die meisten arbeiten. Wir haben zwar den städtebaulichen Fokus verändert, weil wir jetzt Geld für arme Viertel ausgeben. Aber dadurch vergrößern wir nur die Townships – und festigen die Trennlinien in unseren Städten.

Wir müssen uns auch Gedanken darüber machen, welche Art von Häusern wir den Menschen anbieten wollen. Viele Menschen ziehen in die Städte, weil sie sich dort bessere Jobs erhoffen. Sie lassen ihre Familien zurück und sind gedanklich nur auf der Durchreise hier, schlagen aber keine Wurzeln. Sollen wir tatsächlich für sie das gleiche Haus bauen wie für diejenigen, die hier mit ihren Familien dauerhaft wohnen? Es gibt kein Standardmodell, das für alle passt. Aber wir tun so.

Dieser Art von Sozialwohnungsbau unterscheidet sich vom sozialen Wohnungsbau in Europa. In Südafrika heißt es »one size fits all« – ein Standardmodell für alle. Mietshäuser, die mitten in der Stadt oder in Zentrumsnähe liegen, sind nicht vorgesehen. Erst seit 2019 wird eine neue Wohnungspolitik diskutiert, die in Richtung Vielfalt und Verdichtung der Städte geht. Eine sehr positive Entwicklung.

Meine Meinung nach bringt es nichts, den Menschen immer weitere Häuser zu versprechen, ohne jede Eigenverantwortung, Selbstbeteiligung oder Anteilnahme. Denn wir sagen ihnen damit nur: Wartet auf uns, wartet darauf, dass wir etwas für euch tun. Es müsste differenziert werden, nach dem Motto: Wer ist wirklich nicht in der Lage, sich selbst zu helfen? Welche Unterstützung vom Staat benötigt er und in welcher Form?

Der staatliche Wohnungsbau ist für Südafrika enorm wichtig. Die unterprivilegierten Bevölkerungsgruppen am Rand der Gesellschaft brauchen den Wohnungsbau. Aber er nötigt den Menschen auch einen gewissen Lebensstil auf. Wir müssen die Leute dazu bringen, an den Zielen mitzuarbeiten, an die wir glauben. Nicht mit Geld, sondern mit ihrer Arbeitskraft und Anteilnahme. Die Menschen müssen merken und akzeptieren, dass sie eine Verantwortung haben. Könnte man dabei nicht auch ihre handwerklichen Fähigkeiten nutzen? Antwort: Ganz sicher, nur ist das sehr viel aufwendiger, als immer nur die gleiche Wohnkiste aufzustellen.

Ich bin der Meinung, dass der Staat mehr Geld dafür ausgeben muss, die Gesellschaft über die Architektur in den Bauprozess einzubinden, anstatt dass wir uns nur auf das Haus konzentrieren, das am Ende dabei herauskommt. Wir müssen Menschen in den Townships ausbilden, damit sie ihre eigenen Einrichtungen mitentwickeln und betreuen können. Damit sie merken: Das ist unser Park, unser Spielplatz, ein Ort von öffentlichem Interesse und öffentlichem Wert – und kein Müllablageplatz. Es geht darum, die Menschen zu erreichen und ihre Denkweise zu verändern.

Unsere Gesellschaft trägt eine große Verantwortung dafür, auf der einen Seite die soziale Ungerechtigkeit abzubauen und zu bekämpfen, auf der anderen Seite aber die Menschen durch Partizipation zu ermutigen, selbst Verantwortung zu übernehmen und eigene Leistungen welcher Art auch immer beizusteuern. Nur mit Dialog und einer neuen Vorgehensweise lässt sich dies erreichen, da alle herkömmlichen »Top-down-Ansätze« wirkungslos bleiben oder abgelehnt werden. Gemeinden in den Townships müssen in diese Diskussionen durch interaktive Prozesse einbezogen werden. Das ist sicher ein schwieriger Weg. Aber er wird sich lohnen!

Sandbag House und andere exemplarische Modelle

Das erste Projekt, das wir vorstellen möchten, ist das »10×10 Housing Project« in Freedom Park, einer ehemaligen informellen Siedlung im Township Mitchells Plain. Dieses von The Design Indaba, einer Design-Konferenz in

Kapstadt, angestoßene Pilotprojekt hat sich als prägend herausgestellt, da es zur Anerkennung der sozialen Dimension von Architektur führte, für die wir uns einsetzen.

Das ursprüngliche Ziel des 10×10-Wohnprojekts lautete, innovative, preisgünstige, umweltfreundliche Wohnhäuser in einer Zeit zu errichten, als öffentliche geförderte Unterkünfte für Arme ganz ohne Zutun von Architekten entstanden. Design Indaba lud je zehn lokale und internationale Architekten dazu ein, in Zweierteams jeweils ein Haus zu entwickeln. Mein Partner war Will Alsop, doch sein »Betonkästen-Entwurf« erschien mir unter den Bedingungen eines Townships als nicht praktikabel, und seine Kostenschätzung lag zudem über dem zur Verfügung stehenden Budget. Unsere Zusammenarbeit scheiterte, da ich einen Entwicklungsprozess bevorzugte, der stärker auf die Bedürfnisse der Gemeinde Freedom Park und die Lebenswirklichkeiten armer Gemeinschaften einging, die meiner Meinung nach in die Konzeption eingebunden sein müssten.

Jeder Bauplatz, der den Architekten zugeordnet wurde, maß 7,5 mal 15,5 Meter, doch wir wollten die Grundfläche verkleinern und ein zweistöckiges Gebäude errichten, das der Familie genügend Frei- und Spielfläche ließ. Da wir der Auffassung sind, dass Behausungen für arme Menschen erweiterbar sein sollten, schlugen wir einen inkrementellen Design-Ansatz vor. Wir entwickelten einen Vorbau für jedes Haus, auf den später aufgebaut werden konnte, wenn die Bewohner dies beschlossen. Die Häuser wurden zudem so nah wie möglich an den Straßenrand gebaut, sodass auch auf der Hausrückseite ein Erweiterungspotenzial bestand, falls die Familie Zuwachs bekam. Das Konzept des inkrementellen Hausbaus lernte ich von Charles Correa, einem indischen Architekten, der als Wohnungsbauexperte in Entwicklungsländern international anerkannt ist. In seinem Buch *Housing and Urbanisation* stellt Correa fest, dass es eine Zeit gegeben habe, als »Architektur sich nicht auf Einzelbauprojekte für unterschiedliche Kunden beschränkt hat, sondern auch mit sozialem Wohnungsbau und Stadtplanung befasst war, mit anderen Worten: mit der Gestaltung unseres alltäglichen Lebensraums«.[5]

Diese vor mehr als 20 Jahren geäußerten Worte gelten auch heute noch. Ich glaube fest daran, dass Architekten in der Verantwortung stehen, alltägliche Lebensräume zu gestalten, die Gemeinschaften Wahlmöglichkeiten und spätere Optionen eröffnen.

Öffentlicher Wohnungsbau für arme Menschen ist preisgünstig und schränkt Architekten in ihren Ausdrucksmöglichkeiten ein. Wir entschieden uns für ein minimalistisches Design mit innovativen Bauformen und ebensolcher Materialauswahl. Darüber hinaus wählten wir kräftige Farbtöne für die Fassadengestaltung, um eine kollektive Identität und Individualität auszudrücken. Es gibt verschiedene Möglichkeiten für Design, und man sollte mit dem arbeiten, was einem zur Verfügung steht. Wo man nicht mit Formen spielen kann, da kann man mit Farben spielen. Eine Reihe kleiner Fenster auf einer Fassadenseite verhindert, dass das Gebäude allzu sehr aufheizt, und dicke Wände sorgen für kühle Innenräume. Dabei haben wir uns an traditionellen Häusern orientiert, wie sie in vielen afrikanischen Ländern noch gebaut werden.

Im Grunde beruht dieses Vorgehen auf einer ganz einfachen Baulogik: Man muss das örtliche Klima, die Menschen und die sonstigen Bedingungen kennen. Es gibt jedoch eine Neuentwicklung: Die Wände sind aus übereinander geschichteten Sandsäcken gefertigt. Sand ist ein Baustoff, der in den Cape Flats im Überfluss vorhanden ist. Die Sandsäcke werden als Füllung für eine einfache Holzkonstruktion in Leichtbauweise verwendet, anschließend wird das Ganze mit Mörtel verputzt – keine Ziegel oder Betonwände. Die Sandsäcke sind feuerbeständig, können mithilfe von Mitgliedern der lokalen Gemeinschaft befüllt werden und sind billig: Jedes 10×10-Haus kostete nur 80 000 Rand (rund 4 200 Euro). Die späteren Eigentümer und deren Kinder halfen beim Bau mit, ein wichtiger Unterschied zu anderen öffentlich geförderten Bauprojekten. Sie zeigen ihr Heim immer mit großem Stolz her. Die Räumlichkeiten sind klein und primitiv ausgestattet, besitzen aber alle wesentlichen Elemente eines Wohnhauses. Zu meiner Freude haben einige Bewohner ihre eigenen Erweiterungen und Ergänzungen hinzugefügt. Ich sehe sogar einige Pflanzen, was mich in dieser kargen, von Sand geprägten Umgebung sehr glücklich macht.

So wurde der gesamte Bauprozess zu einer menschlich-sozialen Erfahrung, im Zuge derer neben Häusern auch Selbstbewusstsein, Stolz und Freundschaft entstanden. Diese »soziale Dimension von Architektur«, die Förderung von Aneignungsprozessen und der Umgang mit dem schwierigen Erbe der immer noch stark separierten Stadtviertel beschäftigt unser Büro DesignSpaceAfrica.

Im organisatorischen Chaos des Townships Mitchells Plain, rund 45 Minuten per Auto vom Stadtzentrum entfernt, und angesichts der vielen überbevölkerten, konturenlosen, unstrukturierten informellen Siedlungen stellen die Sandhäuser einen großen Hoffnungsschimmer dar, der die Lösung von jahrzehntealten Wohnungsproblemen verheißt. Das staatliche Wohnungsbauprogramm läuft einem Bedarf hinterher, der kaum zu befriedigen ist: Es stellt zwar den aufrichtigen Versuch dar, den Bedürfnissen der armen Bevölkerungsschichten entgegenzukommen, greift aber zu kurz und bietet nicht mehr als eine Schnellschusslösung, die möglichst rasch möglichst viele billige Unterkünfte für die Armen bereitstellen soll. Ein Großteil des öffentlich geförderten Wohnungsbaus der Vergangenheit ist das Werk von Bauunternehmen, ohne jeden Einfluss von Architekten.

Seit einiger Zeit beginnt sich das aber zu ändern, und wir freuen uns, dass wir zehn Jahre nach Entwicklung des 10×10-Sandhauses mit der Aufwertung einer informellen Siedlung im Township Philippi beauftragt wurden. Die Entscheidung, Architekten und andere Fachkräfte in derartige Projekte mit einzubinden, war ein großer Schritt. Als Spezialisten sind wir es gewöhnt, Räume und Gebäude zu verstehen, und auch wenn wir nicht jedes Problem allein lösen können, so können wir doch mit Menschen interagieren, ihre Bedürfnisse und Lebensstile begreifen, ihnen einige unserer Kenntnisse vermitteln und Lösungen entwerfen.

Der Wohnungsbau für die arme Bevölkerung ist in vielen Entwicklungsländern eine große Herausforderung, und mit zunehmender Migration von Menschen aus ländlichen Gebieten in die Städte wächst auch der Bedarf. Die informellen Siedlungen lassen sich nicht vollständig beseitigen, wie die Favelas in Rio und São Paulo, die Barrios in Venezuela und die Slums in Mumbai und Delhi, Nairobi,

Lagos, Kampala oder Johannesburg zeigen. Das Problem ist bereits allzu weit verbreitet und kann hier nicht ausführlich behandelt werden.

Die Sandhäuser waren insofern ein Siegeszug, als sie die Bedeutung von Design für die Verbesserung der Lebensbedingungen marginalisierter Gemeinschaften im öffentlichen Bewusstsein verankerten. So wurde »Design für sozialen Wandel« zu meiner persönlichen Ambition. Meine Hoffnung lautete, dass sich der innovative Design-Ansatz und der Einsatz alternativer Baumethoden und -systeme auch in größerem Maßstab durchsetzen würde. Leider ist dies aufgrund verschiedener regulatorischer Auflagen nicht der Fall gewesen.

2008 jedoch – dem Jahr, als die Sandhäuser fertiggestellt wurden – gewann ich den Curry-Stone-Designpreis einer US-amerikanischen Stiftung. Diese Auszeichnung verschaffte mir und meiner Praxis internationale Beachtung und zeigte, dass jedes Projekt, so klein es auch sein mag, große Aufmerksamkeit erregen kann. Man muss nur genügend Zeit und Energie darin investieren.

Projekte von Ithemba Labantu: sozial engagierte Architektur

Die Suppenküche

Als Ithemba Labantu im Zuge seines Suppenküchenprojekts, bei dem es um die Speisung von Schul- und Kindergartenkindern und um zusätzliche Unterrichtsräume ging, an uns herantrat, erhielt ich die Nachricht, dass die Sponsoren sich für die Sandsack-Konstruktionsweise interessierten, die wir beim 10 × 10-Hausprojekt eingesetzt hatten. Bei diesen Sponsoren handelte es sich um Margarete und Klaus Doppler, und eine neue Beziehung entwickelte sich.

Die Sandsack-Architektur kam deshalb auch hier, im Township Philippi, zum Einsatz: zweistöckig, bunt, einladend, kindgerecht – eine Bauweise, die angesichts der großen Verfügbarkeit von Sand in der Region Kapstadt eine lohnende und nachhaltige Baumethode darstellte.

Elektrizität ist kostbar, daher haben wir das Gebäude mit Tageslicht fluten lassen. Das Gebäude besitzt Obergadenfenster, die mit geriffeltem Polycarbonat verschalt sind. So kann Tageslicht in den 20 Quadratmeter großen Unterrichtsraum und das für sechs Personen ausgelegte Computerzimmer eintreten. Die Kantine im Erdgeschoss öffnet sich zu einer Terrasse, auf der die Kinder ihre Mahlzeiten im Schatten einnehmen können.

Das von der lutherischen Kirche betriebene Gemeindezentrum Ithemba Labantu serviert täglich 300 Mahlzeiten für Kinder, die zu Hause nicht verpflegt werden können, und veranstaltet Workshops für ältere Jugendliche. Es ist ein fröhlicher Ort, eine sichere und grüne Enklave inmitten staubiger Straßen, in denen Kleinhändler und Besitzer von Bretterbuden sich um den kargen Platz streiten und ihre Dienstleistungen anpreisen. Dieses Projekt wurde von World Design Capital als Vorzeigeprojekt für innovatives Design in Kapstadt gewürdigt.

Bei diesem Projekt ermutigten wir zudem die lokale Gemeinschaft und die von Ithemba Labantu betreuten Kinder, sich am Bau zu beteiligen. Dieser stellte sich als weiteres erfolgreiches gemeindebasiertes Projekt heraus, in dem meine Fachkenntnisse in Architektur und Design sowie die Interessen von Ithemba Labantu und der Sponsoren in der Errichtung eines innovativen Gebäudes mündeten. Wir nutzten nachhaltige Baumaterialien, darunter viel Holz sowohl im Innen- wie im Außenbereich sowie organische Fassadenfarbe. All dies belegt, dass hochwertige Designlösungen für gemeindebasierte Projekte sich auch bei begrenztem Budget verwirklichen lassen. Entscheidend ist es, mithilfe der vorhandenen Mittel das bestmögliche Produkt zu entwickeln. So können menschliche Lebensräume aufgewertet werden.

Das schulische Nachbetreuungszentrum

Der 2016 abgeschlossene Bau des *Aftercare Centre* war eine Erweiterung der neuen Grundschule, deren Gründung Margarete und Klaus Doppler finanzierten. Das Zentrum stellt Lern- und Arbeitsräume zur Verfügung, in denen Kinder ihre Hausaufgaben erledigen und durch außerschulische Aktivitäten neue Fertigkeiten erlernen können. Mit einem spielerischen Entwurf schufen wir ein farbenfrohes doppelstöckiges Gebäude, das Lern- und Unterrichtsräume, Toiletten, Computerunterrichtsplätze und Schließfächer enthält. Das Gebäude ist mit einem Hof ausgestattet, der zum Verwaltungsgebäude und zur Schule führt. Der Schulleiter betreut die Kinder ganz hervorragend – ein weiteres erfolgreiches Projekt für Ithemba Labantu.

2019 schlossen wir unser womöglich aufregendstes und erfüllendes Projekt ab, das Philipp-Lahm-Sportfeld, das auf einem Wasserrückhaltebecken neben dem Gelände von Ithemba Labantu errichtet wurde. Es handelte sich um eine große Herausforderung, denn das Land gehörte der Stadt Kapstadt; gleichzeitig war dort eine Müllkippe entstanden, die die Gesundheit der Anwohner gefährdete. Nach siebenjährigen Verhandlungen gelang es Ithemba Labantu mit unserer Unterstützung, das Gelände von der Stadt zu mieten.

Das Rückhaltebecken, das in den regnerischen Wintermonaten mit Wasser vollläuft, wurde völlig verwandelt: Es entstand dort ein Sportfeld mit Spielflächen, die Regenwasser einige Tage lang widerstehen können. Während der Sommermonate, die den Großteil des Jahres ausmachen, ist das Rückhaltebecken trocken und kann durchgehend benutzt werden. Die ansteigenden Randflächen wurden in einen abgestuften Sitzbereich für Zuschauer verwandelt.

Schulbauprojekt »Beyond the River: 50 Schools«

Jedes Projekt hat seine Eigenheiten und fordert uns, immer wieder neue Wege in der Architektur zu finden und zu meistern. Im Jahr 2011 trauten wir uns, ein Schulbauprojekt in der ehemaligen Transkei im ländlichen Ostkap zu realisieren. Das Projekt »Beyond the River: 50 Schools« wurde bei der Biennale in Venedig 2016 ausgestellt. Unsere Aufgabe bestand darin, 50 Grundschulen in einem Zeitraum von zwei Jahren zu errichten. Es war ein mutiges Projekt, das die trostlosen, aus Lehm gebauten, fensterlosen und völlig überfüllten Klassenräume durch neue Schulbauten ersetzen sollte. Der Unterricht musste aber während des Umbaus weitergehen. Eine gewaltige Herausforderung.

Schon die Logistik schien unüberwindbar: Ohne Hubschrauber waren viele Orte unzugänglich. Durch geschickte Planung und Auswahl der Materialien und dank der perfekt organisierten Zusammenarbeit mit einem hervorragend integrierten Team von Architekten, Ingenieuren, Landvermessern und Bauherrenvertretern entstanden in kurzer Zeit Klassenzimmer, Bibliotheksräume, Labore und moderne Ausstattung für Schülerinnen und Schüler, das Lehrpersonal und die Verwaltung – und das mal 50. Um einen hellen Hof herum gruppieren sich einstöckige Gebäude: freundlich, hell, kindgerecht und einladend. Das Wichtigste für uns ist immer, Schulräume zu schaffen, in denen Ausbildung, Freizeit, kulturelle Eigenheiten und klimatische Bedingungen eine harmonische Verbindung eingehen. Diese Region ist leider von ihrer Entwicklung her gegenüber dem Rest des Landes zurückgeblieben, und dies musste berücksichtigt werden. Bei der Planung der Sanitäranlagen, die hier üblicherweise noch sehr primitiv und unhygienisch waren (ein Loch in der Erde), entschieden wir uns für Trockentoiletten, die in den Nationalparks eingesetzt werden. Das Lehrpersonal haben wir eigens geschult, damit die Einrichtungen fachgerecht und dadurch nachhaltig nutzbar sind. Mein Motto: »Architektur heute heißt, über die Relevanz unserer Arbeit nachzudenken und inklusive statt exklusive Lebensräume zu gestalten.« Mit anderen Worten: Gegebenheiten zu verändern.

Entwicklung nach dem Baukastenprinzip

Die neuen Schulen würden für viele junge Kinder der erste Berührungspunkt mit einer anderen Architektur außerhalb ihrer Elternhäuser sein, daher war es uns wichtig, die Gebäudehöhe zu beschränken sowie die Bauten vertraut und informell wirken zu lassen. Wir wussten zudem, dass wir nicht jede Schule von Grund auf neu entwerfen konnten, daher entwickelten wir Bausätze und setzten die einzelnen Elemente dann so ein, wie es das jeweilige Gelände zuließ. Zu diesen Elementen gehörten Blöcke mit Klassenzimmern, Verwaltungsgebäude, sanitäre Einrichtungen und einen Ort für die Schulspeisungen. Allen Schulen war gemein, dass die Elemente möglichst um einen Hof herum gruppiert wurden. Denn was macht den Kern einer Schule aus? Es handelt sich um eine Gemeinschaft, eine kollektive Beziehung zwischen Lehrenden und Lernenden sowie zwischen den Lernenden untereinander.

Die ländlichen Schulen waren zwangsläufig auf verschiedene Gebäude verteilt, anstatt alle Einrichtungen in einem großen Gebäude zu vereinen. Damit passt sich die Architektur dem ländlichen Kontext an, in dem die Gehöfte in offenen grünen Feldern verstreut liegen. Afrikanische Gehöfte bestehen traditionell aus einer Gruppe verstreuter Gebäude auf einer landwirtschaftlich genutzten Fläche, wo Gemüse angepflanzt und geerntet wird sowie Nutztiere grasen. So kenne ich es, seit ich in dieser Region Südafrikas aufwuchs. Alle der zahlreichen Aktivitäten finden innerhalb des integrierten Komplexes statt, der einer Familie gehört. Unser Ansatz war es daher, die Schulen anhand dieser Typologie zu gestalten. Auch die Gebäude sollten die jahrhundertealten Traditionen afrikanischer Bauweise neu interpretieren, anstatt inmitten der ländlichen Region des Ostkaps eine fremde Architekturlandschaft zu errichten. Diese Sensibilität gegenüber dem Kontext, der Umwelt und der jeweiligen Gemeinschaft sollte meines Erachtens von jedem Architekten aufgebracht werden. Sie bestimmt unseren Entwurfsansatz.

Die Aufwertung einer informellen Siedlung im Township Philippi, Kapstadt

Als letztes Projekt möchten wir die Aufwertung und Modernisierung einer informellen Siedlung namens Kosovo im Township Philippi vorstellen. Es handelt sich um das vermutlich anspruchsvollste Projekt, das wir bisher durchgeführt haben. Kosovo entstand 1999, im selben Jahr, als der Bahnhof Philippi eröffnet wurde und viele Menschen den Wunsch verspürten, in dessen Nähe zu siedeln. Heute leben hier 15 000 Menschen in 6 000 Behausungen oder Slum-Hütten auf einer 28 Hektar großen Fläche. Je 65 Bewohner teilen sich eine Toilette, und es gibt einen Wasserhahn pro 80 Bewohner. Es gibt weder formalisierte Häuser noch Straßen und weder öffentliche noch soziale Einrichtungen.

Gemeinsam mit einem großen Team von Beratern wurden wir 2016 damit beauftragt, Lösungsentwürfe für die Aufwertung dieser überbevölkerten Siedlung an der Kapstadter Peripherie, 30 km vom Stadtzentrum entfernt, zu entwickeln. Kosovo ist Teil eines größeren Korridors von informellen Siedlungen, die zu den Cape Flats gehören und bei der Landung auf dem internationalen Flughafen von Kapstadt zu sehen sind. Wie in vielen anderen südafrikanischen Städten leben hier die marginalisierten Bevölkerungsschichten.

Wir sind stolz darauf, an der Veränderung des Schicksals dieser informellen Siedlung mitzuwirken. Unser Entwurf ähnelt dem 10x10-Hausprojekt; wir haben kompakte zwei- bis vierstöckige Gebäude entwickelt, um die Lebensqualität der Menschen in Kosovo zu verbessern. Unser Ansatz schließt die partizipative Zusammenarbeit mit der Gemeinschaft ein. Bei diesem Projekt verwenden wir jedoch konventionelle Baumaterialien, denn trotz unserer bisherigen Erfolge und Erfahrungen hat sich die Sandsack-Bauweise in Südafrika noch nicht vollständig durchsetzen können.

Im Übrigen folgt der Bau von 6000 Behausungen einer anderen Dynamik als jener der 10×10-Häuser. Anfang 2020 begannen wir mit dem Bau der ersten 400 Häuser, doch aufgrund des Lockdowns, der im Zuge der Covid-19-Pandemie verhängt wurde, musste der Bauprozess gestoppt werden. Es handelt sich um ein langfristiges Projekt, das sich über die nächsten fünf bis zehn Jahre erstrecken dürfte.

Für eine Vielfalt von Andersheiten: Bauen radikal neu denken

Als wir über die sozialen Herausforderungen diskutierten, die unsere Arbeit beeinflussen, erkannten wir, dass unsere Gesellschaften heute, inmitten der vierten industriellen Revolution und an der Schwelle zur Digitalwirtschaft, an einem Scheidepunkt stehen. Auf der einen Seite findet eine nahezu unglaubliche technologische Entwicklung statt, in der sich die künstliche Intelligenz als Technologie der Zukunft herausschält. Auf der anderen Seite bleiben die großen Herausforderungen unserer Zeit weiterhin bestehen: der Klimawandel, der unsere Existenz als solche in Frage stellt, die transkontinentale Migration, die vielerorts steigende Armut und das stetig zunehmende Wohlstandsgefälle zwischen den entwickelten Staaten des Nordens und den sich entwickelnden Staaten des Südens. Unsere wichtigste Erkenntnis war jedoch, dass unsere unterschiedlichen Ansätze einen Beitrag dazu leisten könnten, einige dieser Herausforderungen auf positive Weise anzunehmen und soziale Beziehungen in den verschiedenen gesellschaftlichen Bereichen zu verbessern.

In der Architektur, die ich seit einigen Jahren vertrete, ist dies ein wichtiger Aspekt. Die soziale Dimension von Architektur ist mit der Zeit in den Hintergrund getreten und sollte unbedingt wieder beachtet werden, damit Gebäude und Lebensräume, die wir gestalten, auf die veränderlichen gesellschaftlichen Anforderungen reagieren können. Entscheidend ist, dass Stadtplanung und -gestaltung auf soziale Integration abzielen, sodass Architektur wieder eine wichtige Rolle für die Menschen spielen kann. Es geht darum, mithilfe der von uns entwickelten Städte und Lebensräume die sozialen Ungerechtigkeiten zu korrigieren, die dazu geführt haben, dass marginalisierten Gesellschaftsschichten wirtschaftliche Chancen und eine menschenwürdige Lebensqualität versagt geblieben sind. Bei Stadtplanern und Architekten muss ein neues Denken Einzug halten: Sie müssen integrierte Lebensräume fördern, in denen nicht nur die Wohlhabenden und die Mittelklasse, sondern alle sozialen Schichten ihren Platz finden.

Interessanterweise können Stadtplaner und Architekten in den südafrikanischen Townships, den brasilianischen Favelas und den indischen Slums viel darüber lernen, wie sich Gemeinschaften schmieden lassen. Es herrscht dort eine Logik des »Platzschaffens« vor, die unseren Städten verloren gegangen ist und die zur Entwicklung neuer Strategien für die Errichtung neuer Stadtviertel in unseren Städten führen könnte. Tatsächlich müssen Architekten und Stadtplaner eine neue Rolle übernehmen – jene von Moderatoren von Prozessen, die die Lebensbedingungen der Menschen verbessern, um deren Sehnsucht nach einer sozial gerechteren und stärker integrierten Gesellschaft zu erfüllen. Das erfordert einen multidisziplinären und multisektoralen Ansatz. In diesem Kontext ist der Beruf des Architekten sehr interessant, denn er berührt so viele Aspekte menschlichen Lebens – ihr Verhalten, ihre Kultur und ihre unterschiedlichen Lebenserfahrungen, die alle in die Gestaltung von Räumen und Gebäuden einfließen.

Wir haben es als Architekten nicht nur mit Gebäuden zu tun, sondern auch mit sozialen Umgebungen und Situationen. Es geht längst nicht mehr nur darum, Formen zu schaffen. Die Rolle der Architektur definiert sich neu und zwar im Zusammenspiel mit urbanem Design. Es wird in der Zukunft weniger um »Häuser bauen« als vielmehr um die Schaffung von urbanen Systemen gehen. Das bedeutet, auch das Bauen radikal neu zu denken.

Wenn Zement und Holz zu teuer sind, geht man eben andere Wege. Man füllt zum Beispiel Verstrebungselemente mit Sandsäcken und verputzt das Ganze. Das Beste daran: Ein Sack wiegt nur sieben Kilogramm. Die gesamte Gemeinschaft arbeitet selbstverständlich mit am Bau ihrer Häuser – ganz so, wie sie es für eine Wellblechhütte auch getan hätte. Die neuen Häuser schaffen im Erdgeschossbereich einen Raum, der nötig ist für ein Leben, das sich traditionell im Freien abspielt – Handel, Kleingewerbe, soziales Leben. Man muss die Menschen an der Veränderung teilhaben lassen.

Bei der 15. Architekturbiennale in Venedig 2016 hat die Ausstellung des deutschen Pavillons die Flüchtlingssituation thematisiert; sie stand unter dem Motto »Making Heimat. Deutschland, Arrival Country«.[6] Im Pavillon wurden Themen wie »Die Arrival City ist informell« und »Die Arrival City ist im Erdgeschoss« aufgegriffen. Zitate aus Plakaten im deutschen Pavillon:

- »Die Tolerierung nicht gänzlich rechtskonformer Praktiken kann sinnvoll sein.«
- »Ob kleinteilige Geschäftsräume im Erdgeschoss verfügbar sind, bestimmt die Lebensqualität.«[7]

Es wurde festgestellt, dass die Ankunft der Flüchtlinge es notwendig mache, einige Regeln der Stadtplanung zu ändern. So sei beispielsweise Selbsthilfe beim Bau von Wohnraum erforderlich und dürfe nicht durch zu hohe Anforderungen verhindert werden. Obwohl diese Haltung in Deutschland umstritten ist, wurde sie international sehr gelobt. Insgesamt eine praktische Umsetzung des Ideals eines »Arrival Country« und die Anwendung des Konzepts »Die Logik der Anderen« auf positive und zukunftsfähige Art und Weise. Schon 2006 bei der WM hatte sich Deutschland mit dem Slogan »A time to make friends« neu definiert und eine neue positive Nationalität zum Ausdruck gebracht. Diese Stimmung habe ich damals persönlich erlebt.

Eine interaktive Arbeitsumgebung

Die Welt wird immer vielfältiger und die Schaffung integrierter Lebensräume stellt viele Staaten vor große Herausforderungen. Es heißt oft, dass Migrationsbewegungen den Charakter von Ländern veränderten und neue Stadtplanungsstrategien gefragt seien. Das Zusammenleben der Menschen wird sich verändern, und eine interaktive Arbeitskultur gewinnt an Bedeutung.

In seinem Buch *The African Way* stellt Mike Boon fest, dass Verantwortlichkeit und »interaktive Führung« unverzichtbare Elemente von Managementprozessen seien. Das Buch zeigt, wie wichtig es in der Personalentwicklung ist, Verantwortlichkeit und Führungsbereitschaft von jedem Einzelnen zu verlangen, wozu eine »Arbeitsplatzgemeinschaft« geschaffen werden muss. Boon beschreibt dies wie folgt: »Interaktive Führung muss bedeuten, sich gegenseitig zu führen, Kollegen zu führen und sich von diesen führen zu lassen, unabhängig von der Stellung des Einzelnen im Unternehmen. Dies setzt voraus, dass jeder Mensch als gleich zu gelten hat, ohne seine individuelle Position zu schmälern, und dass alle gemeinsam auf ein übergeordnetes Ziel hinarbeiten.«[8]

In meinen Beiträgen zu diesem Buch habe ich mich immer wieder entschieden für eine sozial engagierte Architektur ausgesprochen und bin sehr stolz, durch meine

Arbeit dazu beizutragen. Das beginnt schon mit unserer Arbeitsorganisation. Um architektonische Designprobleme zu lösen, ist Kreativität und innovatives Denken gefragt. Unser Motto, das nicht alle Architekten teilen, lautet: Design ist ein kollektiver Prozess, der durch individuellen Sachverstand, Begabung und gute Kommunikationsfähigkeiten gefördert wird. Unser Designprozess beginnt mit dem Verständnis des zu lösenden Problems. Anschließend nutzen wir eine Vielzahl von Medien – Zeichnungen, Texte, verschiedene Zeichen- und Grafikprogramme –, um einen Entwurf für ein Gebäude oder eine Einrichtung zu kommunizieren. Der Architekt muss dabei verschiedene Design-Inputs koordinieren, die Bedürfnisse des Kunden integrieren und schließlich eine Entwurfsvision für das Endprodukt vorlegen.

In der Architektur geht es darum, die Bedürfnisse des Kunden und das Verhalten der künftigen Nutzer eines Gebäudes zu verstehen, sowie – ganz entscheidend – um die Raumqualität, die Leistungsfähigkeit von Werkstoffen, die thermischen Qualitäten, die Kosteneffizienz und die Robustheit eines Gebäudes, denn es sollte möglichst lange halten. Der Architekt muss dazu Kenntnisse in einer Vielzahl von Disziplinen besitzen. Er muss Entscheidungen über die zu schaffenden Räume und die Materialauswahl treffen und die flexible Nutzbarkeit von Gebäuden über ihre gesamte Lebensdauer hinweg sicherstellen. Für mich stehen die Menschen im Vordergrund; daher setze ich mich bei einem Großteil meiner Arbeit sowohl mit den Kunden als auch mit den Nutzern auseinander. Ich möchte Lösungen finden, die das Leben von Menschen, insbesondere solcher in marginalisierten Gemeinschaften, verbessern, aber auch zur Integration unserer Städte und Lebensräume beitragen. Daher mein Einsatz für sozial verantwortliche Architektur und insbesondere für »Design für sozialen Wandel«. Ich glaube fest daran, dass Architektur zur Verbesserung unserer Welt beitragen kann und schon immer eine soziale, auf die Befriedigung gesellschaftlicher Bedürfnisse gerichtete Dimension hatte, die sie nicht verlieren sollte.

DesignSpaceAfrica:
Reflexionen über unsere Arbeit

Zurzeit besteht mein Büro aus einem kleinen Team, dem ich wichtige Verantwortlichkeiten übertrage. Die jungen, noch unerfahrenen Kräfte müssen das Gefühl haben, dass auch sie Verantwortung tragen, während die erfahreneren Mitarbeiter ihre Verantwortlichkeiten bereits kennen. Ich schätze den unmittelbaren Kontakt mit allen Mitarbeitern, der es mir erlaubt, meine Ideen und meine Designphilosophie mit ihnen zu teilen. So lernen sie unsere Werte bezüglich Design und Architektur kennen und können sie berücksichtigen, auch wenn ich nicht vor Ort bin. Dies zu erreichen ist nicht leicht; es kostet Zeit und erfordert ein gutes Einvernehmen und gegenseitigen Respekt zwischen dem Leiter und den ausführenden Architekten. Ich halte nichts von strikten Hierarchien im Büro und erwarte, dass meine Mitarbeiter begreifen, was von ihnen erwartet wird. Das klappt nicht immer, doch es ist ein wichtiges Merkmal meines Büros – unsere Entwürfe entstehen interaktiv und gemeinschaftlich.

Neben der interaktiven Arbeitsumgebung müssen wir auch die Gemeinschaften miteinbeziehen, mit denen wir im Zuge des Entwicklungsprozesses zusammenarbeiten. Unsere gemeindebasierten Projekte können nur mit partizipativem Design erfolgreich sein, das unserer Arbeit das notwendige interaktive Element hinzufügt. Kommunikation ist bei alledem sehr wichtig. Ohne gute kommunikative Fähigkeiten lässt sich die Architektur, an die wir glauben, kaum verwirklichen. Darin liegt die neue Rolle des Architekten, die zu beachten ist, wenn Architektur weiterhin relevant bleiben und die gesellschaftlichen Bedürfnisse insbesondere marginalisierter Gemeinschaften erfüllen soll.

Unser Kundenkreis reicht von öffentlichen Körperschaften über Institutionen und nicht staatlichen Organisationen bis hin zu solchen auf lokaler Ebene. Bei kommerzielleren Projekten stellt sich die Lage naturgemäß anders dar: Hier sind üblicherweise die späteren Nutzer nicht an der Entwicklung beteiligt. Doch selbst in solchen Fällen ist eine interaktive Beziehung mit dem Kunden wichtig, damit der Designprozess transparent bleibt. In Südafrika sind Architekten nicht hoch angesehen und gelten oft als »zu teuer«; Design wird wenig geschätzt, und die hierauf verwendete Zeit wird oft in Frage gestellt und nur unzureichend entlohnt. Bisweilen werden Designlösungen der Architekten abgelehnt, um »Kosten zu sparen« – man entscheidet sich lieber für Produkte von der Stange und für vereinfachte Bauverfahren auf Kosten der Qualität. Das hat dazu geführt, dass vor allem jungen Menschen die Architektur nicht als attraktives Berufsfeld erscheint. Leider werden die meisten strategischen Entscheidungen im Bereich der Stadtentwicklung ohne Mitsprache von Architekten getroffen, und so besteht die Gefahr, dass Architektur an Relevanz verliert, wenn es darum geht, einen Beitrag zur gesellschaftlichen Entwicklung zu leisten.

Nichtsdestotrotz schätzen wir unsere Arbeit, und die von uns entwickelten Gebäude und Einrichtungen werden zu ikonischen Objekten. Sie besitzen eine starke soziale Komponente, da ihnen ein gutes Verständnis der Gemeinschaften und Lebensräume, in denen wir uns bewegen, zugrunde liegt. Wir haben Gebäude entwickelt, deren Gestalt sich durch den kollektiven Input der verschiedenen Beteiligten, die am Designprozess beteiligt waren, verändert hat. Der Architekt steht jedoch weiterhin im Mittelpunkt des Entwurfsprozesses; er koordiniert die einzelnen Beiträge, um die passendsten Lösungen zu entwickeln. Insofern verstehen wir uns oft eher als Moderatoren denn als individuelle Schöpfer unserer architektonischen Designlösungen.

Gleichwohl bin ich davon überzeugt, dass der Architekt seinen Gestaltungsprinzipien und seinem Wertesystem treu bleiben und die Interessen des übergeordneten Gemeinwohls als Grundprinzip beachten muss. Die Gebäude und Einrichtungen, die wir erstellt haben, sollen ihren Zweck erfüllen, der Gesellschaft für lange Zeit einen Nutzen bieten und einen positiven Umweltbeitrag leisten. In Zeiten des Klimawandels spielen Kosteneffizienz, Nachhaltigkeit, die Umwelt und effektive Energienutzung eine große Rolle im Gebäudebau. Soziale Integration und gerechte Raumverteilung werden ebenfalls immer wichtiger und erfordern effiziente städtische Systeme und bezahlbarere Gebäude.

Ein Architekt, der das Wohl der Menschheit und unseres Planeten im Blick hat, muss daher intelligente Gebäude entwerfen, die natürliche Ressourcen verwenden und die Umwelt schützen, sowie gesunde und nachhaltige Lebensräume fördern. Das gelingt nur, wenn Architekten lernen, ihre Baustoffe und Produkte sorgfältig auszuwählen und giftige Produkte oder solche, die die Nutzer von Gebäuden krank machen, zu meiden. Sie tragen hierfür die Verantwortung, denn Menschen stehen im Mittelpunkt ihrer Arbeit. Architekten benötigen soziale Kompetenzen, um Menschen die Bedeutung guten Designs und die ökologischen Auswirkungen schädlicher Materialien und Produkte im Bauwesen und der Gesellschaft zu vermitteln. In Teilen Europas und der anderen westlichen Welt ist das womöglich Allgemeingut, denn hier ist das Umweltbewusstsein stärker ausgeprägt und die grüne Bewegung hat einen größeren Einfluss. Die Menschen schätzen daher gutes Design und wissen, inwiefern sich Gebäude auf ihre Umgebung auswirken. In Entwicklungsländern jedoch begreifen selbst Regierungen nicht, welche Rolle Architekten und andere Design-Fachkräfte bei der Verwirklichung dieser Ziele spielen können, oder wissen diese Rolle nicht zu schätzen.

Die Entwicklung unserer Länder wird im Namen »ausländischer Direktinvestitionen« in den Vorstandsetagen multinationaler Unternehmen oder in den Korridoren staatlicher Ministerien entschieden, ohne die Bürger unmittelbar miteinzubeziehen.

Zusammenfassend sehe ich in meiner Arbeit als Architekt die Menschen, für die wir Gebäude und Lebensräume entwickeln, als wichtigsten Aktivposten. Phänomene wie räumliche Ungerechtigkeit, soziale und wirtschaftliche Marginalisierung sowie lokale und internationale Migration werden unsere Städte künftig unter großen Druck setzen, und wir werden neue Strategien für die Entwicklung städtischer Systeme benötigen. Meine architektonische Praxis baut auf dem Grundprinzip auf, dass Architektur dem Menschen dienen und Lebensräume zum Wohle der Gesellschaft entwickeln sollte.

Mein Fazit

Architektur muss mehr werden als ein Studium über Gebäudebau. Es muss sich mit Stadtlandschaften, Menschen, Kulturen und Lebensstilen beschäftigen. Architekten sollten über wirtschaftliche Beziehungen, Erschwinglichkeit, Zugänglichkeit und Inklusion nachdenken. Sie müssen die engen Grenzen von Design überwinden, die dazu führen, dass Gebäude als reine Objekte betrachtet werden, und stattdessen Designlösungen anbieten, die lebenswerte Umgebungen schaffen. Darüber hinaus müssen sie bessere Formen städtischer Mobilität sowie soziale Integration und räumliche Gerechtigkeit fördern. Architektur sollte der Entwicklung von Systemen dienen, die menschliche Lebensräume auf gerechter Grundlage schaffen. Ich glaube auch, dass die Lehre der Architektur diese Aspekte immer stärker berücksichtigen, interdisziplinärer werden und vor allem die Menschen wieder mit ins Boot nehmen muss.

Architekten sollten an einer Vision für eine gerechtere, inklusivere und nachhaltigere Welt mitarbeiten. Sollte die Architektur sich jemals von den Menschen isolieren und sich von dem Ziel verabschieden, bessere städtische Lebensräume zu gestalten, mit anderen Worten: ihre soziale Dimension verlieren, würde ich meinen Beruf vermutlich aufgeben.

Teil 3

DIE ZUKUNFT
IST JETZT

Kapitel 17

DIGITALISIERUNG UND EMOTIONEN[1]

Die Digitalisierung wird im Zusammenspiel mit dem Internet alle Bereiche unserer beruflichen, gesellschaftlichen, sozialen und privaten Kommunikation, Kooperation und Lebensgestaltung dramatisch beeinflussen. Geschäftsmodelle, Geschäftsprozesse, Entscheidungsprozesse, Berufsbilder, Strukturen und kulturelle Leitwerte in Organisationen sowie die Umgangsformen im persönlichen Miteinander werden sich tiefgreifend verändern. Diese neue Umwelt bietet aber auch Chancen. Ob wir sie nutzen können, wird davon abhängen, wie gut es uns gelingt, die Emotionen, die immer mit im Spiel sind, zu steuern.

Die neuen Chancen der digitalen Welt

Die neue digitale Welt mit ihrer Vielfalt an virtuellen Räumen ist einerseits sehr undurchsichtig und zum Teil auch Instrument für intransparente üble Machenschaften. Doch sie bietet uns trotz aller Unberechenbarkeit auch neue Chancen. Wir können damit die bisherigen, analogen Kommunikationsmodelle ergänzen oder ersetzen, um auf neue Weise mit Andersheiten in Kontakt zu kommen. Die Digitalisierung erweitert deutlich unseren Verhaltensspielraum und ermöglicht neue Kommunikationsstränge.

Es liegt an uns, die virtuelle Globalisierung nicht denen zu überlassen, die sie zur Selbstdarstellung, zur Bedrohung anderer oder gar zur Organisation von Gewalttaten nutzen. Auch nicht jenen, die ihre Geschäfte ohne Rücksicht auf soziale Aspekte nur zum Eigennutz betreiben. Es liegt an uns, digitale Kompetenz zu erlangen und mithilfe von Foren, Smartphones, Apps und so weiter zahlreiche Menschen – vor allem Jugendliche, die mit den neuen Technologien vertraut sind – dafür zu gewinnen, sich mit den unterschiedlichen Andersheiten vertraut zu machen, sich damit auseinanderzusetzen und passende Wege zu finden, sich einzumischen.

Die Shell-Jugendstudie ist eine empirische Untersuchung der Einstellungen, Werte, Gewohnheiten und des Sozialverhaltens von deutschen Jugendlichen im Alter von zwölf bis 25 Jahren, die vom Mineralölkonzern Shell seit 1953 durchgeführt und publiziert wird. Die Studie von 2019 trägt die Überschrift: »Eine Generation meldet sich zu Wort«. Die wichtigsten Ergebnisse: Mit einer Zustimmungsquote von 77 Prozent ist der ganz überwiegende Teil der jungen Generation mit der Demokratie in Deutschland zufrieden – eine gute Nachricht. Gleichzeitig zeigt sich ein hohes Maß an Politik- und Politikerverdrossenheit. So glauben 71 Prozent nicht, dass »Politiker sich darum kümmern, was Leute wie ich denken«.

Der Kommentar der deutschen Familien- und Jugendministerin Franziska Giffey dazu: Es sei ein Paradox, dass »Jugendliche der Demokratie in hohem Maße vertrauen«, nicht aber »den Menschen und Institutionen, die diese Demokratie maßgeblich prägen, nämlich den Politikerinnen und Politikern«. Den Ruf »Beteiligt und hört uns!« empfindet die Ministerin als Auftrag und fordert eine Absenkung des Wahlalters auf 16 Jahre.

Emotionen im Spiel

Gleich in welcher Form sich Menschen begegnen, ob virtuell oder leibhaftig, es sind immer auch Gefühle der beteiligten Akteure im Spiel. Körperliche Nähe vermittelt unmittelbar einen sinnlich spürbaren Kontakt, der auch in Gleichgültigkeit, Distanz oder Abwehr bestehen kann. Daran sind wir gewohnt. In digitale Kommunikationsformen sind solche Emotionen (noch) nicht optimal integriert. Zu fragen wäre, ob die fehlende körperliche Nähe und die damit verbundene Emotion überhaupt kompensiert werden sollten. Wenn ja, wie könnte dies geschehen? Und wenn nein, was bedeutet das für das Gelingen von Kommunikation?

Ein ebenso relevanter Faktor für die Nutzung digitaler Räume ist die ungeklärte Frage der Abhörsicherheit. Muss man befürchten, dass Informationen in die Hände staatlicher Organisationen oder privater Hacker gelangen? Fraglich wäre zum Beispiel, ob beim Ausdruck persönlicher Gefühle die entsprechenden Daten auch ohne explizites Einverständnis der Eigner abgerufen und im jeweiligen Eigeninteresse verwendet werden dürfen, wie derzeit noch üblich. Es gibt schließlich Situationen, in denen es sinnvoll ist, nicht jeden Ärger, jede Wut, jede Unsicherheit offenzulegen.

Die Stabilität unserer Arbeits- und Privatbeziehungen beruht letzten Endes darauf, dass vieles nicht transparent wird. Denn ein nicht unwesentlicher Teil unserer persönlichen Spielräume besteht genau darin, dass nicht jeder unser Gefühlsleben, unsere Stimmungen, Sehnsüchte und Wünsche, unsere höchst subjektiven Wahrnehmungen sowie unsere damit verbundenen emotionalen Einschätzungen wie in einem offenen Buch mitlesen kann. Zwar sind die aktuellen technischen Verfahren davon noch weit entfernt, aber es zeigen sich bereits mögliche Ansätze: Gefühle werden zunehmend zum Gegenstand digitaler Beobachtungs- und Messverfahren und so algorithmisch »produziert«. Auch der Mensch weiß oft selbst nicht, wie er zu einer Entscheidung gekommen ist. Wir entscheiden eben auch intuitiv, beeinflusst von Gefühlen und Stimmungen, und reimen uns anschließend eine rationale Begründung für unser Handeln zusammen.

Der gesicherte Erkenntnisgewinn von KI-gestützten Gefühlsvermessungs- und Analyseprogrammen geht bisher kaum über jenen der Enzephalografie, der Magnetresonanztomografie (MRT) oder des Polygrafen hinaus, der Puls, Blutdruck, Hautwiderstand und Ähnliches erfasst. Der Wert einer unmittelbaren, persönlichen Verbalisierung von Gefühlen erscheint demgegenüber – jedenfalls zurzeit – immer noch ungleich höher.

Kapitel 18

WIE WIR UNS SCHÜTZEN KÖNNEN IN DER VIELFALT VON ANDERSHEITEN

Wir sind überzeugt, dass es Möglichkeiten gibt, auf friedlichem Wege einen Interessenausgleich zwischen Andersheiten herzustellen. Doch wir sind keine Träumer oder bedingungslose Idealisten. Was tun, wenn Andere in unser vertrautes Leben mit Gewalt eindringen oder uns bedrohen – und das nicht nur dort, wo es sichtbar und materiell greifbar ist, sondern auch in teilweise intransparenten digitalen Bereichen, in Form von künstlicher Intelligenz, automatischen Logarithmen, Plattformen und Netzwerken? Wie können wir uns schützen, ohne dadurch die Beziehung zu Angreifern und Eindringlingen auf ewige Zeiten zu zerstören?

Haben oder Nichthaben, das ist hier die Frage

Die herrschenden Trends führen auch zu wachsenden Auseinandersetzungen zwischen den privilegierten Besitzenden und den benachteiligten Nichtbesitzenden. Das Spektrum von »Besitz« ist dabei unendlich breit: Es geht um materielle Güter; um regionale und gesellschaftliche

Zugehörigkeit; um Wissen, Bildung und Qualifizierung; um Wertschätzung und Anerkennung; um Einfluss und Macht. Die einen wollen ihren Besitz behalten, absichern oder auch weiter vermehren. Die anderen trachten danach, das, was ihnen fehlt, zu erwerben oder sich auf andere Weise zu beschaffen. Beide Seiten können ihr Verhalten rechtfertigen: Die Besitzenden nehmen für sich das Recht in Anspruch, den einmal erworbenen Besitz auf Dauer behalten und weiter vererben zu dürfen. Die Nichtbesitzenden werden in ihrem Bestreben durch die zunehmende gesellschaftliche Diskussion über die Ungerechtigkeit des Kapitalismus unterstützt.

Früherkennung und Vorkehrungen

Krankheiten kündigen sich häufig durch Symptome an. Allgemeine Trends haben Vorläufer. Jack Welch, ehemaliger CEO von General Electric, während eines Besuchs in Europa befragt, wie er die Zukunft der Geschäftsentwicklung einschätze, antwortete: »Ich hoffe das Beste und stelle mich auf das Schlimmste ein.« Die Basis für eine solche Einstellung sind Achtsamkeit und schnelle Reaktionsfähigkeit. Achtsamkeit bedeutet, genau hinzuschauen, erste Anzeichen zu erkennen, zugrunde liegende Ursachen zu erkunden und sich anhand seiner Beobachtungen und Erkenntnisse auf mögliche Folgen vorzubereiten. Entscheidend sind Sorgfalt, Schnelligkeit und Konsequenz. Der Gründer von Intel, Andy Grove, bringt die erforderliche Achtsamkeit mit dem Titel seiner Biografie auf den Punkt: *Nur die Paranoiden überleben: Strategische Wendepunkte vor-*

zeitig erkennen. Mit anderen Worten: immer auf der Hut sein und Dinge nicht nur rechtzeitig, sondern frühzeitig erkennen oder erahnen.

Auf unser Thema übertragen bedeutet dies, bei allen Begegnungen mit dem Fremden nicht nur zu überlegen, wann und wie man Kontakt herstellt und in einen echten Dialog eintritt, sondern gleichzeitig zu bedenken, welche Grenzen nicht überschritten werden dürfen, welche Vorsichtsmaßnahmen vor oder während der Begegnung zu treffen sind. Das bedeutet, Anzeichen, die den »normalen Spielraum« überschreiten, rechtzeitig zu erkennen und zu deuten.

Und genau hier stehen uns zwei systembedingte Barrieren im Weg: Erstens, unterschiedliche Logiken bedeuten unterschiedliche Normalzustände. Was in der einen Logik als normal gilt, wird in einer anderen Logik eventuell als völlig deplatziert bewertet. Es gibt nicht die einzig richtige Logik, folglich gibt es auch keine »normale Normalität«. Wie kann es uns überhaupt gelingen, in unterschiedlichen Normalitäten zu denken; wie können wir akzeptieren, dass es unterschiedliche Normalitäten gibt und geben darf? Zweitens, je nach persönlicher Grundeinstellung sind wir mehr oder weniger geneigt, eine andere als unsere eigene Normalität als normal zu akzeptieren.

Wir haben im Rahmen unserer Ausführungen zur Rolle von Emotionen die unterschiedlichen Muster beschrieben, die in der Begegnung mit Fremden unser Verhalten steuern, einschließlich der in uns selbst verborgenen Andersheiten. Diese Muster spielen im Hinblick auf Früherkennung und das Treffen von Vorkehrungen eine entscheidende Rolle. Eine Autopanne mit einem hilfesuchenden Fahrer auf einer Straße in einem uns vertrauten Umfeld wird viele veranlassen, ihre Unterstützung anzubieten. Die gleiche Begebenheit in einem Land, das uns zwar nicht sonderlich vertraut ist, für das wir aber auch keine besonderen Warnhinweise erhalten haben, könnte uns ebenso bewegen, unsere Hilfe anzubieten. Wir würden sozusagen einen Vertrauensvorschuss einräumen. Mit der gleichen Situation in einem Land konfrontiert, von dem man weiß, dass solche Situationen häufig gezielt inszeniert werden, um hilfsbereite Autofahrer auszurauben, wären wir naiv, ja sogar dumm, überhaupt anzuhalten. Da gilt die Devise: Gas geben und weiterfahren – mit dem Risiko, einen tatsächlich Hilfsbedürftigen im Stich zu lassen. Fazit: Der Kontext entscheidet.

Transparenz von Andersheiten statt uneingeschränkter Willkommenskultur

Jede Andersheit beinhaltet ihre ganz eigenen Interessen und Werte. Doch wie passen die unterschiedlichen Werte und Interessen zusammen? Wie sollte man sich bei ersten Begegnungen verhalten? Die Minimalvariante wäre ein Nebeneinander, auf keinen Fall ein Gegeneinander. Sich ohne jede Überprüfung auf eine völlig offene Harmonie einzulassen, wäre unserer Meinung nach naiv. Ein Versprechen wie zum Beispiel »Wir stehen für Vielfalt, Freundlichkeit, Güte und Mitgefühl« mag zwar für eine ganz spezielle Situation ein geeignetes Muster sein. Aber als allgemeine Richtschnur halten wir dies nicht für brauchbar. Güte und Mitgefühl ohne vorherige Überprüfung zu gewähren, würde bedeuten, die Eingangstore leichtfertig sperrangelweit zu öffnen.

Wer sich erstmalig einem »eingespielten« System anschließen will, sollte einerseits seine persönliche Motivation überprüfen, das heißt erkunden, welche Erwartungen er selbst mit einem Anschluss verbindet. Andererseits sollte er herausfinden, inwieweit er den im neuen System geltenden Rahmenbedingungen und Voraussetzungen gerecht wird. Dabei sollte er sich auch die Möglichkeit verschaffen, darzustellen, was er selbst anzubieten hat.

Spielregeln für den Ernstfall

Wer irgendwo hineingeht, sollte auch sicherstellen, dass er bei Bedarf wieder herauskommt. Wer sich verbündet, sollte die möglichen Trennungsmodalitäten mitbedenken. Wer Frieden schließt, sollte sich gleichzeitig auf ein mögliches Zuwiderhandeln vorbereiten. Spontan emotional zu reagieren reicht nicht, es wäre sogar fatal.

Eine gute Vorbereitung ist die halbe Miete: Bietet das abgegrenzte eigene Revier genügend Schutz oder wäre Angriff die beste Verteidigung? Wird auf Angriffe nach dem Prinzip »Auge um Auge, Zahn um Zahn« reagiert oder wartet man erst einmal geduldig ab, wie viel »Munition« der Andere hat, um herauszufinden, ob er nur einschüchtern oder vielmehr einen Vernichtungsfeldzug führen will? Wird die Kommunikation mit dem Angreifer grundsätzlich aufrechterhalten? Wenn ja, durch wen und auf welche Weise? Unter welchen Bedingungen wird die Kooperation beendet – und auch die Einladung zur Kooperation abgelehnt?

Bei wirtschaftlichen Streitigkeiten gibt es ein Schiedsgericht, an das sich die streitenden Parteien wenden können. Beim Fußball existieren definierte Spielregeln und neutrale Schiedsrichter, die mithilfe von Ermahnungen oder Sanktionen die Einhaltung der Spielregeln überwachen. Mittlerweile gibt es zusätzlich den Videobeweis, der Fehlentscheidungen während eines Fußballspiels verhindern soll. In demokratischen Staaten sichert eine Verfassung die Einhaltung der Grundrechte. Wo keine Infrastruktur zur Konfliktbearbeitung zur Verfügung steht, ist man gut beraten, sich ein entsprechendes Hilfskonstrukt zu schaffen.

Was tun bei verhärteten Fronten?

Wenn in der Beziehung von Paaren schwerwiegendere Probleme auftreten, muss das nicht bedeuten, dass man sich gleich voneinander trennt. Ein nicht (mehr) funktionierendes Miteinander muss nicht postwendend von einem Gegeneinander abgelöst werden. Wichtig ist zunächst einmal, durch ein Nebeneinander Abstand zu gewinnen. Das bietet die Möglichkeit, in Ruhe darüber nachzudenken, wie die Störungen entstanden sind, welche Rolle wer dabei gespielt hat, welche sonstigen Einflüsse dazu beigetragen haben – und welches Interesse, die Störungen zu beheben, (noch) vorhanden ist. Es kann auch sein, dass das Nebeneinander ein guter Dauerzustand bleibt: keine intime Nähe, aber auch keine Feindschaft, sondern ein bewusst dosiertes flexibles Kontaktsystem.

Manchmal reicht ein friedlicher Abstand in einem reflektierten Nebeneinander nicht aus. Die andere Seite bedroht, greift an, und man muss sich schützen. Ein Gegeneinander ist angesagt. Dazu kann es hilfreich sein, sich mit Anderen zu verbünden, um die eigenen Interessen besser durchzusetzen. Die Bündelung von Interessen kann auch den Druck auf die andere Partei verstärken, sowohl wenn es um Abgrenzung geht als auch, wenn zur Wiederaufnahme der Kommunikation oder Kooperation eingeladen werden soll. In manchen Fällen kann auch eine neutrale Mediation hilfreich sein, vorausgesetzt, beide Seiten stimmen dem zu.

Gegebenenfalls bleibt nichts anderes übrig, als sich in eigener Verantwortung und Regie allein zu verteidigen und in diesem Rahmen möglicherweise auch den Anderen vorbeugend anzugreifen, sich dadurch Respekt zu verschaffen und den Anderen dadurch in seinen eigenen Angriffsmöglichkeiten zu schwächen. Aber auch hier gilt: nicht über das Ziel hinauszuschießen, keinen Rachefeldzug inszenieren, keine verbrannte Erde hinterlassen, nicht unnötig nachtreten. Immer wieder testen, ob und wie eine Wiederaufnahme des Kontaktes in welcher Form auch immer möglich ist.

Den Faden nie abreißen lassen

Wir bleiben bei unserer Aussage: Im Endeffekt müssen wir uns in irgendeiner Form mit Andersheiten arrangieren. Wir sind einander zu nahe, um uns auf Dauer aus dem Weg gehen zu können. Wir sind gut beraten, alles zu tun, um die Interessen und die Denkmodelle der Anderen zu erkunden. Gelingt es uns, mithilfe von geeigneten Räumen im Sinne von Rahmenbedingungen eine gemeinsame Basis zu finden, so könnten wir feststellen: Beide Seiten stehen unter ähnlichem Druck und vor ähnlichen Herausforderungen. Diese Einsicht könnte zu einer prinzipiellen Bereitschaft führen, eine für beide Seiten akzeptable Übereinkunft auszuhandeln, statt sich bis aufs Messer zu bekämpfen.

Ein »Schuldenschnitt« als Vorleistung?

Stehen beide Seiten unter ähnlichem Druck und vor ähnlichen Herausforderungen, wird einer den ersten Schritt tun müssen. Gerade bei negativen Vorerfahrungen ist es nicht einfach, in Vorleistung zu gehen und quasi einen »Schuldenschnitt« zu wagen. Konkret bedeutet dies, in der Vergangenheit liegende Handlungen zu akzeptieren, sozusagen zu entschulden, ohne sie schönzureden. Mit anderen Worten: verstehen und akzeptieren, dass beim Verursacher eine entsprechende Logik bestand, aus der heraus es für ihn Sinn ergab, sich so zu verhalten.[1] Nach unserer Überzeugung werden wir immer häufiger mit ähnlichen Situationen konfrontiert sein.

Kapitel 19

EIN PLÄDOYER

>*»This cannot be all. One day something*
>*will happen that will change everything.*
>*One day – one day – one day.«*

ANDRÉ BRINK, PHILIDA

Die neue Welt zeigt deutlich ihre Konturen. Die bereits erkennbaren Entwicklungen sind unübersichtlich, unberechenbar und zunehmend Auslöser von wirtschaftlichen, politischen, gesellschaftlichen und privaten Krisen. Die Ungleichheit in der Gesellschaft wächst. Das alles ist gesellschaftlicher Sprengstoff und führt, wenn nichts dagegen unternommen wird, zu weiter ansteigenden Spannungen, individuellen und gesellschaftlichen Egoismen und wachsender gegenseitiger Intoleranz. Wir können verzagen; wir können uns über die »chaotischen« Zustände aufregen; wir können hoffen, dass irgendjemand irgendwann die Dinge in die Hand nimmt. Oder wir handeln selbst, anstatt zu hoffen.

Neue Landkarte, neue Wege, neue Ankerpunkte

Alle möchten sich privat und im Zusammenleben mit denen, die man schätzt, wohlfühlen. Wohlgefühl wird aber je nach Situation, persönlicher Einschätzung und Kultur sehr unterschiedlich definiert. Aus der individuellen Definition kann sich die Bereitschaft zu Kooperation, aber auch eine Neigung zu Angriffen, Flucht oder Abschottung ergeben. Das gilt nicht nur für private Lebensräume und damit verbundene Ansprüche, Hoffnungen oder Frustrationen, sondern auch für wirtschaftliche, soziale und anderweitige gesellschaftliche Organisationen. Ungleichheiten im Hinblick auf Besitz, Einkommen und genderbedingte Geltung werden immer offenkundiger. Die aktuelle Corona-Krise enthüllt das gesamte Spannungsfeld in allen regionalen, wirtschaftlichen, gesellschaftlichen und politischen Dimensionen. Zudem drängen alte Hypotheken – beispielsweise die Apartheid in Südafrika oder das Kastenwesen in Indien – immer stärker an die Oberfläche und verlangen nach einer Lösung.

Die weltweit verbreiteten Kommunikationstechnologien versprechen, das jeweilige Geschehen transparent zu machen und es so allen zu ermöglichen, sich einen aktuellen Überblick zu verschaffen und ihre Strategien nach dem jeweils neuesten Stand auszurichten. Es wäre allerdings naiv, diesen Zusicherungen uneingeschränkt zu vertrauen. Falschnachrichten, neudeutsch als Fake News bezeichnet, sind vor allem in sozialen Netzwerken virulent. Sogenannte Newsrooms dienen Parteien und Unternehmen dazu, sich über diverse Kommunikationskanäle selbst in Szene zu setzen und sich gegenüber unabhängigen Beobachtern und Berichterstattern zu immunisieren.

Das einfache Leben – eine Fiktion

Der durchschnittliche Mensch fühlt sich wohl, wenn er sich im Rahmen des Gewohnten bewegen kann. Er will die Zukunft möglichst lange als kalkulierbares Fortschreiben von Vergangenheit erleben; er ist nicht erpicht auf Expeditionen in unbekanntes Gelände.

Unsere Welt ist in vielfacher Hinsicht komplex und wird immer komplexer – das ist heute eine Binsenweisheit. Wir werden pausenlos konfrontiert mit Informationen, die wir nicht erhalten wollen, mit Vorschlägen, die wir nicht benötigen, mit Ereignissen, die uns erschüttern. Der Wunsch nach Einfachheit und Durchschaubarkeit ist aber eine Sehnsucht, die nicht erfüllt werden kann.

Um uns herum passiert vieles, was wir weder beeinflussen noch verhindern können. Die einen werden unruhig, weil sie ihr bisheriges gutes Leben in Frage gestellt sehen. Andere verlieren die Geduld, wollen nicht mehr auf bessere Zeiten vertröstet werden. Sie werden aufsässig, murren immer lauter und begehren auf. Sie rächen sich für ihr misslungenes oder verpfuschtes Leben, dringen in wohlbehütete Bereiche ein, holen sich mit Gewalt das, was sie begehren. Die Besitzenden versuchen sich hinter Barrikaden zu verschanzen.

Diese Konflikte brechen auf der politischen Ebene auf – im Verhältnis zwischen reichen Ländern und solchen, deren Regierende innenpolitisch unter Druck stehen, weil wirtschaftlich nichts vorangeht. Sie spielen sich innerhalb von Gesellschaften zwischen den Arrivierten und den Zukurzgekommenen ab. Sie sind in Schulen zu beobachten und auch in privaten Beziehungen. Jeder möchte sein

Leben so gestalten, dass seine persönlichen Ambitionen ausreichend erfüllt sind. Die einen stellen sich der Auseinandersetzung mit unterschiedlichen Welten und Erwartungen mit der Zielsetzung »Wir schaffen das«. Andere kämpfen dagegen und tun alles, um ihre bislang geschützte Welt zu verteidigen und eine Neuverteilung der vorhandenen Güter zu verhindern.

Im Grunde war das schon immer so. Doch es gibt einen dramatischen Unterschied zu früheren Zeiten: Alle haben heute die Möglichkeit, sich in Echtzeit über vieles zu informieren. Die vorhandenen Medien dienen aber nicht nur der Information – sie interpretieren auch und machen Stimmung. Sie ermöglichen zudem, sich zu organisieren. Doch die eigentliche Dramatik entsteht nicht durch Informationen an sich, sondern durch die Emotionen, die sie auslösen: Hoffnungen, Ängste, Verzweiflung, Hassgefühle – diese wirken wie Brandbeschleuniger.

Was du nicht tust, wird nicht geschehen

So wenig wie das Wetter werden wir auch die aufgezeigten allgemeinen Trends beeinflussen können. Damit müssen wir uns abfinden. »Occupy«, die »Gelbwesten« in Frankreich« oder »Fridays for Future« sind Bewegungen, die darauf zielen, einer Empörung Ausdruck zu verleihen. Das Prinzip »Empörung« dient immerhin als emotionale Entlastung und kann zudem bei halbwegs Interessierten das Bedürfnis auslösen, sich intensiver mit dem jeweiligen Thema auseinanderzusetzen. Aber was dann? In vielen Fällen gilt: Die Empörungsbereitschaft eilt dem Informationsstand und dem Willen zu handeln weit voraus.

Die Einzigen, die eine konsequente, wirkungsvolle Bewegung in Gang setzen können, sind wir selbst. Im Rahmen unserer eigenen Möglichkeiten oder durch Allianzen, die wir selbst organisieren oder denen wir uns anschließen, können wir Fakten schaffen. Voraussetzung: Wir müssen an die Sache glauben, die wir voranbringen wollen, und uns selbst zutrauen, das auch zu schaffen. Wir müssen uns selbst den nötigen Mut zusprechen, dass wir auch schwierige Situationen und Herausforderungen aus eigener Kraft erfolgreich bewältigen können. Es liegt in unserer Hand, sowohl das eigene Selbstbewusstsein und damit auch unsere Frustrationstoleranz zu stärken als auch Andere zu ermutigen, mehr an sich selbst zu glauben.

»The buck stops here!« – Der Schwarze Peter bleibt bei mir! Der ehemalige amerikanische Präsident Harry S. Truman platzierte diesen Spruch unübersehbar auf seinem Schreibtisch im Oval Office – als Zeichen seiner Verantwortung, die er als letzte politische Instanz nicht weiterreichen konnte. Man muss aber nicht Präsident sein, um sich diese Devise zu eigen zu machen.

Verbündete finden

Ein einzelner Mensch mag noch so entschlossen und noch so engagiert sein, allein wird er auf Dauer relativ wenig bewegen können. Sicher sind auch Helfer gefragt, die einfach nur mitmachen, bisweilen auch neue Ideen liefern, finanzielle oder moralische Unterstützung anbieten. Entscheidend ist aber, dass es eine Kerngruppe von wild entschlossenen Menschen gibt, eine kleine verschworene Gemeinde, die an die

Idee glaubt: Menschen, die sich gemeinsam für eine Idee stark machen, sich gegenseitig unterstützen, sich trösten, wenn es nicht so gut oder so schnell vorangeht wie erhofft, die immer wieder das Vorhaben vorantreiben – Menschen, für die der Leitspruch gilt: »Geht nicht gibt es nicht.« Eine solche Gruppe spielt für das Vorhaben eine ähnliche Rolle wie der Sauerteig für das Brot. Die Stärke dieser Gruppe ist ein guter Indikator für die Erfolgsaussichten des Vorhabens.

Unzufriedenheit mit dem Status quo erzeugen und die Beteiligten betroffen machen – eine doppelte Kunst

Wer zufrieden ist, hat keinen Veränderungsbedarf und deshalb auch keinen Willen, den Status quo zu verändern. Warum denn auch? Es ist doch alles in Ordnung. Auch wenn das eigentlich nicht stimmt – Hauptsache, man selbst trägt keine Schuld, ist davon überzeugt, selbst nichts tun zu können, und ist deshalb nicht betroffen. In dieser inneren Gewissheit haben sich Menschen recht gut eingerichtet und wie in einen Kokon eingenistet.

Wer Menschen dazu bringen will, sich ernsthaft mit Veränderung auseinanderzusetzen, muss sie als Erstes aus der Ruhe bringen. Er muss durch einen Anstoß im wahrsten Sinn des Wortes Anstoß erregen. Er muss die Betroffenen unzufrieden und unruhig machen – an ihren inneren Gewissheiten rütteln, sie aus ihrer Sattheit und Trägheit, in der sie sich eingerichtet haben, aufscheuchen. Die Wege dahin sind vielfältig: Den einen bringt in Bewegung, wenn er entdeckt oder spürt, dass seine aktuelle Komfortzone gefährdet ist. Ein anderer wird unruhig, sobald ihm bewusst wird, dass das, was er momentan besitzt, erreicht hat oder tut, nicht wirklich dem entspricht, was er sich früher einmal als Lebensentwurf vorgenommen hat – und gleichzeitig spürt, wie ihm die Zeit unter den Fingern zerrinnt. Wieder andere lassen sich dadurch bewegen, dass sie Gefahr laufen, zu Außenseitern zu werden, bei anderen schlecht dazustehen und den Anschluss zu verlieren.

Und hier spielt Angst eine wesentliche Rolle, wie schon in Kapitel 8 erwähnt. Wie Edgar Schein erläutert,[1] gilt es dabei zwei Arten von Angst zu unterscheiden: Wenn Menschen in unserer aktuellen VUKA-Welt keine Angst haben, innerhalb des unkalkulierbaren Kontextes die notwendige Zukunftsfähigkeit zu erreichen, dann muss man diese Angst erzeugen: den Betroffenen deutlich werden lassen, wie unkalkulierbar und bedrohlich die aktuellen und zukünftigen Rahmenbedingungen sich entwickeln werden; man muss sie schmerzhaften Erkenntnisprozessen unterziehen, die sie dazu veranlassen, sich von alten Gewissheiten zu verabschieden.

Haben die Betroffenen aber Angst, in diesem Umfeld nicht überleben oder selbst nichts bewirken zu können, dann muss man sie ermutigen. Denn diese Art von Angst blockiert.

Insgesamt gilt: Es gibt keinen allgemeingültigen Antriebsfaktor. Das Ziel dieser ersten Phase ist dann erreicht, wenn Menschen in ihrer Logik erkannt und verstanden haben, dass der Status quo keinen Bestand haben darf und dass Handlungsbedarf besteht, ganz nach dem Motto: »Wenn alles so (gut) bleiben soll, wie es ist, muss sich vieles verändern.«

Interesse und Energie für Veränderungen erzeugen

Erkennen, dass sich etwas ändern muss, und die Veränderung selbst ernsthaft in Angriff nehmen, sind allerdings zwei Paar Stiefel. Das gilt im Privaten, wenn Menschen sich zum Beispiel grundsätzlich vornehmen, ihr Gewicht zu reduzieren, das Rauchen aufzugeben oder mehr Sport zu treiben. Es gilt auch für Veränderungsvorhaben im gesellschaftlichen und politischen Bereich. Und genau hier werden viele Fehler in Veränderungskonzepten begangen: Man überschüttet die Menschen mit vielen (sachlich durchaus guten und richtigen) Informationen, die ihnen zeigen, weshalb die Dinge nicht so bleiben können, wie sie sind – und ist davon überzeugt, damit den wesentlichen Beitrag zu ihrer Aktivierung geleistet zu haben. Zwar können solche Informationen eine allgemeine Einsicht in die Notwendigkeit von Veränderungen generieren, aber echte Bereitschaft, persönlich dazu beizutragen: weit gefehlt! Wie aber kann dieses zweite wesentliche Ziel erreicht werden, ausreichend Bereitschaft und Energie zum Verändern zu erzeugen?

Die Lösung liegt im konfrontierenden Dialog. Man muss Menschen Gelegenheiten bieten, sich mit den Informationen auseinanderzusetzen. Gelegenheiten, bei denen sie den notwendigen Auseinandersetzungen gar nicht aus dem Weg gehen können. Sie erhalten so die Möglichkeit, die Informationen zu verarbeiten und sich bei Bedarf genauer zu erkundigen, um sie zu verstehen. Und genau das ist der eigentlich schwierigere Teil.

Erst wenn Menschen sich ernsthaft mit dem Neuen, für sie Fremden auseinandersetzen, wenn sie eine neue Gewissheit entwickelt haben, die zumindest darin besteht, dass die Dinge sich ändern, wenn sie spürbar Lust und Energie zeigen, aus der neuen Information ihre Schlüsse zu ziehen, aber wirklich erst dann, ist die Voraussetzung für den nächsten Schritt gegeben.

Wir sind nicht nur verantwortlich für das, was wir tun, sondern auch für das, was wir nicht tun

Wenn eine Kontrolle der sozialen Netzwerke gefordert wird, so können wir mit Recht auf die Verantwortung der Betreiber, Behörden, Politiker und der Justiz verweisen und erwarten, dass diese ihre Verantwortung ernst nehmen und konsequent handeln. Doch wir wissen auch, wie zäh sich solche politischen Vorgänge hinziehen. Was aber können wir selbst tun, um Prozesse zu beschleunigen?

Blicken wir dazu auf das Thema Klimaschutz: Hier geht es darum, Maßnahmen zu beschließen, die der durch den Menschen verursachten globalen Erwärmung entgegenwirken und mögliche Folgen dieser Erwärmung abmildern oder verhindern. Das Thema wurde jahrzehntelang mit vielen Ideen und Versprechen auf der internationalen politischen Bühne diskutiert, ohne dass jedoch ernsthafte, erfolgversprechende Maßnahmen beschlossen wurden. Es war die Schwedin Greta Thunberg, die mit der Bewegung »Fridays for Future« eine mittlerweile globale, von Schülern und Studenten getragene soziale Bewegung ins Leben rief, die die Politik unter zunehmenden Druck setzt, möglichst umfassende, schnelle und effiziente Klimaschutzmaßnahmen zu veranlassen.

Man kann spekulieren, wie lange der Druck anhalten wird. Politiker und Behörden spielen vermutlich immer noch auf Zeit in der Hoffnung, dass nichts so heiß gegessen wie gekocht wird. Nach aktuellem Stand sieht es allerdings eher so aus, dass sich die Flamme der Bewegung an immer neuen Stellen entzündet – und dadurch der Druck steigt. Vielleicht gelingt es, diesbezüglich aus der Corona-Krise zu lernen.[2]

Wir können uns selbst daran beteiligen, den Druck auf die Entscheidungsträger aufrechtzuerhalten – und andere ermutigen, mitzumachen. So können wir zum Beispiel uns selbst in die Verantwortung nehmen, unseren eigenen »ökologischen Fußabdruck« ermitteln und unseren persönlichen Beitrag zum Klimaschutz leisten, indem wir CO_2-Emissionen senken, etwa bei Heizung und Strom, Mobilität, Ernährung und Konsum. Wir können dazu auch andere ermutigen – allein schon dadurch, dass wir ihnen mit großer Überzeugung mitteilen, was wir tun und warum.

Es gibt keine allgemeingültige Richtschnur

Manche suchen nach einer neuen Streitkultur, mithilfe derer wir uns gemeinsam auf Kriterien einigen können, an denen wir uns bei Auseinandersetzungen ausrichten. Es gibt allerdings unserer Meinung nach keine objektiven, allgemeingültigen Wahrheiten, an denen wir uns orientieren könnten. Auch die vielzitierte philosophische Aufklärung ist eigentlich eine elitäre Anmaßung, die sich bewusst von einfachen, normalen Menschen abgrenzt.[3]

Ein Blick auf den gesellschaftlichen Bereich zeigt: Es besteht keine grundsätzliche Übereinstimmung darüber, wie wir innerhalb der einzelnen Nationen oder auch länderübergreifend miteinander leben wollen. Geht es um Frieden um jeden Preis oder gilt die Ökonomie als übergeordneter Maßstab? Müssen sich alle den gleichen Grundwerten beugen oder kann, darf oder muss sogar eine Koexistenz verschiedener, auch widersprüchlicher Wertewelten bestehen? Soll beziehungsweise darf es eine Vorherrschaft derer geben, die aus ihrer Sicht über die besseren Werte oder die durchsetzungsfähigeren Ressourcen verfügen? Ist Demokratie überhaupt ein Wert an sich oder nur eine mögliche Variante neben absolutistischen und fundamentalistischen Regierungsformen? Wer trifft solche gesellschaftspolitischen Entscheidungen – und vor allem: Wer würde das Recht erhalten, die Entscheidungen tatsächlich durchzusetzen, oder dieses Recht für sich beanspruchen? Und wer hätte die Macht, die Stabilität des gewählten Zustandes auch längerfristig zu garantieren? Viele Fragen ohne Antworten – jedenfalls ohne solche, auf die wir uns langfristig verlassen könnten.

Technologien scheinen auf den ersten Blick stabiler. Sie fallen nicht über Nacht vom Himmel, sondern werden schrittweise entwickelt und erprobt. Man kann ihre Entwicklung verfolgen und sich mit ihnen und ihren Wirkungen rechtzeitig vertraut machen. Doch die neuen Technologien stellen uns vor ein ganz grundsätzliches Problem: Wir sind unsicher, inwieweit wir sie überhaupt beherrschen. Zudem sind wir aktuell kaum in der Lage, mögliche mittel- und langfristige Folgen abzuschätzen, wenn wir die neuen Technologien in größerem Maßstab anwenden. Das galt und gilt immer noch für die Atomtechnologie, es gilt für die Gen- und Biotechnologie, für die Nanotechnologie und aktuell genauso für die Digitalisierung. Aus dieser Unsicherheit erwächst die Kardinalfrage: Dürfen wir etwas nutzen, über dessen Neben- und Folgewirkungen wir uns nicht vollständig im Klaren sind? Andererseits müssen wir uns genauso fragen: Dürfen wir auf einen klar ersichtlichen Nutzen verzichten, nur weil wir noch nicht alles im Griff haben? Haben wir denn bei den alten Technologien jemals alles im Griff gehabt? Erheben wir hier nicht einen Anspruch, den wir noch nie eingelöst haben?

Handeln mit heiterer Besessenheit

Im letzten Kapitel haben wir bereits auf den scharfsinnigen Buchtitel des ehemaligen Intel-Chefs Andy Grove hingewiesen: *Nur die Paranoiden überleben*. Grove beschreibt darin die New Economy im Silicon Valley der 1990er-Jahre. Die Botschaft lautet: Wer nicht immerzu auf der Hut ist, wird von der Konkurrenz verdrängt oder überholt; er hat keine Chance zu überleben. Als paranoid etikettieren Psychiater einen Geisteszustand, den man im Volksmund mit dem Begriff »Verfolgungswahn« bezeichnet. Man muss zwar nicht von krankhaftem Verfolgungswahn befallen sein, um im Wettbewerb bestehen zu können, aber ohne ein gehöriges Maß an Zähigkeit, Leidenschaft, ja Besessenheit ist kein Erfolg von Dauer.

Was nun, wenn es sowohl stimmt, dass nur dann etwas wirklich bewegt werden kann, wenn jemand mit vollem Einsatz dafür kämpft, und andererseits gleichzeitig gilt, dass der durchschnittliche Mensch nicht ohne weiteres längerfristig in Bewegung bleiben will? Für diesen Fall – und wir glauben, es ist der Normalfall – schlagen wir eine besondere Variante vor: heitere Besessenheit. Besessenheit deshalb, weil sich ohne unbeirrbaren stetigen Antrieb einfach nichts bewegen lässt. Heiterkeit deshalb, weil wir mit all den menschlichen Bequemlichkeiten und Ausreden rechnen, die sich diesem Antrieb in den Weg stellen werden. Wir warten geradezu darauf, dass solche Bremsfaktoren auch bei uns selbst wirken, gleich in welcher Form, ob als Flucht vor Verantwortung, als Schönfärberei, Konflikt- und Veränderungsscheu oder als Verzögerungsneigung, garniert mit geeigneten Ausreden. Wir beobachten dies mit Gelassenheit – und gewähren trotzdem kein Pardon.

Wer nur die Besessenheit kennt, ist verkrampft, wirkt verbissen – und ist als Impulsgeber für andere nicht sehr attraktiv. Wer alles nur mit heiterer Gelassenheit zur Kenntnis nimmt, läuft Gefahr, sich zu schnell mit dem Status quo abzufinden und sich nicht zu trauen, Dinge grundsätzlich und vorbehaltlos zu verändern.

Wer aber seiner Besessenheit einen gehörigen Schuss innerer Heiterkeit beimischt, weil er die mannigfaltigen Psycho-Logiken der menschlichen Natur mit ins Kalkül zieht, bei dem wird Leidenschaft zum entspannten unerschöpflichen Antrieb. Mit innerer Stärke, Grundvertrauen und Zuversicht wird er den Verzicht auf Klarheit, Einfachheit und Eindeutigkeit nicht als Verlust erleben, sondern als Befreiung von falschen Sicherheiten. Er wird sich achtsam mit den unterschiedlichen Andersheiten vertraut machen und Mittel und Wege finden, in diesen neuen Welten handlungsfähig zu sein.

Alles kann auch anders werden

Erst im Handeln erkennen wir, welche Wirkung wir tatsächlich erzielen. Alles kann sich radikal anders entwickeln – vor allem in Technik und Politik und folglich auch im gesellschaftlichen Bereich. Man kann noch so gut planen, dennoch muss man bis zur letzten Sekunde auf Überraschungen gefasst sein. Umgekehrt gilt aber auch: Man hat bis zur letzten Sekunde die Chance, anderen Überraschungen zu bereiten.

Die Kunst besteht darin, für alle Fälle gerüstet und fit zu sein – geistig und körperlich! Was für Personen gilt, gilt auch für Unternehmen und Initiativen. Jack Welch, der frühere Chef von General Electric, formulierte es so: »I don't know how to get a good jump on the ball; the future's so mysterious. But I do know how to get a quick response.«

Die Konsequenz: Wir dürfen die eigene Denkweise, die Art, wie wir uns organisieren und strukturieren, in keinem Fall für immer und ewig festschreiben. Wir dürfen nie zur Ruhe kommen. Wir müssen immer in Bewegung bleiben und uns in Bereitschaft halten – und beständig darauf gefasst sein, dass alles auch ganz anders kommen kann als gedacht, befürchtet oder erhofft. Auf alle Fälle: Never give up!

NACHWORT

Die Idee für dieses Buch hatten wir bereits vor sieben Jahren. Die unterschiedlichen Logiken von uns Autoren aus unterschiedlichen Lebenswelten, Arbeitsfeldern, Berufen und Kulturen waren inhaltlich und organisatorisch eine Herausforderung. Dass wir es geschafft haben, haben wir vor allem unseren beiden Partnerinnen zu verdanken: Sie haben uns immer wieder ermutigt dranzubleiben, wenn es schwierig war, über die Ländergrenzen und die unterschiedlichen beruflichen Anforderungen hinweg terminliche Absprachen zu treffen, diese auch einzuhalten und unterschiedliche inhaltliche Perspektiven aufeinander abzustimmen und miteinander zu vernetzen.

Unser Dank gebührt auch den Mitarbeitern im Campus Verlag, mit denen wir engeren Kontakt hatten: Stephanie Walter ermutigte uns von Anfang an und war für uns während des gesamten Zeitraums geduldig jederzeit erreichbar. Sehr beeindruckt hat uns in der Endphase auch Jan W. Haas: Er hat nicht nur den deutschen Text sorgfältig sprachlich überarbeitet und parallel den zugefügten englischsprachigen Teil fließend in die deutsche Sprache übertragen, sondern zudem einige sehr prägnante inhaltliche Anregungen beigesteuert.

Seit Anfang 2020 ist das Coronavirus weltweit für alle eine uneingeschränkt existenzielle Bedrohung. Wir bewerten diese Situation im Hinblick auf unser Buch als eine nicht geplante überraschende Probe aufs Exempel: Sind unsere persönlichen Erfahrungen, Anregungen und Beispiele, die wir hier schildern, obsolet, überholt, veraltet? Oder sind sie sogar aktueller, dringlicher und nützlicher als gedacht?

Wir sind selbst betroffen mitten im Geschehen. Wir werden unseren beschriebenen Leitfaden im eigenen Bereich testen – auf seine Brauchbarkeit, Ergiebigkeit, Nützlichkeit und Notwendigkeit. Ist er *nice to have* oder ein *Must-have*? Wir ermutigen Sie, unsere Leser, das ebenfalls zu tun. Sie können uns gerne Ihre Erfahrungen mitteilen unter doppler@doppler.de. Was wir dabei lernen, werden wir in die nächste Auflage einarbeiten.

ANMERKUNGEN

Was uns bewegt (1): Klaus Doppler, Organisationsberater und Verhaltenstrainer

1 Naisbitt, John: Megatrends. *10 Perspektiven, die unser Leben verändern werden.* Bayreuth: Hestia Verlag, 1984.
2 Popper, Karl R.: *Die offene Gesellschaft und ihre Feinde.* Tübingen: Mohr Siebeck Verlag, 2003.
3 Prahalad, C.K.: »Managing Discontinuities: The Emerging Challenges.« In: *Research Technology Management*, Bd. 41, Nr. 3 (1998), S. 14–22.
4 Siehe Kap. 12, »Delancey Street«.
5 Diese Erzählung wird gelegentlich als Beispiel angeführt, wenn es darum geht, Leichtgläubigkeit und die unkritische Akzeptanz angeblicher Autoritäten und Experten zu kritisieren.

Was uns bewegt (2): Luyanda Mpahlwa, Dipl.-Ing. Architekt, TU Berlin; Leiter/Direktor: DesignSpaceAfrica GmbH, Kapstadt

1 Lessem, Ronnie & Nussbaum, Barbara: »*Sawubona Africa*« – *Embracing four worlds in South African management.* Kapstadt: Zebra Press, 1996.
2 Für weitere Informationen hierzu siehe https://de.wikipedia.org/wiki/Bantu_Education_Act. /

3 www.designspaceafrica.com

4 Zu den Mitgliedstaaten der Entwicklungsgemeinschaft des südlichen Afrika (SADC) gehören Südafrika, Lesotho, Swasiland, Namibia, Botswana, Simbabwe, Mosambik, Angola, Sambia, Malawi, Tansania, Madagaskar, Mauritius, die Demokratische Republik Kongo und die Seychellen.

Kapitel 1: Neue Welt, neuer Kontext, neue Herausforderungen

1 Jean Guitton (1901–1999) war ein französischer Philosoph und Schriftsteller christlicher Prägung.

2 Popper, Karl R.: *Die offene Gesellschaft und ihre Feinde*. Tübingen: Mohr Siebeck Verlag, 2003.

3 Prahalad, C. K., a. a. O.

4 https://www.oeagp.at/dokuwiki/doku.php?id=lebensraum

Kapitel 3: Das ist doch logisch! – oder: Der Kampf um Deutungshoheit

1 Von Foerster, Heinz & Pörksen, Bernhard: *Wahrheit ist die Erfindung eines Lügners. Gespräche für Skeptiker*, 12. Aufl. Heidelberg: Carl Auer Verlag, 2019.

Kapitel 4: ICH und DIE ANDEREN – eine komplexe Gemengelage

1 Ritter, Henning: *Notizhefte*, 8. Aufl. Berlin: Berlin Verlag, 2011, S. 198.

2 Luhmann, Niklas: *Vertrauen: Ein Mechanismus der Reduktion sozialer Komplexität*, 4. Aufl. Stuttgart: UTB, 2000.

3 https://www.unesco.de/sites/default/files/2018-03/1995_Erkl%C3%A4rung%20%C3%BCber%20die%20Prinzipien%20der%20Toleranz.pdf

Kapitel 5:
WIR – edler Deckel auf einem undurchsichtigen Topf

1 Siehe Kapitel 8.

Kapitel 6: Eine Beziehung aufbauen –
eine Brücke mit drei Pfeilern

1 Siehe dazu Doppler, Klaus & Voigt, Bert: *Feel the Change! Wie erfolgreiche Change Manager Emotionen steuern*, 2. Aufl. Frankfurt/New York: Campus Verlag, 2018.

2 Der Schweizer Psychiater Luc Ciompi hat den Begriff »Fundamentalbotschaft« als entscheidenden Kern der Kommunikation geprägt: »Menschen haben intuitiv ein tiefes Gespür für das ›eigentlich‹ Gemeinte … ob einem jemand im Grunde gut oder böse will, wer er/sie eigentlich ›ist‹, was er/sie eigentlich ›bringt‹ oder ›nicht bringt‹, selbst wenn sie es weder bewusst zu fassen noch sprachlich auszudrücken versuchen.« In: Doppler, Klaus & Lauterburg, Christoph: *Change Management. Den Unternehmenswandel gestalten*, 14. Aufl. Frankfurt/New York: Campus Verlag, 2019, S. 179.

3 Siehe Doppler, Klaus: *Change. Wie Wandel gelingt*. Frankfurt/New York: Campus Verlag, 2017, S. 147 ff.

4 https://t3n.de/news/jeff-bezos-amazon-powerpoint-gruender-ideen-narrativ-geschichte-1075402/

5 Siehe Anmerkung 2.

Kapitel 8: Ein gemeinsamer Außenfeind –
emotionaler Schnellkleber

1 Schein, Edgar H.: *Organizational Culture and Leadership.* New York: John Wiley & Sons, 2004.

2 Kahneman, Daniel & Tversky, Amos, »Prospect Theory: An Analysis of Decision under Risk«. *Econometrica*, Vol. 47 no. 2 (1979), pp. 263–291.

Kapitel 9: (Leit-)Kultur – ein gemeinsames Fundament für Andersheiten?

1 Siehe Kapitel 12, »Delancey Street«.
2 Santayana, George: *The Life of Reason: Reason in Common Sense*. New York: Scribner, 1905, S. 284.
3 Schumpeter, Joseph: *Kapitalismus, Sozialismus und Demokratie*. Stuttgart: UTB Verlag, 2020 (Originalausgabe: 1942).

Kapitel 10: Vom Wollen zum Handeln: Auslöser und Anreize

1 Thaler, Richard & Sunstein, Cass: *Nudge: Wie man kluge Entscheidungen anstößt*. Berlin: Econ Verlag, 2009.
2 Marcus Porcius Cato der Ältere (geb. 234 v. Chr. in Tusculum, Italien) ist bis heute legendär für seinen Ausspruch »Ceterum censeo Carthaginem esse delendam.« (»Im Übrigen bin ich der Meinung, dass Karthago zerstört werden muss.«) Diesen Satz verwendete er als obligatorische Schlussfloskel bei jeder seiner Reden im Senat, gleich zu welchem Thema. Und er hatte Erfolg, musste allerdings circa 15 Jahre lang beharrlich sein.

Kapitel 11: Das Coronavirus: Eine aktuelle Fallstudie und was wir daraus lernen könnten

1 »Wehe dem, der allein ist; wenn er fällt, so ist kein anderer da, der ihm aufhelfe« (Prediger Salomo 4, 10).
2 Das bereits eingeführte Schlagwort VUKA beschreibt den aktuellen Kontext, in dem wir alle leben, anhand der Begriffe Volatilität, Unsicherheit, Komplexität und Ambiguität. Die eigentliche Herausforderung: Alle vier Aspekte verlaufen gleichzeitig und sind miteinander vernetzt. Deshalb unterliegt unser Handeln so vielen Beeinflussungen, dass es niemals möglich sein wird, eindeutige Kausalitäten zu identifizieren.

Trotzdem müssen wir handlungsfähig sein. Heute gilt: Leben in und mit dauerhaft instabilen, turbulenten und unkalkulierbaren Umwelten ist der ganz normale Alltag.

3 Der Komponist Arnulf Herrmann bemerkte einmal: »Die meisten Bürokraten litten schon als Kinder unter der schier unendlichen Weite ihres Laufstalls.«

4 Die Anleitung an Mitarbeiter, »out of the box«, also kreativ zu denken und zu handeln, wenn das standardmäßige Vorgehen als unpassend erscheint, ist eines der Erfolgsfaktoren von Southwest Airlines, einer der erfolgreichsten US-amerikanischen Fluggesellschaften.

Kapitel 12: Das Projekt Delancey Street

1 Für weitere Informationen siehe https://en.wikipedia.org/wiki/Delancey_Street_Foundation

Kapitel 13: Das Projekt West-Eastern Divan Orchestra

1 https://www.theguardian.com/music/2008/jul/13/classicalmusicandopera.culture

2 Ziele des West-Eastern Divan Orchestra; zitiert aus dem Programmheft des Konzerts der Salzburger Festspiele am 22.8.2014.

3 https://www.tagesspiegel.de/kultur/-20-jahre-west-eastern-divan-orchestra-wir-ueben-jeden-tag-einander-zuzuhoeren/24896096.html

Kapitel 14:
Ubuntu – eine afrikanische Lebensphilosophie

1 Boon, Mike: *The African Way. The Power of Interactive Leadership*, 3. Aufl. Alexandria, Virginia: Zebra Press 2007. Das Buch analysiert, wie sich die Seele der afrikanischen Kultur in die moderne Geschäfts- und Managementwelt integrieren lässt.

Kapitel 15: Die Wahrheits- und Versöhnungskommission in Südafrika – ein zukunftsfähiges Modell?

1 Unter der Apartheid war der Zugang zu Bildung nach Volksgruppen getrennt, wobei weiße Universitäten den Großteil staatlicher Mittel erhielten. Schwarze Universitäten, wo die Mehrheit der Studenten lernte, waren schlecht ausgestattet. Nach 1994 bemühte sich die Regierung, die Situation zu verbessern und alte Benachteiligungen auszumerzen.
Ein physischer Ausdruck dieses Wandels war, dass nach 2001 mehrere staatliche höhere Bildungsanstalten zusammengelegt wurden, was die Zahl der Universitäten von 36 auf 23 reduzierte. Infolge von drei Neugründungen besitzt das Land heute 26 Hochschulen. Die Zusammenschlüsse waren hoch umstritten; sie sollten das fragmentierte höhere Bildungssystem der Apartheidzeit einen. Man hoffte, so die tiefgreifenden Ungerechtigkeiten dieses Systems auszumerzen. Seitdem haben sich immer weniger Studenten an den historisch benachteiligten, also schwarzen Universitäten eingeschrieben. Alles strömt an die besser ausgestatteten, historisch begünstigten (weißen) Hochschulen. Diese Entwicklung begann schon in den 1990er-Jahren, wurde durch die Zusammenschlüsse aber noch befeuert. Die Gebühren der früheren weißen Universitäten sind jedoch höher und für ärmere Studenten unbezahlbar. Das musste irgendwann zur Explosion führen.

2 https://www.iol.co.za/news/politics/unrepentant-fw-de-klerk-under-siege-over-apartheid-comment-42864475

3 https://ewn.co.za/2020/02/18/apartheid-statement-was-an-error-of-judgement-fw-de-klerk-foundation

4 https://www.dispatchlive.co.za/news/2020-02-17-tutu-takes-on-de-klerk-withdraw-your-statement-about-apartheid/

5 https://mg.co.za/article/2020-02-17-de-klerk-now-admits-apartheid-was-a-crime-against-humanity/

Kapitel 16: Architektur – Design für sozialen Wandel

1 »The World's Most Unequal Country«, *Time*, 2.5.2019, https://unequalscenes.com/south-africa

2 https://www.dailymaverick.co.za/article/2019-11-15-stats-sa-report-reveals-state-of-inequality-in-sa/

3 Cohen, Michael: »Directions for Urban Future«. In: Serageldin, Ismail (Hrsg.), *Architecture of Empowerment, People, Shelter and Liveable Cities*, Academy Editions, 1997.

4 »Stats SA report reveals state of inequality in SA«. *Daily Maverick*, 15.11.2019, https://www.dailymaverick.co.za/article/2019-11-15-stats-sa-report-reveals-state-of-inequality-in-sa/

5 Correa, Charles: *Housing and Urbanisation*, London: Thames & Hudson, 2000.

6 www.makingheimat.de

7 www.dw.com

8 Boon, Mike: *The African Way. The Power of Interactive Leadership*, 3. Aufl. Alexandria, Virginia: Zebra Press, 2007.

Kapitel 17: Digitalisierung und Emotionen

1 Siehe hierzu Doppler, Klaus & Bert Voigt: *Feel the Change! Wie erfolgreiche Change Manager Emotionen steuern*, Teil III: Emotionen und die digitale Logik. Frankfurt/New York: Campus Verlag, 2018.

Kapitel 18: Wie wir uns schützen können in der Vielfalt von Andersheiten

1 Siehe Kapitel 15, »Die Wahrheits- und Versöhnungskommission in Südafrika – ein Modell?«

Kapitel 19: Ein Plädoyer

1 https://www.harvardbusinessmanager.de/heft/d-23868090.html
2 Siehe Kapitel 11, »Coronavirus: Eine aktuelle Fallstudie und was wir daraus lernen könnten«.
3 Siehe Kapitel 2, »Zunehmende Vielfalt von Andersheiten – eine bedrohliche Bereicherung«.